KATH

THE ALOE

L'ALOES

Enregistrement sur cassette

**Choix, traduction et notes par Magali MERLE,
Agrégée d'anglais**

PRESSES POCKET

Les langues pour tous

Collection dirigée par Jean-Pierre Berman,
Michel Marcheteau et Michel Savio

ANGLAIS

Pour débuter (ou tout revoir) : • **40 leçons**
Pour mieux s'exprimer et mieux comprendre : • **Communiquer**
Pour se perfectionner et connaître l'environnement :
    • **Pratiquer l'anglais**   • **Pratiquer l'américain**
Pour évaluer et améliorer votre niveau :
    • **Score** (200 tests d'anglais)   • **Score** civilisation USA
Pour aborder la langue spécialisée :
    • **L'anglais économique & commercial** (20 dossiers)
    • **Vendre en anglais**
    • **Score commercial (US/GB)**
    • **La correspondance commerciale (GB/US)**
    • **Dictionnaire économique, commercial et financier**
    • **Dictionnaire de l'anglais de l'informatique**
Pour s'aider d'ouvrages de référence :
    • **Dictionnaire de l'anglais d'aujourd'hui**
    • **Grammaire de l'anglais d'aujourd'hui**
    • **Correspondance pratique pour tous**
    • **L'anglais sans fautes**
    • **La prononciation de l'anglais**
Pour prendre contact avec des œuvres en version originale : • **Série bilingue :**

	GB	US
→ **Niveaux :**	☐ facile (1er cycle)	☐☐ moyen (2e cycle) ☐☐☐ avancé

<table>
<tr><td colspan="2" align="center">• Anglais par les chansons (GB/US) ☐
• Bilingue anglais scientifique (US/GB) ☐☐☐
• Nouvelles (US/GB) I, II ☐☐
• Grands maîtres de l'insolite (US/GB) ☐☐</td></tr>
<tr>
<td>

Dickens (Ch.) : Contes ☐☐
Doyle (C.) : Nouvelles I, II, III, IV ☐
Greene (G.) : Nouvelles ☐☐
Jerome (J.K.) : Trois hommes dans un bateau ☐☐
Kipling (R.) : • Nouvelles ☐☐
• Le Livre de la jungle ☐
Lawrence (D.H.) : Nouvelles ☐☐☐
Mansfield (K.) : • L'Aloès ☐☐☐
• La Garden Party (etc.) ☐☐☐
Maugham (S.) : Nouvelles I ☐☐
Stevenson (R.L.) : Dr Jekyll et M. Hyde ☐☐
Wilde (O.) : • Nouvelles ☐
• Il importe d'être constant ☐☐
Wodehouse (P.G.) : • Nouvelles ☐☐

</td>
<td>

L'Amérique à travers sa presse ☐☐☐
Bellow (S.) : Nouvelles ☐☐☐
Bradbury (R.) : Nouvelles ☐☐
Fitzgerald (S.) : Nouvelles ☐☐
Highsmith (P.) : Nouvelles I, II, III, IV ☐☐
Hitchcock (A.) : Nouvelles ☐☐
James (H.) : Le Tour d'écrou ☐☐☐
King (S.) : Nouvelles ☐☐
London (J.) : Nouvelles ☐☐
Nabokov (V.) : Nouvelles ☐☐☐
Nouvelles classiques ☐☐
Twain (M.) : Nouvelles ☐☐

</td>
</tr>
</table>

Pour les « Juniors » (à partir de 8 ans) : • **Cat you speak English ?**

Autres langues disponibles dans les séries de la collection Les langues pour tous

Allemand - Arabe - Espagnol - Français - Grec - Hébreu - Italien - Latin - Néerlandais - Portugais - Russe

Sommaire

Magali MERLE, agrégée d'anglais, a traduit, en collaboration avec Robert Merle : *l'Homme invisible,* de Ralph Ellison (Grasset, 1969), *Les Rockefeller,* de P. Collier et D. Horowitz (le Seuil, 1976) et *Les Souvenirs de la Guerre Révolutionnaire,* d'Ernesto « Che » Guevara (Maspéro, 1967).
Elle a publié, aux éditions Presses Pocket, une nouvelle traduction des *Livres de la Jungle* (I et II), de *Capitaines Courageux* et de *Kim,* de Kipling.

Comment utiliser la série « Bilingue » ?

Cet ouvrage de la série « Bilingue » permet aux lecteurs :

• d'avoir accès aux versions originales de textes célèbres, et d'en apprécier, dans les détails, la forme et le fond, en l'occurrence, ici, un roman de Katherine Mansfield.

• d'améliorer leur connaissance de l'anglais, en particulier dans le domaine du vocabulaire dont l'acquisition est facilitée par l'intérêt même du récit, et le fait que mots et expressions apparaissent en situation dans un contexte, ce qui aide à bien cerner leur sens.

Cette série constitue donc une véritable méthode d'auto-enseignement, dont le contenu est le suivant :

• page de gauche, le texte en anglais ;

• page de droite, la traduction française ;

• bas des pages de gauche et de droite, une série de notes explicatives (vocabulaire, grammaire, rappels historiques, etc.).

Les notes de bas de page et la liste récapitulative à la fin de l'ouvrage aident le lecteur à distinguer les mots et expressions idiomatiques d'un usage courant et qu'il lui faut mémoriser, de ce qui peut être trop exclusivement lié aux événements et à l'art de l'auteur.

A la fin de chaque nouvelle une page de révision offre au lecteur une série de phrases types, inspirées du texte, et accompagnées de leur traduction. Il faut s'efforcer de les mémoriser.

Il est conseillé au lecteur de lire d'abord l'anglais, de se reporter aux notes et de ne passer qu'ensuite à la traduction ; sauf, bien entendu, s'il éprouve de trop grandes difficultés à suivre le texte dans ses détails, auquel cas il lui faut se concentrer davantage sur la traduction, pour revenir finalement au texte anglais, en s'assurant bien qu'il en a maintenant maîtrisé le sens.

[●●] Un enregistrement sur cassette (une cassette de 60 mn) d'extraits du roman complète cet ouvrage. Chaque extrait est suivi de questions et de réponses qui permettent de contrôler et de développer la compréhension auditive.

Prononciation

Elle est donnée dans la nouvelle transcription — Alphabet Phonétique International modifié — adoptée par A.C. GIMSON dans la 14ᵉ édition de l'*English Pronouncing Dictionary* de Daniel JONES (Dent, London).

Sons voyelles

[ɪ] **pit**, un peu comme le *i* de *site*

[æ] **flat**, un peu comme le *a* de *patte*

[ɒ] ou [ɔ] **not**, un peu comme le *o* de *botte*

[ʊ] ou [u] **put**, un peu comme le *ou* de *coup*

[e] **lend**, un peu comme le *è* de *très*

[ʌ] **but**, entre le *a* de *patte* et le *eu* de *neuf*

[ə] jamais accentué, un peu comme le *e* de *le*

Voyelles longues

[i:] **meet** [mi:t] cf. *i* de *mie*

[ɑ:] **farm** [fɑ:m] cf. *a* de *larme*

[ɔ:] **board** [bɔ:d] cf. *o* de *gorge*

[u:] **cool** [ku:l] cf. *ou* de *mou*

[ɜ:] ou [ə:] **firm** [fə:m] cf. *e* de *peur*

Semi-voyelle :

[j] **due** [dju:], un peu comme *diou*...

Diphtongues (voyelles doubles)

[aɪ] **my** [maɪ], cf. *aïe !*
[ɔɪ] **boy**, cf. *oyez !*
[eɪ] **blame** [bleɪm] cf. *eille* dans *bouteille*
[aʊ] **now** [naʊ], cf. *aou* dans *caoutchouc*

[əʊ] ou [əu] **no** [nəʊ], cf. *e + ou*
[ɪə] **here** [hɪə] cf. *i + e*
[eə] **dare** [deə] cf. *é + e*
[ʊə] ou [uə] **tour** [tʊə] cf. *ou + e*

Consonnes

[θ] **thin** [θɪn], cf. *s* sifflé (langue entre les dents)
[ð] **that** [ðæt], cf. *z* zézayé (langue entre les dents)
[ʃ] **she** [ʃi:], cf. *ch* de *chute*

[ŋ] **bring** [brɪŋ], cf. *ng* dans *ping-pong*
[ʒ] **measure** ['meʒə], cf. le *j* de *jeu*
[h] le *h* se prononce ; il est nettement <u>expiré</u>

Accentuation

' - accent unique ou principal, comme dans MOTHER ('mʌðə)
, - accent secondaire, comme dans PHOTOGRAPHIC [ˌfəutə'græfɪk]

Principaux signes et abréviations utilisés dans les notes

▲	faux ami
⚠	attention à, ne pas confondre avec
milit.	militaire
sing.	singulier
prép.	préposition
adj.	adjectif
inf.	infinitif
sbd	somebody
sth	something
qqch	quelque chose
qqn	quelqu'un
m. à m.	mot à mot
litt.	littéraire
compl.	complément
pers.	personne

CHRONOLOGIE

14 octobre 1888 : Katherine Mansfield Beauchamp naît à Wellington, Nouvelle-Zélande, au foyer de Harold et Annie Beauchamp, qui ont déjà deux petites filles, Vera et Charlotte.

1890 : naissance de Gwendoline (morte à trois mois).

1892 : naissance de Jeanne.

1893 : la famille déménage à la campagne, pour cinq ans.

1894 : naissance de Leslie Heron Beauchamp, à Wellington. Au cours de cette période, Katherine collabore à des journaux scolaires.

1903 : toute la famille part pour Londres. Les trois grandes sont inscrites au Queen's College. Les parents repartent, avec Jeanne et Leslie. Katherine devient rédactrice en chef du *Queen's College Magazine*.

1906 : les parents viennent rechercher leurs filles. Pour Katherine, période trouble de passions féminines, d'amours masculines mal assumées, d'insatisfaction, de vague à l'âme.

1908 : Katherine repart pour Londres.

1909 : elle épouse George Bowden, qu'elle quitte le soir même. Rejoint un autre homme. Période de repos à la Villa Pension Müller, en Allemagne, après une fausse-couche qui la laissera stérile.

1910 : retour à Londres, où elle commence une collaboration à éclipses (selon ses humeurs et son état de santé) à la revue *The New Age*.

déc. 1911 : Katherine rencontre John Middleton Murry, rédacteur de *Rhythm*. Amours durables et tumultueuses, entrecoupées de part et d'autre de passions homosexuelles. Navette entre la France et l'Angleterre, à la recherche du lieu propice à l'écriture, du climat favorable à sa santé, qui se détériore.

1918 : Katherine est terrassée par une hémorragie pulmonaire (mais la tuberculose n'est même pas diagnostiquée...). Elle épouse Murry. Italie, Suisse, France, en quête de chaleur, de grand air, de soins. Elle ne cesse de publier : *The Garden Party, The Doves' Nest*.

16 octobre 1922 : Katherine entre au Prieuré, Avon, Fontainebleau.

9 janvier 1923 : elle reçoit la visite de Murry. Le soir même, une hémorragie l'emporte.

INTRODUCTION

La vie de Katherine Mansfield (octobre 1888-janvier 1923) est marquée par une grande instabilité, une fiévreuse errance. Déracinée, transplantée de Nouvelle-Zélande à Londres, une fois dans le vieux continent, elle erre d'adresse en adresse, de pays en pays, partant, revenant, ne se fixant guère nulle part. Errance sentimentale : les amours saphiques et les passions — et passades — hétérosexuelles dressent de sa vie amoureuse un tableau houleux, à l'image de la période inquiète qui sent venir la Première Guerre mondiale, la subit et lui survit. Instabilité financière : elle connut des heures de relative aisance et des moments de pauvreté (logements sordides, sous-alimentation). La médecine balbutiante la soignera pour rhumatismes articulaires aigus, arthrite, pleurésie, avant de s'apercevoir que la tuberculose va bientôt faire d'elle la jeune morte du Prieuré (Fontainebleau).

La volonté d'écrire donne à cette vie disloquée une armature qui suscite l'admiration. N'oublions pas tout ce que l'art de la nouvelle doit à Katherine Mansfield, novatrice imitée et plagiée à l'envi.

L'Aloès représente dans son œuvre la « longue nouvelle » qui s'apparente le plus au roman. Conçu en 1915 dans une de ces périodes de « joie » et de « paix » qu'elle recherchait avec tant de passion, *l'Aloès* fut écrit à Bandol en 1916, dans un « îlot de bonheur ». Katherine Mansfield le remodela en 1917 et le publia sous le titre de *Prélude*. Après sa mort, John Middleton Murry publia en 1930, en reprenant le titre de *l'Aloès*, le texte de 1916 qu'il retoucha légèrement à son idée. Un éditeur néo-zélandais le republia en 1982. La présente édition, traduite des Virago Modern Classics (1985), a pour originalité d'être basée sur les manuscrits de 1915-1916 de Katherine Mansfield, dont elle a respecté la ponctuation, l'orthographe et la structure. *L'Aloès* n'a jamais été traduit en français.

Chapter One

There was not an inch of room [1] for Lottie and Kezia
in the buggy. When Pat swung them on top of the
luggage [2] they wobbled ; the Grandmother's lap was
full and Linda Burnell could *not possibly* have held a
lump of a child [3] on hers for such a distance. Isabel,
very superior perched beside Pat on the driver's seat.
Hold-alls [4], bags, and band boxes were piled upon
the floor.

"These are *absolute* necessities that I will [5] not let
out of my sight [6] for *one instant*," said Linda Burnell,
her voice trembling with fatigue [7] and over excitement.

Lottie and Kezia stood on the patch of lawn just
inside the gate all ready for the fray [8] in their reefer [9]
coats with brass anchor buttons and little round caps
with battle ship [10] ribbons. Hand in hand. They
stared with round inquiring eyes first at the "absolute
necessities" and then at their Mother.

"We shall simply have to leave them. That is all.
Whe shall simply have to cast them off" [11] said Linda
Burnell. A strange little laugh flew from her lips ; she
leaned [12] back upon the buttoned leather cushions and
shut her eyes... laughing silently.

---

1. room, lorsqu'il est non comptable, prend le sens de
place. **Come to my rooms,** *viens chez moi,* m. à m. : *dans
mes pièces ;* **there is no room,** *il n'y a pas de place.*
2. luggage : nom collectif (indénombrable), sing., accord
verbal au sing., désigne un ensemble. **A piece of luggage,**
un bagage ; **my luggage is heavy,** *mes bagages sont lourds.*
3. noter l'emploi de l'art. indéfini après **of,** pour séparer
deux noms, le 1er qualifiant le 2e. **A fine slip of a girl,** *un
beau brin de fille.*
4. Quand aucun des éléments formant un nom composé
n'est un nom, c'est le dernier qui prend la marque du
pluriel. **A good-for-nothing,** *un bon à rien ;* **good-for-
nothings.**
5. will, à la 1re pers., marque le futur + nuance de volonté.

Chapitre I

Il n'y avait pas l'ombre d'une place pour Lottie et Kezia dans le boghei. Quand Pat les flanqua en haut du tas de bagages, elles oscillèrent. Sur les genoux de la Grand-Mère, c'était plein, et quant à Linda, tenir sur les siens un petit patapouf pour un tel trajet, elle n'aurait jamais pu. Isabel, très supérieure, juchait à côté de Pat sur un siège du cocher. Fourre-tout, valises, cartons à chapeaux, s'empilaient au fond.

« Ce sont des choses absolument nécessaires, que je ne veux pas perdre de vue un seul instant », dit Linda Burnell, la voix tremblante d'épuisement et de surexcitation.

Lottie et Kezia, campées sur le carré de gazon au ras de la grille, étaient partantes, dans leur vareuse aux boutons de cuivre frappés d'une ancre et sous leur petit calot dont les rubans s'ornaient d'un nom de cuirassé. La main dans la main. D'un œil rond et interrogateur, elles appesantirent leurs regards sur ces « choses absolument nécessaires », ensuite sur leur Mère.

« Il va tout simplement falloir les larguer », dit Linda Burnell. Un étrange petit rire s'échappa de ses lèvres. Elle se laissa aller en arrière sur les coussins de cuir à capitonnage et ferma les yeux... avec un rire silencieux.

---

6. out of my sight ! *hors de ma vue !* out of sight, out of mind, *loin des yeux, loin du cœur.*

7. fatigue, racine latine, est plus fort que **tiredness. To be on fatigue,** *être de corvée* (milit.).

8. emploi humoristique d'un terme littéraire. **He is always ready for the fray,** *il ne rêve que plaies et bosses.*

9. est aussi *un joint* (de marijuana).

10. noter cette discrète évocation d'un monde d'acier guerrier (prolongeant la notion de bataille introduite par **fray**), et le contraste avec les deux petites filles.

11. notons une progression — pour le moins cruelle — de **to leave,** *laisser,* à **to cast off,** *rejeter, abandonner ;* **to cast off the hawsers,** *larguer les amarres ;* **cast-offs,** *vieilles nippes à jeter.*

12. to lean, I leant, leant est parfois régulier.

Happily, at that moment, Mrs Samuel Josephs, who lived next door[1] and had been watching[2] the scene from behind her drawing room blind, rustled down the garden path.

"Why nod leave[3] the children with *be* for the afterdoon, Brs Burnell. They could go on the dray[4] with the storeban when he comes[5] in the eveding. Those thigs on the path have to go. Dodn't they ?"

"Yes, everything outside the house has to go," said Linda Burnell, waving a white hand at the tables and[6] chairs that stood, impudently, on their heads in front of the empty house.

"Well, dodn't you[7] worry, Brs Burnell. Loddie and Kezia can have tea with by children and I'll see them safely on the dray[8] afterwards."

She leaned her fat, creaking body across the gate and smiled reassuringly. Linda Burnell pretended[9] to consider[10].

"Yes, it really is quite the best plan. I am *extremely* obliged to you, Mrs Samuel Josephs, I'm *sure*. Children, say 'Thank you' to Mrs Samuel Josephs..."

(Two subdued chirrups[11] : "Thank you, Mrs Samuel Josephs.")

"And be good obedient little girls[12] and — come closer —" — they advanced[13] — "do not forget to tell Mrs Samuel Josephs when you want to..."

"Yes, Mother."

"Dodn't worry, Brs Burnell."

---

1. locution adverbiale. **The boy next door**, *le garçon d'à côté*. Également, adj. composé : **the next-door house** ; il faut alors un trait d'union.
2. plus-que-parfait combiné avec la forme progressive.
3. infinitive interrogative, introduite par un adv. interrogatif. Se compose d'un infinitif incomplet, sans sujet. **Why resist temptation** ? *pourquoi résister à la tentation ?*.
4. *haquet* (de brasseur). En Australie et en Nouvelle-Zélande, *charrette à deux roues*.
5. la subordonnée temporelle ne prend pas la marque du futur.
6. économie du deuxième art. défini : les chaises et les tables constituent un ensemble.
7. langage parlé et familier.
8. structure concise : verbe + prép. ou postposition expri-

Heureusement, à cet instant, Mrs Samuel Josephs, qui habitait la maison voisine et, postée derrière la jalousie de son salon, avait observé la scène, arriva en froufroutant dans l'allée du jardin.

« Bourquoi ne bas me laisser les enfants bour l'abrèsmidi, Brs Burnell. On bourrait les mettre sur la charrette avec le transborteur quand il bassera ce soir. Dout ça, dans l'allée, ça doit bartir. C'est bien ça ? »

« Oui, tout ce qui est hors de la maison doit partir », dit Linda Burnell en agitant une main blanche en direction des tables et des chaises impudemment dressées la tête en bas devant la maison vide.

« Allez, vous en faites bas, Brs Burnell. Loddie et Kezia goûteront avec bes enfants et abrès, je verrai à les installer sur la charrette. »

Elle appuya son gros corps crissant sur la grille, et eut un sourire rassurant. Linda Burnell fit mine de réfléchir.

« Oui, vraiment, c'est la meilleure idée, incontestablement. Ma foi, je vous sais un gré *infini*, Mrs Samuel Josephs. Les enfants, dites "merci" à Mrs Samuel Josephs... »

(Deux gazouillis sans éclat : « Merci, Mrs Samuel Josephs »).

« Et soyez de bonnes petites filles obéissantes et — venez plus près — (elles avancèrent), n'oubliez pas de demander à Mrs Samuel Josephs quand vous aurez envie de... »

« Oui, Mère. »

« Ne vous faites bas de souci, Brs Burnell. »

---

mant un mouvement, un aboutissement. **I'll see you home**, *je vais te raccompagner chez toi.*

9. *prétendre* mais aussi ▲ : *faire semblant, simuler.*

10. c'est le sens ancien de *réfléchir* (vieux français). **He paused to consider**, *il s'arrêta pour réfléchir.*

11. se dit aussi **chirp**.

12. dans une succession d'épithètes, on place près du nom l'adj. qui lui est le plus lié par le sens. **Old, young, little**, sont presque toujours accolés au nom : **a witty, lively old man**, *un vieil homme vif et spirituel.* Noter l'absence de virgules, marquant ici un automatisme conceptuel et verbal chez Linda.

13. **moved forward** serait plus courant. Encore un relent de vocabulaire guerrier ?

At the last moment Kezia let go [1] Lottie's hand and darted [2] towards the buggy.

"I want to kiss Grandma 'good-bye' [3] again." Her heart was bursting.

"Oh, *dear* me !" wailed Linda Burnell.

But the Grandmother leant her charming head in the lilac [4] flowery bonnet towards Kezia and when Kezia searched her face she said — "It's alright [5], my darling. Be good." The buggy rolled off up the road, Isabel, proudly sitting by Pat, her nose turned up [6] at all the world, Linda Burnell, prostrate [7], and crying behind her veil, and the Grandmother rumminaging [8] among the curious oddments [9] she had put in her black silk reticule at the last moment for lavender smelling salts to give her daughter.

The buggy twinkled away in the sunlight and fine golden dust — up the hill and over [10]. Kezia bit her lip hard, but Lottie, carefully finding her handkerchief [11] first, set up a howl [12].

"Mo-ther ! Gran'*ma* !"

Mrs Samuel Josephs, like an animated black silk tea-cosey [13], waddled to Lottie's rescue.

"It's alright, by dear. There-there, ducky [14] ! Be a brave child. You come and blay [15] in the nursery."

She put her arm round weeping Lottie and led her away. Kezia followed, making a face at Mrs Samuel Josephs' placket, which was undone *as* usual with two long pink corset laces hanging out of it.

---

1. let + inf. incomplet : *laisser* dans le sens de *permettre ;* he let his friend take…, *il laissa son ami prendre…* Le sujet de l'inf. s'intercale entre **let** et l'inf., sauf dans le cas de **to go, to fall, to slip,** etc. He let slip his chance, *il laissa passer sa chance ;* he let fall a word, *il laissa échapper un mot.* Mais : **he let me go,** *il me laissa partir.*

2. cf. **(a game of) darts,** *(jeu de) fléchettes.*

3. construction idiomatique, très concise par rapport au français : **he waved him good-bye,** *il lui fit « au revoir » en agitant la main.*

4. lilac est ici adj. : **lilac-coloured.**

5. = **all right** : se garder d'imiter cette orthographe.

6. to turn up one's nose (at) : *faire le dégoûté* (devant). L'image véhicule une idée de supériorité méprisante.

Au dernier moment, Kezia lâcha la main de Lottie et se précipita vers le boghei.

« Je veux re-embrasser Bonne-Maman pour lui redire au revoir. » Son cœur débordait.

« Oh, là, là, mon Dieu ! » gémit Linda Burnell.

Mais la Grand-Mère inclina en direction de Kezia sa tête charmante sous la capote à fleurs couleur lilas, et lorsque Kezia sonda son visage, elle dit : « Tout va bien, ma chérie. Sois sage. » Le boghei s'ébranla sur la route montante, Isabel trônant fièrement à côté de Pat, la narine levée sur le monde entier ; Linda Burnell, prostrée et pleurant derrière son voile ; et la grand-mère farfouillant parmi le singulier bric-à-brac qu'elle avait fourré au dernier moment dans son réticule de soie noire, en quête de sels au parfum de lavande à donner à sa fille.

Scintillant dans le soleil et la fine poussière d'or, le boghei parvint au sommet de la montée et disparut. Kezia se mordit durement la lèvre, mais Lottie, s'assurant d'abord de la présence de son mouchoir, se mit à hurler.

« Mè-re ! Bon'-Maman ! »

Mrs Samuel Josephs, tel un couvre-théière de soie noire animé, se porta, toute dandinante, à la rescousse de Lottie.

« T'inquiète bas, ba bignonne. Allons, allons, ma cocotte ! Sois une courageuse petite. Allez, viens jouer dans la nursery. »

Elle passa son bras autour de Lottie en larmes et l'emmena. Kezia suivit, avec une grimace à la fente de jupe de Mrs Samuel Josephs, qui se trouvait, comme d'habitude, défaite et d'où pendouillaient deux longs lacets roses de corset.

---

7. *prostré, accablé*, également ▲ *prosterné*.

8. **to rummage** : *fouiller, farfouiller*. Ce néologisme est-il un combiné de **rummage** et de **ruminate** ?

9. **remnants and oddments** : *soldes et occasions*.

10. ce **over** termine abruptement la phrase ; c'est une cassure, porteuse d'une certaine angoisse. **Over the hill**, et **over** tout court (cf. **it's over**, *c'est fini*).

11. **handkerchief** : *mouchoir* a un pluriel régulier.

12. *se mettre à hurler* (noter l'art.).

13. **tea-cosy,** *couvre-théière* : orthographe plus courante.

14. terme familier d'affection. Mrs S.J. se dandine (**waddles**) et utilise un mot dérivé de **duck**, *canard*.

15. tournure emphatique familière. Ajoute une nuance d'insistance ou d'encouragement.

The Samuel Josephs were not a family. They were a swarm. The moment[1] you entered[2] the house they cropped up and jumped out at you from under the tables, through the stair rails, behind the doors, behind the coats in the passage. Impossible to count them : impossible to distinguish between them. Even in the family groups that Mrs Samuel Josephs caused[3] to be taken twice yearly[4] — herself[5] and Samuel in the middle — Samuel with parchment roll clenched on knee[6] and she with the youngest girl on hers[7] — you never could be sure how many children really were there. You counted them and then you saw another head or another small boy in a white sailor suit perched on the arm of a basket chair[8]. All the girls were fat, with black hair tied up in red ribbons and eyes like buttons. The little ones had scarlet[9] faces but the big[10] ones were white with blackheads and dawning moustaches. The boys had the same jetty[11] hair, the same button eyes but they were further adorned[12] with ink black[13] finger nails[14]. (The girls bit theirs, so the black didn't show[15].) And every single one of them started a pitched battle as soon as possible after birth with every single other.

When Mrs Samuel Josephs was not turning up their clothes or down[16] their clothes (as the sex might be) and beating them with a hair brush she called this pitched battle "airing their lungs".

---

1. expression idiomatique temporelle. **The minute he arrived,** à la minute même de son arrivée.
2. verbe transitif. **The ship entered harbour,** entra au port.
3. **to cause sbd to do sth :** faire faire qqch à qqn ; **to cause sth to be done,** faire faire qqch.
4. **yearly** peut être adj. ou adv. (comme ici).
5. un des emplois du pronom réfléchi est de permettre d'insister sur le sujet : **she herself.** Ici, le sujet a même disparu ; **herself** trône d'autant mieux.
6. la suppression de **a (parchment)** et de **his (knee)** accélère la vision et accentue le caractère stéréotypé.
7. **hers,** pronom possessif, est invariable.
8. **basket-work :** vannerie ; **wicker-basket,** panier en osier ; **basket-chair,** ou **wicker-chair,** chaise en osier.
9. **a scarlet woman :** une prostituée ; **scarlet fever,** scarlatine.

Les Samuel Josephs n'étaient pas une famille. Mais un essaim. Dès que vous aviez mis le pied dans la maison, voilà qu'ils surgissaient et sautaient vers vous, de sous les tables, d'entre les barreaux de l'escalier, de derrière les portes, de derrière les manteaux dans le couloir. Impossible de les compter ; impossible de les distinguer les uns des autres. Même dans les groupes de famille que Mrs Samuel Josephs faisait deux fois l'an — elle-même et Samuel au milieu — Samuel, rouleau de parchemin fermement tenu sur le genou, et elle, tenant sur le sien la petite benjamine, vous n'aviez jamais la certitude de savoir combien d'enfants vraiment se trouvaient là. Vous les comptiez, pour apercevoir ensuite une autre tête ou un autre petit garçon en costume marin blanc sur le bras d'un fauteuil en osier. Toutes les filles étaient grassouillettes, chevelure noire retenue par des rubans rouges, et des yeux comme des boutons. Les petites avaient le visage écarlate, mais les grandes étaient blanches avec des points noirs et un duvet de moustache. Les garçons avaient les mêmes cheveux de jais, les mêmes yeux en boutons, mais il arboraient, en plus, des ongles d'un noir d'encre. (Les filles rongeaient les leurs, d'où l'absence de noir.) Et chacun d'entre eux engageait aussitôt que possible après la naissance une bataille rangée avec chacun d'entre eux, sans exception.

Mrs Samuel Josephs, quand elle n'était pas occupée à remonter les habits ou, selon le sexe, à baisser les habits de ses enfants et à leur taper dessus avec une brosse à cheveux, appelait cette bataille rangée « s'aérer les poumons ».

---

10. on peut être **big** en hauteur *(grand)*, en âge *(grand, aîné)*, en grosseur *(gros)*, en importance.

11. *jetée, digue.* Adj. : *noir de jais ; jais,* **jet.**

12. *en outre.* Appartient au langage soutenu, de même que **adorned.** Emploi humoristique, vu le contexte de points noirs et d'ongles rongés.

13. adj. : *noir d'encre ;* **black ink,** *encre noire.*

14. **nail,** signifie *ongle* et *clou.*

15. **to show,** transitif, *se montrer, apparaître ;* **snowdrops are beginning to show,** *on commence à voir des perce-neige ;* **the stain won't show,** *la tache ne se verra pas.*

16. **to turn up** one's sleeves : *retrousser ses manches ;* **to turn them down,** *les rabattre.* Ici, effet comique.

She seemed to take a pride in it and to bask [1] in it from far away like a fat General watching through field glasses his troops in violent action...

Lottie's weeping [2] died down as she ascended [3] the Samuel Josephs' stairs, but the sight of her at the nursery door with swollen eyes and a blob [4] of a nose gave great satisfaction to the S.J.'s [5], who sat on two benches before a long table covered with american [6] cloth and set out with immense platters [7] of bread and dripping [8] and two brown jugs that faintly steamed.

"Hullo ! You've been crying !"

"Ooh ! Your eyes have gone right [9] in !"

"Doesn't [10] her nose look funny !"

"You're all red-an'-patchy !"

Lottie was quite a success. She felt it and swelled, smiling timidly [11].

"Go and sit by [12] Zaidee, ducky," said Mrs Samuel Josephs, "and Kezia — you sit at the end by Boses."

Moses grinned and pinched her behind as she sat down but she pretended to take no notice. She did [13] hate boys !

"Which will you have," asked Stanley (a big one), leaning across the table very politely and smiling at Kezia. "Which will you have to begin with [14] — Strawberries and cream or bread and dripping ?"

"Strawberries and cream, please," said she.

"Ah-h-h !" How they all laughed and beat [15] the table with their tea spoons. Wasn't [16] that a take in [17] ! Wasn't it ! Wasn't it now ! Didn't he fox her ! Good old Stan !

---

1. **to bask in the sun** : *se dorer au soleil* (sens figuré).
2. le gérondif est un nom verbal. Peut se mettre au cas possessif. **The baby's walking**, *la marche du bébé.*
3. emploi humoristique du verbe à racine romane, noble et littéraire. **To ascend the throne**, *monter sur le trône.*
4. **a blob of wool** : *une petite touffe de laine.*
5. **'s,** pour le pluriel des lettres de l'alphabet. **The M.P.'s.**
6. un A majuscule est plus classique. Ne pas imiter.
7. également, *le plateau* d'un tourne-disques (les Platters).
8. un de ces mets dont les Anglais ont le secret.
9. ici = *complètement.*
10. forme interro-négative, plus employée qu'en français.

Elle semblait en tirer goire et s'en repaître de loin, tel un gros Général qui observe à la jumelle ses troupes engagées dans une action violente...

Les pleurs de Lottie s'apaisèrent tandis qu'elle montait l'escalier des Samuel Josephs, mais son apparition à la porte de la nursery, les yeux gonflés, le nez en boule, donna bien du contentement aux S. J. assis sur deux bancs à une longue table couverte de toile cirée garnie d'immenses plats de tartines à la graisse et de deux cruches marron qui fumaient vaguement.

« Salut ! T'as pleuré ! »

« Hou ! T'as les yeux tout enfoncés ! »

« Il est marrant, son nez, hé ! »

« T'as des plaques rouges partout ! »

On fit tout un plat de Lottie. Elle le sentit, se gonfla, arborant un sourire timide.

« Va t'asseoir à côté de Zaïdée, cocotte, dit Mrs Samuel Josephs, et toi, Kezia, assieds-toi, au bout, à côté de Boïse. »

Moïse grimaça un large sourire et lui pinça le derrière quand elle s'assit, mais elle fit celle qui ne s'apercevait de rien. Ce qu'elle pouvait détester les garçons !

« Qu'est-ce que tu préfères ? » demanda Stanley (un grand) en se penchant en travers de la table très poliment, avec un sourire à l'adresse de Kezia. « Qu'est-ce que tu préfères pour commencer ? Fraises à la crème ou tartines à la graisse ? »

« Fraises à la crème, s'il te plaît », dit-elle.

« Ah, ah, ah ! » Ils ont bien ri, tous, tapant sur la table avec leurs cuillères. Ça, c'était une attrape ! Une fameuse ! Alors, là ! Il l'avait bien eue, hein ! Ah, le bon vieux Stan !

---

11. timidly (racine romane) est en principe plus fort que **shyly** (saxon). Mais K.M. semble avoir une prédilection pour les racines romanes.

12. équivaut ici à **beside**, *près de, à côté de.*

13. forme emphatique. Le verbe, affirmatif, se conjugue avec **to do. I did work a lot !** *Crois-moi, j'ai beaucoup travaillé !*

14. expression idiomatique, en tête ou en fin de phrase.

15. to beat, I beat, beaten (ici : prétérite).

16. interro-négatives du style familier.

17. a takeaway : *magasin qui fait des plats à emporter ;* **a takedown,** *mortification.* Ces mots sont familiers.

"Ma ! She thought it was real !"

Even Mrs Samuel Josephs, pouring out the milk and water[1], smiled indulgently. It was a merry tea.

After tea[2] the young Samuel Josephs were turned out to grass[3] until summoned to bed by their servant girl[4] standing in the yard and banging on a tin tray with a potato masher.

"Know what we'll do," said Miriam. "Let's go an play hide-and-seek[5] all over Burnells. Their back door[6] is still open because they haven't got the side board out yet. I heard Ma tell[7] Glad Eyes *she* wouldn't take such ole[8] rubbish to a new house ! Come on ! Come on !"

"No, I don't want to," said Kezia, shaking her head.

"Ooh ! Don't be soft. Come — do !".

Miriam caught hold of one of her hands ; Zaidee snatched at the other.

"I don't not[9] want to either, if Kezia doesn't," said Lottie, standing firm. But she, too, was whirled away... Now the whole fun of the game for the S.J.'s was that the Burnell kids[10] didn't want to play. In the yard they paused. Burnells' yard was small and square with flower beds on either side[11]. All down one side big clumps of arum lilies[12] aired their rich beauty, on the other side there was nothing but[13] a straggle of what the children called "grandmother's pin cushions," a dull, pinkish[14] flower, but so strong it would push[15] its way and grow through a crack of concrete.

---

1. suppression possible du 2e art. Ce n'est pas d'une part le lait, d'autre part, l'eau que verse Mrs S.J., mais la mixture.

2. pas d'art. défini devant les noms de repas (sauf s'ils sont déterminés). **Supper is ready ! The tea we had yesterday,** *le dîner est prêt ! Le thé que nous avons eu hier.*

3. to put, send ou **turn a horse to grass :** *herbager un cheval, le mettre au vert.*

4. ici, pour différencier les genres, l'anglais doit former un nom composé : **man-servant, maid-servant** (servant girl est moins cérémonieux).

5. m. à m. : *cache et cherche.*

6. *porte de derrière, de service ;* **front-door,** *porte de devant, d'entrée.*

« M'man, elle a cru que c'était en vrai ! »

Mrs Samuel Josephs, elle aussi, tout en versant le lait à l'eau, avait un sourire plein d'indulgence. Un joyeux goûter.

Après le goûter, on expédia au vert les jeunes Samuel Josephs jusqu'à l'heure d'aller au lit, à l'appel de leur bonne qui, dans la cour, cognait sur un plateau en fer-blanc avec un presse-purée.

« J'sais ce qu'on va faire, dit Miriam. Allons jouer à cache-cache partout chez les Burnell. Leur porte de derrière est toujours ouverte, parce qu'ils ont pas encore sorti le buffet. J'ai entendu M'man qui disait à Glad Eyes qu'en tout cas elle voudrait pas emmener un vieux rossignol comme ça dans une nouvelle maison ! Venez ! Venez ! »

« Non, je ne veux pas », dit Kezia en secouant la tête.

« Oh ! Fais pas l'andouille. Viens, allez ! »

Miriam lui saisit une main ; Zaïdée s'empara de l'autre.

« Moi non plus, je ne veux pas, si Kezia veut pas », dit Lottie, se raidissant sur ses jambes. Mais elle aussi fut embarquée en vitesse... A présent, tout l'amusement du jeu pour les S.J., c'est que les gamines Burnell ne voulaient pas jouer. Dans la cour, ils s'arrêtèrent un instant. La cour des Burnell était petite et carrée, avec des plates-bandes de chaque côté. D'un côté, tout du long, de grosses touffes d'arums exhalaient leur riche beauté, de l'autre, il n'y avait qu'un enchevêtrement de ce que les enfants appelaient « les pelotes à épingles de grand-mère », une vilaine fleur rosâtre, mais si vivace qu'elle saurait se frayer un passage dans une fente de béton et y prospérer.

---

7. Inf. incomplet après les verbes de perception involontaire : **I saw them play,** *je les ai vus jouer.*

8. ole : phonétique et familier pour **old.**

9. fam. et enfantin. Ces deux négations sont très fautives.

10. kid appartient au langage familier : *gosse, mioche.*

11. either (+ sing.) = **both** (+ pl.). **On either side of the street = on both sides of the street.**

12. arum lily (ies) : en français, *arum(s).*

13. ici, = *excepté ;* **nothing but the truth,** *rien que la vérité.*

14. le suffixe **-ish** apporte souvent une nuance dépréciative (**yellowish, greenish**) ou légèrement condescendante (**boyish, girlish behaviour,** *comportement puéril*).

15. so strong that it would push. Ellision de : **that.**

"You've only got one w. at your place," said Miriam scornfully [1]. "We've got two at ours [2]. One for men and one for ladies. The one for men hasn't got a seat." ·

"Hasn't got a seat!" cried Kezia. "I *don't* believe you."

"It's-true-it's-true-it's true! Isn't it Zaidee?" And Miriam began to dance [3] and hop showing her flannelette [4] drawers [5].

"Course [6] it is," said Zaidee. "Well, you *are* a baby, Kezia!"

"I don't not [7] believe it either if Kezia doesn't," said Lottie, after a pause.

But they never paid any attention to what Lottie said. Alice Samuel Josephs tugged [8] at a lily leaf, twisted it off, turned it over. It was covered on the under side [9] with tiny blue and grey snails.

"How much does your Pa give you for collecting [10] snails," she demanded [11].

"Nothing!" said Kezia.

"Reely [12]! Doesn't he give you anything? Our Pa gives us ha'penny [13] a hundred. We put them in a bucket with salt and they all go bubbly like spittle. Don't you get any pocket money?"

"Yes, I get a penny for having my hair washed [14]," said Kezia.

"An' a penny a tooth," said Lottie, softly.

"My [15]! Is that *all*! One day Stanley took the money out of all our money boxes and Pa was so mad [16] he rang up the police station."

---

1. scorn, scornful (adj.), **scornfully** (adv.).
2. **ours,** pron. possessif = **our place** (le « s » ne marque pas le pl.).
3. △ piège orthographique : **to dance,** *danser.*
4. autre piège : **flannelette,** *flanellette,* en français.
5. **drawers** (pl.) : *caleçon, culotte,* est désuet. De nos jours, panties, briefs, slip ; a **chest of drawers,** *une commode* (a drawer, *un tiroir*).
6. pour **of course.** Familier.
7. la petite Lottie a dit un **not** de trop.
8. **to tug** peut être tr. (to tug a boat, *remorquer un bateau ;* a tugboat, *un remorqueur*). Généralement avec **at** : the dog is tugging at its leash, *le chien tire sur sa laisse.*

22

« Vous avez qu'un cab', chez vous, dit Miriam avec mépris. Chez nous, on en a deux. Un pour les hommes et un pour les dames. Celui pour les hommes, il a pas de siège. »

« Pas de siège ! s'écria Kezia. Ça, je te crois pas. »

« C'est vrai — c'est vrai — c'est vrai ! Hein, Zaïdée ? » Et voilà Miriam partie à danser et sautiller, culotte de pilou à l'air.

« Tout c'qu'y a de vrai, dit Zaïdée. Ben, tu es un vrai bébé, Kezia ! »

« Moi non plus, je le crois pas, si Kezia le croit pas », fit Lottie, après un silence.

Mais ils ne s'occupaient jamais de ce que disait Lottie. Alice Samuel Josephs tira sur une feuille d'arum, l'arracha d'une torsion, la retourna. Elle était couverte sur le dessous de minuscules escargots bleu et gris.

« Combien il te donne, ton papa, pour ramasser les escargots ? » demanda-t-elle.

« Rien ! » dit Kezia.

« Vraiment ! Ah, il te donne rien ? Notre papa nous donne un demi-penny par centaine. On les met dans un seau avec du sel, et ils font tout plein de bulles, comme de la crache. Tu as pas du tout d'argent de poche ? »

« Si, j'ai un penny pour me laver les cheveux », dit Kezia.

« Et un penny par dent », dit Lottie doucement.

« Ma parole ! Et c'est tout ! Un jour, Stanley a pris l'argent de toutes nos tirelires et papa était si furieux qu'il a appelé la gendarmerie. »

---

9. upside down : *sens dessus dessous ;* **the upside,** *le dessus,* appartient au langage familier.

10. suivi d'un gérondif, exprime une cause. **Thank you for helping me,** *merci de m'avoir aidé ;* **sorry for being late,** *excusez-moi d'être en retard.*

11. ▲ *exiger (demander,* **to ask).** K.M. aime bien les gallicismes.

12. orthographe phonétique, à n'imiter ni dans la prononciation [ɪː] au lieu de [ɪ], ni dans l'écriture : **really.**

13. familier pour : **halfpenny.**

14. to have + objet + p. p. (sens passif) : **he had his hair cut,** *il s'est fait couper les cheveux ;* **he had his wallet stolen,** *il s'est fait voler son portefeuille.*

15. interjection appartenant au langage familier.

16. to be mad with sbd, *être furieux contre qqn.*

"No, he didn't. Not reely," said Zaidee. "He only took the telephone down [1] an [2] spoke in it to frighten Stan."

"Ooh, you [3] fibber [4] ! Ooh, you are a fibber," screamed Alice, feeling her story totter. "But Stan was so frightened he caught hold of Pa and [5] screamed and bit him and then he lay on the floor and banged with his head as hard as ever."

"Yes," said Zaidee, warming. "And at dinner [6] when the door bell rang an' Pa said to Stan — 'There they are — they've come for you —' do you know what Stan did ?" Her button eyes snapped with joy. "He was sick [7] — all over the table !"

"How perfeckly [8] *horrid*," said Kezia, but even as she spoke she had one of her "ideas". It frightened her so [9] that her knees trembled but it made her so happy she nearly screamed aloud with [10] joy.

"Know a new game," said she. "All of you stand in a row and each person holds a narum [11] lily head. I count one — two — three and when 'three' comes all of you have to bite [12] out the yellow bit and scrunch it up — and who swallows first — wins."

The Samuel Josephs suspected nothing. They liked the game. A game where something had to be destroyed always fetched them [13]. Savagely [14] they broke off [15] the big white blooms [16] and stood in a row before Kezia.

"Lottie can't play," said Kezia.

---

1. **down** : c'est sans doute un téléphone mural.
2. **an,** pour and.
3. **you,** accentué, peut précéder un nom mis en apostrophe : you bastard ! *espèce de salaud !*
4. langage familier (**fib**, *petit mensonge, blague*).
5. effet d'accumulation dû à la présence de **and** entre les diverses actions. Alice se repaît de cette description.
6. **at dinner,** at sunrise, at dawn, at school, on tiptoe *(sur la pointe des pieds)* : pas d'article.
7. *malade* (ill : plus grave) ; **to be sick** (sans compl.), *vomir.*
8. = **perfectly** (prononciation fautive de Kezia).
9. sous-entendu : **much.**
10. quand le *de* français véhicule une idée de cause,

« Non, pas vraiment, fit Zaïdée. Il a seulement décroché le téléphone et parlé dedans pour faire peur à Stan. »

« Oh, menteuse ! Oh, t'es une menteuse », ragea Alice, sentant chanceler son histoire. « N'empêche, Stan a eu si peur qu'il a empoigné papa et il a hurlé et il l'a mordu et après il s'est couché par terre et il a cogné avec sa tête fort comme tout. »

« Oui, dit Zaïdée, se dégelant. Et au dîner, quand la sonnette a sonné et que papa a dit à Stan — Les voilà — ils sont venus te chercher —, tu sais ce qu'il a fait, Stan ? » Ses yeux en boutons pétillaient de joie. « Il a vomi — partout sur la table ! »

« Quelle horreur, vraiment », fit Kezia, mais tout en parlant, elle eut une de ses « idées ». A lui faire trembler les genoux de peur ; mais dispensatrice d'un tel bonheur qu'elle était prête à hurler de joie.

« J'ai un nouveau jeu. Vous formez une ligne, tous, et chacun tient une fleur de 'narum. Je compte un-deux-trois, et à trois tout le monde croque un bout du truc jaune et le mâche — et le premier qui avale, gagne. »

Les Samuel Josephs ne se méfièrent de rien. Le jeu leur plaisait. Un jeu où il fallait détruire quelque chose, ça leur bottait toujours. Non sans brutalité, on cassa net les grosses fleurs blanches et l'on se mit en ligne devant Kezia.

« Lottie peut pas jouer », dit Kezia.

---

l'anglais emploie **for** ou **with** ; **to howl with laughter**, *hurler de rire* ; **raging with despair and grief**, *pleurant de rage et de désespoir.*

11. an arum lily. Phonétique d'une prononciation fautive.

12. to bite [aɪ], **I bit, bitten. A bite,** *morsure* ; **a bit,** *un morceau, un bout, un mors.*

13. langage familier. **That'll fetch him,** *voilà qui le séduira.*

14. savagely en tête de phrase est mis en évidence. Les S.J.'s y vont de bon cœur.

15. La postposition **off** ajoute une nuance : cassure complète et définitive.

16. bloom, blossom, flower (le plus courant), traduisent *fleur* ; **in full bloom (blossom),** *en pleine floraison* ; **a tree in blossom,** *un arbre en fleur.*

But any way it didn't matter. Lottie was still patiently bending a lily head this way and that [1] — it would not come off the stem for her.

"One — two — three," said Kezia.

She flung [2] up her hands with joy [3] as the Samuel Josephs bit, chewed, made dreadful faces, spat [4], screamed, and rushed to Burnells' garden tap. But that was no good [5] — only a trickle came out. Away [6] they sped, yelling.

"Ma ! Ma ! Kezia's poisoned us."

"Ma ! Ma ! Me [7] tongue's burning off."

"Ma ! Ooh, Ma !"

"Whatever [8] *is* the matter," asked Lottie, mildly, still twisting the frayed [9], oozing [10] stem. "Kin [11] I bite my lily off like this, Kezia ?"

"No, silly." Kezia caught her hand. "It burns your tongue like anything [12]."

"Is that why they all ran away," said Lottie. She did not wait for [13] an answer. She drifted to the front of the house and began to dust the chair legs on the lawn with a corner of her pinafore [14]. Kezia felt very pleased. Slowly she walked up the back steps and through the scullery into [15] the kitchen. Nothing was left [16] in it except a lump of gritty yellow soap [17] in one corner of the window sill and a piece of flannel stained with a blue bag [18] in another.

---

1. sous-entendu : way. Effet d'allégement.
2. to fling, I flung, flung. Certains verbes courants ont un double changement vocalique (to begin, I began, begun ; to drink, I drank, drunk ; to sing, I sang, sung, etc.) ; l'angliciste naissant a instinctivement tendance à pratiquer un amalgame dangereux devant les verbes dont le radical comporte un « i » : to swing, I swung, swung.
3. with joy, with grief : *de joie, de souffrance.*
4. to spit, I spat, spat.
5. Cf. Iznogood, personnage de bande dessinée.
6. la postposition en tête de phrase donne un effet de vivacité. Noter : **away they sped,** away sped the children. To speed, I sped, sped.
7. très familier pour : my. Me Dad, *mon papa.*
8. emphatique = what on earth, what the deuce.

Mais de toute façon, ça ne changeait rien. Lottie en était toujours à courber une tête d'arum d'un côté et de l'autre — elle ne réussirait pas à la détacher de la tige.

« Un-deux-trois », dit Kezia.

Elle leva les mains au ciel de joie, tandis que les Samuel Josephs mordaient, mâchaient, faisaient d'horribles grimaces, crachaient, hurlaient, et se ruaient sur le robinet de jardin des Burnell. Mais ça n'allait pas — il n'en sortait qu'un filet d'eau. Les voilà partis comme l'éclair, en beuglant.

« M'man ! M'man ! Kezia nous a empoisonnés. »

« M'man ! M'man ! J'ai ma langue qui brûle ! »

« M'man ! Oh, M'man ! »

« Mais enfin, qu'est-ce qu'il y a ? demanda doucement Lottie, toujours à tordre la tige, tout effilochée et suintante. Je peux arracher mon arum avec les dents, comme ça, Kezia ? »

« Non, imbécile. » Kezia lui prit la main. « Ça te brûle la langue comme je sais pas quoi. »

« C'est pour ça qu'ils sont tous partis à la course », dit Lottie. Elle n'attendait pas de réponse. Elle s'en fut d'un pas tranquille vers le devant de la maison et se mit à épousseter les pieds des chaises sur la pelouse avec un coin de son tablier. Kezia éprouvait un réel contentement. Lentement, elle monta l'escalier de service, traversa la souillarde, pour gagner la cuisine. Il n'y restait rien, à part un morceau de savon de ménage graveleux dans un coin sur l'appui de la fenêtre, et un bout de flanelle taché par un sachet de bleu, dans l'autre coin.

---

9. 2ᵉ sens de **fray** : *effilochure.*

10. [uːz].

11. kin : familier et phonétique pour : **can.**

12. expression adverbiale familière intensive. **He drinks like anything,** *il boit comme un trou.*

13. intransitif en anglais, transitif en français : **wait for me,** *attends-moi.*

14. c'est le *tablier* de la communale ou du pensionnat.

15. up...through...into : admirable concision de l'anglais.

16. traduit la tournure impersonnelle : *il reste...*

17. yellow, ou **household soap,** c'est bien *le savon de Marseille.* Mais cette localisation peut sembler gênante ici.

18. ou **bluebag,** appartient au vocabulaire de la blanchisserie. *Sachet à bleu, indigo ;* **to blue,** *azurer le linge.*

The fireplace was choked with a litter of rubbish[1]. She poked among it for treasure but found nothing except a hair tidy[2] with a heart painted on it that had belonged to the servant girl. Even[3] that she left lying, and she slipped through the narrow passage into the drawing room. The venetian[4] blind was pulled down but not drawn[5] close. Sunlight, piercing the green chinks, shone[6] once again upon the purple urns brimming over[7] with yellow chrysanthemums[8] that patterned the walls — The hideous[9] box was quite bare, so was the dining room except for the side board that stood in the middle, forlorn[10], its shelves[11] edged with a scallop[12] of black leather. But this room had a "funny" smell. Kezia lifted her head and sniffed again, to remember. Silent as a kitten she crept up the ladderlike stairs. In Mr and Mrs Burnell's room she found a pill box, black an shiny outside and red in, holding a blob of cotton wool. "I could keep a bird's egg[13] in that," she decided. The only other room in the house (the little tin bathroom did not count) was *their* room where Isabel and Lottie had slept in one bed and she and Grandma in another. She knew there was nothing there — she had watched[14] Grandma pack — Oh, yes[15], there was ! A stay button stuck in a crack of the floor and in another crack some beads[16] and a long needle. She went over to the window and leaned against it pressing her hands against the pane.

---

1. nom collectif indénombrable, toujours singulier.
2. terme désuet ; **tidy** désignait aussi *un vide-poches* ou *un voile de fauteuil.*
3. even se place devant le mot dont il modifie le sens.
4. adj. et substantifs de nationalité prennent une majuscule en anglais : **Venetian.**
5. to draw the curtains : *tirer les rideaux* (les fermer ou les ouvrir) ; to draw the blinds, *baisser les stores.*
6. to shine, I shone, shone. Ne se prononce pas comme **bone,** *os,* mais comme **done,** *fait.*
7. to brim over with health, to bubble over with high spirits, *déborder de santé, de gaieté.*
8. racine grecque (geranium, également), mais vraiment intégré en anglais, d'où le pluriel en « s ». D'autres mots,

La cheminée était obstruée d'un fouillis de détritus. Elle y fourragea, dans l'espoir d'un trésor, mais ne trouva rien, à part un récipient pour peignures, avec un cœur peint dessus, qui avait appartenu à la bonne. Même ça, elle le laissa à terre, et elle se faufila le long de l'étroit corridor jusque dans le salon. Le store vénitien était baissé, sans être tiré à fond. Le soleil, pénétrant entre les lattes vertes, déversait encore une fois sa lumière sur les motifs d'urnes pourprés débordant de chrysanthèmes jaunes qui ornaient les murs. Cet écrin hideux était parfaitement vide, de même que la salle à manger, à part le buffet qui se dressait au milieu, à l'abandon, ses étagères bordées d'un feston de cuir noir. Mais cette pièce avait une odeur « bizarre ». Kezia leva la tête et huma l'air à nouveau, pour se rappeler. Sans plus de bruit qu'un chaton, elle grimpa l'escalier de meunier. Dans la chambre de Mr et Mrs Burnell, elle trouva une boîte à pilules, noire et brillante au-dehors, rouge à l'intérieur, garnie d'une petite touffe d'ouate. « Je pourrais mettre un œuf d'oiseau là-dedans », décida-t-elle. Une seule autre chambre dans la maison (la petite salle de bains de tôle ne comptait pas) : la leur, celle où Isabel et Lottie dormaient dans un lit, et elle-même et Bonne-Maman dans un autre. Elle savait qu'il n'y restait rien — elle avait observé Bonne-Maman faire ses malles. Oh, si, tiens ! Un bouton de corset coincé dans une fente du plancher, et dans une autre fente, quatre-cinq perles et une longue aiguille. Elle alla jusqu'à la fenêtre, s'y appuya, collant ses mains à la vitre.

---

plus rares (**datum, data,** *éléments d'information*) gardent leur pluriel étranger.
9. ['hɪdɪəs].
10. forlorn, mis en évidence par l'apposition, est litt.
11. mot saxon, dont le radical en -f se transforme en **-ves** au pluriel : **wolf, wolves,** *loup ;* **scarf, scarves,** *écharpe ;* **leaf, leaves,** *feuille.*
12. ▲ : *coquille St-Jacques ; feston ;* à la rigueur, *escalope,* mais l'anglais préfère « **escalope** » [lou] !
13. génitif générique désignant l'espèce. **A fool's cap,** *un bonnet de fou, de bouffon, bonnet d'âne.*
14. curieusement assimilé à un verbe de perception involontaire.
15. notre *si* n'a pas d'équivalent en anglais.
16. dans le monde religieux : *grain* et *chapelet, rosaire.* Dans le monde profane : *perle* et *collier.*

From the window you [1] saw beyond the yard a deep gully filled with tree ferns and a thick tangle of wild green, and beyond that there [2] stretched the esplanade [3] bounded [4] by a broad stone wall against which the sea chafed and thundered. (Kezia had been born [5] in that room. She had come forth squealing out of a reluctant mother in the teeth [6] of a "Southerly Buster" [7]. The Grandmother, shaking her before the window had seen the sea rise in green mountains and sweep the esplanade — The little house was like a shell to its loud booming. Down in the gully the wild trees lashed together and big gulls wheeling and crying skimmed past the misty window.)

Kezia liked to stand so before the window. She liked the feeling of the cold shining glass against her hot little palms [8] and she liked to watch the funny white tops that came on her fingers when she pressed them hard against the pane —

As she stood the day flickered out and sombre dusk entered [9] the empty house, thievish [10] dusk [11] stealing the shapes of things, sly dusk painting the shadows. At her heels [12] crept the wind, snuffling and howling. The windows shook — a creaking came from the walls and floors [13], a piece of loose iron on the roof banged forlornly — Kezia did not notice these things severally [14] but she was suddenly quite, quite still with wide [15] open eyes and knees pressed together — terribly frightened.

---

1. **you** est une des façons de rendre le français *on,* lorsque l'auteur met le lecteur à contribution. **One,** dans un contexte littéraire et d'aspect proverbial (**one can always try,** *on peut toujours essayer*). Le passif est la forme la plus fréquente.
2. **there arose a general outcry,** *surgit un tollé général ;* **there comes a time when...,** *il vient un moment où....*
3. peut être ▲ : *digue* (dans une ville du bord de mer).
4. ▲ possibles confusions entre **to bind, I bound, bound,** *lier* et **to bound,** régulier, *bondir.* De même entre **to find,** *trouver* et **to found,** *fonder* et **to wind,** *serpenter* et **to wound,** *blesser.*
5. ce plus-que-parfait étonne, mais il est logique.
6. **tooth, teeth.** In the teeth of the wind, *contre le vent ;* in the teeth of the opposition, *en dépit de...*

De la fenêtre on voyait, par-delà la cour, une profonde ravine remplie de fougères arborescentes et d'un épais fouillis de verdure sauvage, et au-delà encore s'étendait la digue bornée par un large mur de pierre contre lequel venait s'irriter et fulminer la mer. (Kezia était née dans cette chambre. Elle avait surgi en piaillant d'une mère peu empressée, vent debout, en plein dans un « burster du Sud ». La Grand-Mère, en la secouant devant la fenêtre, avait vu la mer se soulever en montagnes vertes et balayer la digue. La petite maison était comme une carapace contre son tonnerre mugissant. En bas dans la ravine, les arbres sauvages s'entre-cinglaient et de grosses mouettes tournoyaient en hurlant devant la fenêtre embrumée qu'elles effleuraient de leurs ailes.)

Kezia aimait rester ainsi devant la fenêtre. Elle aimait la sensation du verre froid et brillant sur ses petites paumes chaudes et elle aimait guetter l'apparition sur ses doigts, quand elle les appuyait fortement contre la vitre, de ces drôles de capuchons blancs.

Ce faisant, le jour s'éteignit dans un tremblotement, et le ténébreux crépuscule pénétra dans la maison vide, crépuscule larron qui dérobe les formes des choses, crépuscule sournois qui peint les ombres. A ses trousses s'insinua le vent, furetant et hurlant. Les fenêtres tremblèrent — un craquement sortit des murs et des planchers, un morceau de fer sur le toit se mit à battre lugubrement — Kezia n'eut pas de ces divers bruits une perception isolée, mais elle se tint soudain tout à fait, tout à fait immobile, les yeux grands ouverts, les genoux serrés — saisie d'une peur affreuse.

---

7. météorologie australienne : **northerly buster**, *vent violent du nord ;* **southerly buster :** *vent violent du sud, burster.*
8. le l de **palm** ne se prononce pas [pa:m].
9. transitif. Donne de la solennité à l'entrée — et à l'omniprésence — du crépuscule dans la maison.
10. connotation souvent péjorative du suffixe -ish.
11. se dit aussi **twilight**.
12. **to be at (on) sbd's heels,** *talonner qqn, être aux trousses de qqn.*
13. c'est l'ensemble qui craque. Effet de masse.
14. le suffixe -ly forme parfois des adj. (**day-ly : daily**) que rien ne distingue de l'adv. : *quotidien(nement).*
15. **wide** a ici une valeur adverbiale.

Her old bogey[1], the dark[2], had overtaken her, and now there was no lighted[3] room to make a despairing dash for[4] — useless[5] to call "Grand-ma" — useless to wait for the servant girl's cheerful[6] stumping up the stairs to pull down the blinds and light the bracket[7] lamp... There was only Lottie in the garden. If she began[8] to call Lottie *now* and went on calling her loudly all the while she flew downstairs and out of the house she might escape from[9] *It* in time[10] — *It* was round like the sun. It had a face. *It* smiled, but *It* had no eyes. *It* was yellow. When she was put to bed with two drops of aconite[11] in the medicine[12] glass *It* breathed very loudly and firmly and *It* had been known[13] on certain particularly fearful occasions to turn round and round. *It* hung in the air. That was all she knew and even that much had been very difficult to explain to the Grandmother. Nearer came the terror and more plain to feel the "silly" smile. She snatched her hands from the window pane, opened her mouth to call Lottie, and fancied that she did call loudly, though she made no sound... *It* was at the top of the stairs ; *It* was at the bottom of the stairs, waiting in the little dark passage, guarding the back door — But Lottie was at the back door, too.

"Oh, there you are[14]," she said cheerfully[15]. "The storeman's here.

---

1. bog(e)yman : *père fouettard, croquemitaine.* K.M. utilise souvent ce mot comme terme d'affection.
2. adj. pris substantivement avec un sens abstrait et singulier : **the unknown,** *l'inconnu ;* **the supernatural,** *le surnaturel.* Le français en est plus friand : « Le vierge, le vivace et le bel aujourd'hui... ».
3. to light, I lit, lit, ou régulier.
4. le rejet de la postposition permet cette construction avec élision de **which. To make for,** *se diriger vers.*
5. suffixe **-less,** *dépourvu de.* Son contraire : **useful,** *utile.*
6. son contraire : **cheerless.** △ orthographe du suffixe : un seul « l ». **Full,** *plein,* prend deux « l ».
7. *support, console, tasseau,* et **in brackets,** *entre parenthèses.*
8. Les verbes exprimant le début, la continuation, ou la fin

Son vieil épouvantail, le noir, l'avait reprise, et voilà, pas de pièce éclairée où se précipiter avec l'impétuosité du désespoir — inutile d'appeler « Bonne-Maman » — inutile d'attendre le joyeux clopinement de la bonne montant l'escalier pour aller baisser les stores et allumer la lampe d'applique... Il y avait Lottie dans le jardin, c'est tout. Si elle commençait, là, tout de suite, à appeler Lottie, sans s'arrêter de l'appeler à voix haute pendant tout le temps qu'elle filait en bas et sortait de la maison, elle avait une chance d'échapper à la *Chose* juste à temps. La *Chose* était ronde comme le soleil. Elle avait une figure. Elle souriait, mais elle n'avait pas d'yeux. Elle était jaune. Quand on mettait Kezia au lit, avec deux gouttes d'aconit dans le verre à remèdes, la *Chose* respirait très bruyamment et vigoureusement, et on l'avait sue, en certaines occasions particulièrement effrayantes, appliquée à tourniquer inlassablement. Elle était en suspension dans l'air. C'est tout ce que savait Kezia, et même ce peu avait été très difficile à expliquer à la Grand-Mère. Plus près vint la terreur et plus facile à sentir, le sourire « imbécile ». Elle arracha ses mains de la vitre, ouvrit la bouche pour appeler Lottie, s'imaginant avoir appelé à haute voix, bien qu'elle n'eût émis aucun son... La *Chose* était en haut de l'escalier ; elle était au bas de l'escalier, elle attendait dans le petit corridor sombre, elle gardait la porte de service. Mais il y avait aussi Lottie, à la porte de derrière.

« Ah, te voilà, dit-elle avec entrain. Le transporteur est là.

---

d'une action, se construisent avec le gérondif. **To begin** peut se construire aussi avec un inf. complet.
9. as he was escaping from prison he narrowly escaped death, *tandis qu'il s'échappait de prison, il échappa de justesse à la mort.*
10. in time : *à temps.*
11. [ˈækənaɪt] pas de e en français, *aconit.*
12. △ medicine. *médecine.* Ici, *médicament.*
13. verbe d'opinion + prop. infinitive, et construit au passif (impossible en français) : **Malraux was said to be a drug addict,** *on disait Malraux toxicomane.*
14. there you are ! *Te voilà !* **Here she comes !** *La voici !* **There they go !** *Les voilà partis !*
15. cheerful, cheerfully ; △ orthographe.

Everything's on the dray — and *three* horses, Kezia —
Mrs Samuel Josephs has given us a big shawl to wear
round us, and she says button up your coat [1]. She
won't come out because of asthma, and she say's
'never do it again' [2]"— Lottie was very important —

"Now then, you [3] kids," called the storeman. He
hooked his big thumbs under their arms. Up [4] they
swung. Lottie arranged the shawl "most beautifully",
and the storeman tucked up their feet in a piece of
old blanket.

"*Lift* up — Easy does it [5] —" They might have been [6]
a couple of young ponies [7].

The storeman felt over [8] the cords holding his load,
unhooked the brake chain from the wheel, and
whistling, he swung up beside them.

"Keep close to *me*," said Lottie [9], "because otherwise
you pull the shawl away from my side, Kezia [10]."

But Kezia edged up to the storeman — He towered
up, big as a giant [11], and he smelled of nuts and
wooden boxes.

---

1. langage parlé familier. On « entend » les guillemets.
2. le propos rapporté est plus important ; les guillemets lui
donnent une certaine solennité (c'est une réprimande que
Mrs S.J. adresse à Kezia par Lottie interposée).
3. you ajoute une nuance familière d'insistance. **Come on,
you children !** *Venez donc (vous) les enfants !* **You English,**
vous autres, les Anglais.
4. la postposition, avec un verbe de déplacement, en tête
de phrase, donne de la vivacité à la narration. Le sujet se
place normalement si c'est un pronom, **up they swung** ;
après le verbe si c'est un nom, **up swung Kezia.**
5. expression familière.
6. en anglais, c'est l'inf. qui est au temps composé ; en
français, c'est le verbe conjugué.
7. orthographe, **pony (ies)** ; en français, *poney.*

Tout est sur la charrette — et avec trois chevaux, Kezia. Mrs Samuel Josephs nous a donné un grand châle pour mettre autour de nous, et elle dit de bien boutonner ton manteau. Elle ne viendra pas dehors, à cause de son asthme, et elle dit « ne refais jamais ça »... Lottie était pleine d'importance.

« Bon, allez, les enfants », appela le transporteur. Il crocha ses gros pouces sous leurs bras. Oh, hisse ! Lottie disposa le châle « on ne peut plus artistement », et le transporteur emmaillota leurs pieds dans un morceau de vieille couverture.

« Soulevez. Là ! en douceur. » Comme à une paire de jeunes poneys.

Le transporteur vérifia le cordage qui retenait son chargement, décrocha la chaîne frein de la roue et en sifflant se hissa lestement à côté des enfants.

« Serre-toi contre moi, plutôt, dit Lottie, parce que sans ça tu m'enlèves le châle de mon côté, Kezia. »

Mais Kezia obliquait vers le transporteur. Il dominait, grand comme un géant, et il sentait les noix et les caisses de bois.

---

8. over, dans le sens de : *encore une fois, de nouveau ;* **read it over,** *relis-le.*

9. Lottie est le diminutif de Charlotte.

10. Kezia est un nom biblique. C'est la deuxième fille de Job. K.M. lui donnait sa prononciation biblique [kɪ'zaɪə].

11. la suppression du premier **as** (gallicisme) n'est possible que parce que le compl. est placé en incidente. Il serait très risqué d'écrire **he was big as a giant...**

Chapter Two

It was the first time that Lottie and Kezia had ever been[1] out so late. Everything looked different — the painted wooden[2] houses much smaller than they did by day[3], the trees and the gardens far[4] bigger and wilder. Bright stars speckled the sky and the moon hung over the harbour dabbling the waves with gold. They could see the light house shining[5] from Quarantine Island, the green lights fore and aft[6] on the old black coal hulks —

"There comes the Picton boat," said the storeman, pointing with his whip to a little steamer all hung[7] with bright beads.

But when they reached the top of the hill and began to go down the other side, the harbour disappeared and although they were still in the town they were quite lost. Other carts rattled past[8]. Everybody knew the storeman.

"Night, Fred !"

"Night-O[9] !" he shouted.

Kezia liked very much to hear him. Whenever a cart appeared in the distance she looked up and waited for his voice.

---

1. ce **plu-perfect** (ou, plus exactement ici, **past-perfect**) s'emploie pour une action commencée antérieurement (être dehors) qui se continuait au moment du récit ; se rend par un imparfait en français.

2. adj. à suffixe en **-en** ; exprime la matière d'une chose. **Woollen,** *fait en laine.* Mais ce n'est pas une constante : **a gold watch,** *une montre en or ;* **a silk dress,** *une robe de soie.*

3. expression idiomatique. **By night,** *de nuit ;* moins précis que **at night.**

4. **far,** ici = much ; far better = much better.

5. *en train de briller.* Notion de continuité. I saw him fall, *je le vis tomber* (action brève).

Chapitre II

C'était la première fois que Lottie et Kezia se trouvaient
dehors aussi tard. Tout avait l'air différent — les maisons
en bois, bien plus petites que de jour, les arbres et les
jardins, beaucoup plus grands et beaucoup plus sauvages.
De brillantes étoiles diapraient le ciel, et la lune, suspendue
au-dessus du port, mettait aux vagues des éclaboussures
d'or. Les fillettes pouvaient voir le phare qui lançait sa
lueur depuis l'Ile de Quarantaine, et les lumières vertes à
l'avant et à l'arrière des vieux pontons charbonniers noirs.

« Voilà le bateau de Picton qui arrive », dit le transporteur, indiquant avec son fouet un petit vapeur tout orné de
perles brillantes.

Mais lorsqu'ils atteignirent le haut de la colline et
commencèrent à descendre de l'autre côté, le port disparut
et bien qu'on fût encore dans la ville, les enfants avaient
perdu tout repère. D'autres carrioles passaient avec fracas.
Tout le monde connaissait le transporteur.

« 'Soir, Fred ! »

« 'Soir ! » criait-il.

Kezia aimait beaucoup l'entendre. A chaque apparition
d'une carriole dans le lointain, elle levait la tête, dans
l'attente de sa voix.

---

6. avec ou sans trait d'union. Adverbe. **Fore and aft cap,**
le calot des troupes anglaises pendant la Seconde Guerre
mondiale.
7. to hang, I hung, hung, dans le sens de *garnir, orner ;*
hung with flags, *orné de drapeaux.*
8. peut être préposition : **past the village,** *un peu au-delà
de,* ou adv. Dans ce cas, le sens plus particulier est donné
par le verbe **to run past, to walk past, to march past,** etc.
passer en courant, en marchant, en défilant...
9. cf. l'expression familière **Right-O !** *D'accord ! Entendu !*

In fact she liked him altogether[1] ; he was an old friend ; she and the Grandmother had often been to his place to buy grapes[2]. The storeman lived alone in a cottage with a glasshouse that he had built himself leaning against it. All the glasshouse[3] was spanned and arched over with one beautiful vine[4]. He took her brown basket from her, lined it with three large leaves[5] and then he felt in his belt for a little horn knife, reached up and snipped off a big blue cluster[6] and laid it on the leaves as tenderly as you might put a doll to bed. He was a very big man. He wore[7] brown velvet trousers and he had a long brown beard, but he never wore a collar — not even on[8] Sundays. The back of his neck was dark red.

"Where are we now ?" Every few minutes[9] one of the children asked him the question, and he was patient —

"Why ! this is Hawstone Street," or "Hill Street" or "Charlotte Crescent"[10] —

"Of course it is." Lottie pricked up her ears at the last name ; she always felt that Charlotte Crescent belonged specially to her. Very few people had streets with the same name as theirs —

"Look, Kezia ! There is Charlotte Crescent. Doesn't it look different."

They reached their last boundary marks — the fire alarm station — a little wooden affair[11] painted[12] red and sheltering a huge bell — and the white gates of the Botanical Gardens, gleaming in the moonlight.

---

1. a le sens de *entièrement*. "O, reform it altogether", recommande Hamlet aux acteurs qu'il a engagés, concernant leur manière emphatique de jouer. Autre sens, *somme toute, en tout,* altogether, he is a nice man.
2. ▲ bien connu : *raisin. Grappe de raisin,* bunch of grapes ; *raisins secs,* raisins.
3. m. à m. : *maison de verre,* serre.
4. ▲ bien connu : *vigne ; vin,* wine.
5. **leaf** fait **leaves** au pl. Sheaf, sheaves, *gerbe.*
6. **a cluster** (ou a bunch) of grapes, *une grappe de raisin.*
7. **to wear, I worn, worn.**
8. he came on Friday, *il est arrivé vendredi* ; moslems go to the mosk on Fridays, *les musulmans vont à la mosquée le vendredi.*

En fait, elle l'aimait, tout court ; c'était un vieil ami ; elles étaient souvent allées chez lui, sa grand-mère et elle, acheter des raisins. Le transporteur vivait seul dans une maisonnette avec, en appentis, une serre, bâtie de ses mains. La serre était entièrement tapissée d'une splendide treille en forme de voûte. Il la débarrassait de son panier brun, qu'il garnissait de trois belles feuilles, tâtonnait ensuite dans sa ceinture pour trouver son petit couteau à manche de corne, atteignait en l'air un grosse grappe bleue, qu'il coupait et déposait sur les feuilles avec des gestes aussi tendres que pour la mise au lit d'une poupée. C'était un homme très grand. Il portait des pantalons de velours marron, il avait une longue barbe marron, mais ne mettait jamais de col — pas même le dimanche. Sa nuque était rouge foncé.

« Où sommes-nous, maintenant ? » Toutes les trois minutes, l'une des deux fillettes lui posait la question, et il se montrait patient — « Eh bien ! mais c'est Hawstone Street », ou « Hill Street », ou « Charlotte Crescent »...

« Mais bien sûr. » Lottie dressa l'oreille à ce dernier nom. Il lui semblait toujours que Charlotte Crescent était sa propriété personnelle. Très peu de gens ont des rues du même nom qu'eux.

« Regarde, Kezia ! Voilà Charlotte Crescent. Elle a bien l'air spécial, hein. »

Elles arrivèrent à leurs dernières pierres de bornage — le poste avertisseur d'incendie — un petit machin de bois, peint en rouge et abritant une énorme cloche, et les grilles blanches des Jardins Botaniques, luisant au clair de lune.

---

9. le compl. de fréquence peut comporter un nombre. C'est le seul cas où on trouve un pl. après **every**. **Every ten days,** *tous les dix jours.*

10. les noms de rues et de monuments ne prennent pas d'article : **Buckingham Palace.**

11. avec ce sens, **affair** paraît être un gallicisme.

12. structure ramassée (ici, au passif) verbe + objet + attribut. La concision se trouve du côté de l'anglais. **The cat licked its paw clean,** *le chat nettoya sa patte à coups de langue ;* **he painted the door black,** *il peignit la porte en noir.*

Now everything familiar was left behind ; now the big dray rattled into[1] unknown[2] country[3], along the new roads with high clay banks on either side[4], up the steep, towering hills, down into valleys where the bush drew back on either side just enough to let them past, through a wide shallow river — the horses pulled up to drink — and made a rare scramble at starting again — on and on — further and further[5]. Lottie drooped ; her head wagged — she slipped half onto Kezia's lap and lay there. But Kezia could not open her eyes wide enough[6]. The wind blew[7] on them ; she shivered but her cheeks and her ears burned. She looked up at the stars.

"Do stars ever blow about ?" she asked.

"Well, I never *noticed* 'em," said the storeman.

Came[8] a thin scatter of lights and the shape of a tin Church, rising out of a ring of tombstones[9].

"They call this place we're coming to — 'The Flats'," said the storeman.

"We got a nuncle and a naunt[10] living near here," said Kezia — "Aunt Doady and Uncle Dick. They've got two children, Pip, the eldest[11] is called and the youngest's name is Rags. He's got a ram. He has to feed it with a nenamel[12] teapot and a glove top over the spout. He's going to show us. What is the difference between a ram and a sheep."

"Well, a ram has got horns and it goes for you."

Kezia considered.

---

1. into indique un passage, une pénétration, dans un lieu différent.

2. préfixe privatif. Il est double en anglais : **un-**, surtout avec des mots d'origine saxonne **unlucky, unhappy,** *malchanceux, malheureux ;* **in-**, surtout avec les mots d'origine romane : **insufferable, inexpensive,** *insupportable, bon marché.*

3. l'absence d'article s'explique par le fait qu'il ne s'agit pas d'un pays (inconnu) en particulier, mais de l'Inconnu, pour les deux fillettes.

4. ici = **on both sides.**

5. further s'emploie couramment à la place de **farther** : comparatifs irréguliers de **far.** En principe, **farther,** idée de distance ; **further,** sens figuré.

6. enough se place après le verbe : **you've worked enough,**

On tournait désormais le dos à toute trace familière ; voici que la grosse carriole ferraillante pénétrait en terre inconnue, empruntait les nouvelles routes bordées de part et d'autre de hauts remblais de glaise, grimpait au sommet des collines escarpées, descendait dans des vallées où la broussaille leur laissait tout juste un passage en s'écartant de chaque côté, traversait une large rivière peu profonde — les chevaux firent halte pour boire — et une fameuse mêlée pour repartir — et ainsi à l'infini — de plus en plus loin. Lottie s'alanguit — sa tête dodelina — elle s'éboula à moitié sur les genoux de Kezia et demeura là. Kezia, quant à elle, ne parvenait pas à écarquiller suffisamment les yeux. Le vent soufflait sur le petit groupe, elle frissonnait mais elle avait le feu aux joues et aux oreilles. Elle leva la tête vers les étoiles.

« Ça tourbillonne, parfois, les étoiles ? » demanda-t-elle.

« Ben, je les ai jamais remarquées », dit le transporteur.

Survint un menu éparpillement de lumières, et la forme d'une église de tôle ondulée, s'élevant d'un cercle de pierres tombales.

« Cet endroit où on arrive, on l'appelle le Marécage, dit le transporteur.

« Nons avons un 'noncle et une tante qui habitent pas loin d'ici, dit Kezia. Tante Doady et oncle Dick. Ils ont deux enfants, Pip, c'est le nom de l'aîné, et le plus jeune s'appelle Rags. Il a un bêlier. Il lui faut le nourrir avec une théière en 'némail avec un doigt de gant passé sur le bec. Il va nous montrer. Quelle est la différence entre un bêlier et un mouton. »

« Ben, un bêlier a des cornes et il vous attaque. »

Kezia réfléchit.

---

tu as assez travaillé ; toujours après un adj. : **are you strong enough to carry this** ? es-tu assez fort pour porter ceci ? le plus souvent après un nom : **time enough, money enough,** assez de temps, d'argent.

7. to blow. I blew (se prononce comme **blue**), **blown.**

8. licence narrative à ne pas imiter : **there came.**

9. △ prononciation ['tu:mstoun].

10. parler enfantin restitué : **a naunt,** et **a nuncle,** sont plus faciles à prononcer que **an aunt,** et **an uncle.**

11. en bonne grammaire, le plus âgé ou le plus jeune de deux seulement est rendu en anglais par le comparatif **the elder... the younger.** Mais Kezia est excusable.

12. même remarque. *Email* se dit **enamel** [ɪˈnæməl].

"I don't want to see it *frightfully*[1]," she said. "I hate *rushing* animals like dogs and parrots — don't you ? I often dream that animals rush at me — even camels, and while they're rushing, their heads swell — enormous !"

"My word !" said the storeman.

A very bright little place shone ahead of them and in front of it was gathered[2] a collection of traps and carts. As they drew near some one[3] ran out of the bright place and stood in the middle of the road, waving his apron —

"Going to Mr Burnell's[4]" shouted the some one.

"That's right," said Fred and drew rein[5].

"Well I got a passel[6] for them in the store. Come inside half a jiffy[7] — will you ?"

"We-ell ! I got[8] a couple of little kids[9] along with me," said Fred. But the some one had already darted back, across his verandah and through the glass door. The storeman muttered something about "stretching their legs" and swung off the dray.

"Where *are* we," said Lottie, raising up. The bright light from the shop window shone over the little girls, Lottie's reefer cap was all on one side and on her cheek there was the print of an anchor[10] button she had pressed against while sleeping[11]. Tenderly[12] the storeman lifted her, set her cap straight and pulled down her crumpled clothes. She stood, blinking on the verandah, watching Kezia who seemed to come flying through the air to her feet.

---

1. le rejet de **frightfully** en fin de phrase (outre qu'il est en italiques) lui donne du relief. I don't frightfully want : position classique.
2. tournure gallique, plus légère.
3. plus souvent écrit en un seul mot : someone. K.M. systématise cet emploi dans tout le paragraphe : the some one (assez gallique). Procédé que l'on retrouve dans toute l'œuvre.
4. sous-entendu : house. Cas possessif incomplet. De même, St-Paul's (cathedral) ; the chemist's (shop).
5. dans un cas semblable, l'économie du sujet dans la 2e proposition (impossible en français) est assez courante en anglais. "Good morning", said John and came in.
6. prononciation défectueuse transcrite : parcel ['pɑːs(ə)l].

« Je ne tiens pas terriblement à le voir, dit-elle. Je déteste les animaux qui se précipitent, comme les chiens et les perroquets — pas vous ? Je rêve souvent que des animaux se ruent sur moi — même des chameaux, et pendant qu'ils se ruent, leurs têtes enflent — é-normes ! »

« Fichtre ! » dit le transporteur.

Devant eux, brillait de tous ses feux une petite localité, à l'entrée de laquelle se trouvait rassemblée une collection de cabriolets et de carrioles. Tandis qu'ils approchaient, quelqu'un sortit en courant du lumineux village et vint se planter au milieu de la route, en agitant son tablier.

« Z'allez chez Mr Burnell ? » cria le quelqu'un.

« C'est exact », dit Fred en serrant la bride.

« Ben, j'ai un paquet pour eux dans la réserve. Entrez deux p'tites minutes — voulez-vous ? »

« Eh be-en ! J'amène une paire de petites gosses avec moi », dit Fred. Mais le quelqu'un était déjà reparti comme une flèche, véranda traversée, porte vitrée franchie. Le transporteur marmotta confusément de « se dégourdir les jambes » et sauta lestement de la carriole.

« Et où sommes-nous ? » dit Lottie, se redressant. La vive lumière de la devanture du magasin éclairait à plein les fillettes, le calot de Lottie était tout de guingois et sur sa joue était imprimée l'ancre d'un bouton sur lequel elle s'était appuyée dans son sommeil. Avec douceur le transporteur la souleva, rajusta son calot, et tira ses vêtements froissés. Elle resta là, clignant des paupières sur la véranda, à considérer Kezia qui sembla arriver à ses pieds en volant à travers les airs.

Le (a:) est "**high class**"... Les différences de prononciation selon les classes sociales sont très marquées en Grande-Bretagne. Le "**some one**" est d'évidence "**lower class**".

7. appartient au vocabulaire familier. **It was done in a jiffy,** *en moins de deux.*

8. noter, dans tout ce passage, l'emploi très fréquent de **got** passe-partout... Normal, chez des enfants et des gens simples.

9. kid : *gosse,* signifie aussi *chevreau.*

10. prononciation ['æŋkə].

11. forme progressive elliptique. Sous-entendu : **while she was sleeping.**

12. tenderly, mis en évidence au début de la phrase, s'applique effectivement à toutes les actions du **storeman.**

Into[1] the warm smoky shop they went — Kezia and Lottie sat on two barrels, their legs dangling.

"Ma," shouted the man in the apron. He leaned over the counter. "Name of Tubb !" he said, shaking hands with Fred. "Ma !" he bawled. "Gotter couple[2] of young ladies here." Came[3] a wheeze from behind a curtain. "Arf a mo, dearie."

Everything was in that shop. Bluchers and sand shoes, straw hats and onions[4] were strung[5] across the ceiling[6], mixed with bunches of cans and tin teapots and broom heads and brushes[7]. There were bins and canisters against the walls and shelves[8] of pickles and jams and[9] things in tins. One corner was fitted up as a drapers[10] — you could smell the rolls of flannelette[11] and one as a chemist's with cards of rubber dummies and jars of worm chocolate. One barrel brimmed with apples — one had a tap and a bowl under it half full of molasses[12], a third was stained deep red inside and a wooden ladle with a crimson handle was balanced across it. It held raspberries. And every spare inch of space was covered with a fly paper or an advertisement[13]. Sitting on stools or boxes[14], or lounging against things a collection of big untidy men yarned and smoked. One, very old one with a dirty beard sat with his back half turned to the other, chewing tobacco and spitting a long distance into a huge round spitoon[15] peppered with sawdust —

---

1. into... : le compl. de lieu, avec mouvement, placé en tête de phrase, accentue l'impression de hâte et de refuge.
2. gotter couple : (we've) got a couple ; arf a mo : half a mo(ment).
3. = there came a wheeze. Cette omission est à signaler d'un bout à l'autre de l'œuvre.
4. noter la différence orthographique : **onions,** *oignons.* La prononciation est quasiment la même.
5. to string, I strung, strung.
6. ['siːlɪŋ].
7. le pluriel des noms terminés par une sifflante ou une chuintante subit une vocalisation : **bunch(e)s, bush(e)s, church(e)s, fox(e)s,** etc., *bouquet, buisson, église, renard.*
8. certains noms à radical en -f (tous d'origine saxonne)

Vite, à l'intérieur de la tiède boutique enfumée... Kezia et Lottie s'assirent sur deux tonneaux, les jambes ballantes.

« 'Man », cria l'homme au tablier. Il se pencha sur le comptoir. « M'appelle Tubb », dit-il en donnant à Fred une poignée de main. « 'Man ! brailla-t-il. On a une paire d'jeunes dames, par ici. » Un souffle asthmatique, de derrière le rideau. « P'tite s'conde, chéri. »

Tout, on trouvait tout, dans cette boutique. Demi-bottes et espadrilles, chapeaux de paille et oignons, étaient encordés tout le long du plafond, pêle-mêle avec des bouquets de bidons, théières en fer-blanc, têtes de balais et brosses. Il y avait des casiers et des boîtes métalliques contre les murs et des étagères de pickles, confitures et choses en boîte. Un coin était aménagé comme un magasin de tissus — on sentait l'odeur des rouleaux de flanelette ; l'autre, comme une pharmacie, avec des cartons de tétines en caoutchouc et des bocaux de chocolat pour les vers. Un baril était plein à déborder de pommes ; un autre avait une cannelle et une jatte au-dessous, à moitié pleine de mélasse ; un troisième était teint en rouge carminé à l'intérieur, et barré d'une louche en bois au manche cramoisi posée en équilibre. Il contenait des framboises. Et le moindre petit espace libre était couvert de papier tue-mouches ou d'une publicité. Assis sur des caisses ou des tabourets ou affalés n'importe où, un ramassis de gros hommes débraillés était vautré là, à débiter des histoires et à fumer. L'un d'eux, un très vieux avec une barbe crasseuse, assis tournant à demi le dos à son voisin, mâchonnait du tabac et crachait de loin dans un crachoir rond monumental saupoudré de sciure de bois.

---

font **-ves** au pl. **loaf, loaves,** *miche de pain ;* **thief, thieves,** *voleur,* etc.

9. noter que, dans tout ce passage descriptif, tous les termes de l'énumération sont reliés par **and.** L'effet d'accumulation et de désordre en est renforcé.

10. une apostrophe manque. **A draper's (shop).**

11. noter la différence orthographique : **flannelette** (anglais) *flanellette (français).* Également : **flannel,** *flanelle.*

12. molasses, pl., [mə'læsiz], se construit comme un singulier.

13. ▲ bien connu : *réclame. Avertissement,* **warning.**

14. nom terminé par une sifflante : **box, boxes.**

15. orthographe correcte : **spittoon.**

After he had spat he combed[1] his beard with a shaking hand. "We-ell ! that's how it is !" or — "that's 'ow it 'appens"[2] — or "there you've got it, yer see," he would[3] quaver. But nobody paid any attention to him but[4] Mr Tubb who cocked an occasional eye and roared "now, then Father" — And then the combing hand would[5] be curved over the ear, and the silly face screw up — "Ay ?" to droop again and again start[6] chewing.

From the store the road completely changed — very slowly, twisting as if loath to go, turning as if shy to follow it slipped into a deep valley. In front and on either side there were paddocks and beyond them bush covered[7] hills thrust up into the moonlit air were like dark heaving water — you[8] could not imagine that the road led beyond the valley. Here it seemed to reach its perfect end — the valley knotted upon the bend of the road like a big jade tassel —

"Can we see the house from here the house from here" — piped the children. Houses were to be seen[9] — little houses — they counted three — but not their house. The storeman knew — He had made the journey[10] twice before that day — At last he raised his whip and pointed. "That's one of your paddocks belonging," he said "and the next and the next" — over the edge of the last paddock pushed[11] tree boughs[12] and bushes from an immense garden —

---

1. **(to) comb** : prononciation ['koum].
2. **"that's 'ow it 'appens"** : l'escamotage des « h » aspirés est également un signe d'appartenance aux **"lower classes"**.
3. forme fréquentative au passé (**will**, pour le présent), exprimant la répétition fréquente d'une action. Dans ce cas, il est inaccentué. Lorsqu'il est accentué, une idée d'obstination vient s'ajouter : ..."**but they would have the rabbit out of hiding**"... (Robert Frost), *mais il fallait à tout prix qu'ils délogent le lapin de sa cachette...*
4. **but** a ici le sens de *à l'exception de.*
5. ici, également, forme fréquentative. Noter qu'elle est souvent rendue par **used to**.
6. les verbes exprimant le début, la continuation ou la fin d'une action se construisent avec le gérondif (mais certains, dont **to start**, peuvent se construire avec l'inf., les règles

Après chaque crachat, il se lissait la barbe d'une main tremblotante. « Eh be-en ! V'là comment qu'c'est ! » ou — « C'est comm'ça qu'ça arrive », ou — « Là, tu l'as dans l'baba, tu vois », chevrotait-il. Mais personne ne faisait attention à lui, sauf Mr Tubb qui, de temps en temps, glissait un coup d'œil et beuglait « alors quoi, l'Père ». La main ratisseuse se mettait alors en cornet sur l'oreille, et la stupide face grimaçait — « Ouais ? » pour retomber aussitôt et reprendre le mâchouillage.

A partir du magasin, la route changeait du tout au tout — très lentement, se tortillant comme si elle répugnait à partir, tournant comme si elle hésitait à poursuivre, elle se faufilait dans une vallée profonde. Devant et de chaque côté, il y avait des enclos et au-delà, des collines couvertes de broussailles, lancées énergiquement dans l'air baigné de lune, semblaient une noire houle — impossible d'imaginer que la route menait au-delà de la vallée. Elle paraissait ici atteindre sa fin parfaite — la vallée nouée sur le tournant comme un gros gland de jade.

« La maison, la maison, on la voit, d'ici ? » gazouillaient les enfants. Des maisons, on pouvait en voir — des petites maisons — elles en comptèrent trois ; mais pas leur maison. Le transporteur savait — (Il avait déjà fait deux fois le voyage avant ce jour). A la fin, brandissant son fouet, il montra. « Ça, c'est un des enclos à vous, dit-il, le suivant aussi, et le suivant... » — la lisière du dernier enclos subissait l'assaut de branches d'arbres et de buissons d'un immense jardin.

---

absolues sont bien rares, en anglais). **It started snowing, it started to snow,** *il se mit à neiger.*

7. un trait d'union entre les deux termes de cet adj. composé serait plus classique : **bush-covered.**

8. une des façons de rendre le *on* français.

9. le passif est une autre façon de traduire le *on,* m. à m. : *des maisons étaient à être vues.* L'expression **to be to** exprime une action future convenue : **I am to see him tomorrow,** *je dois le voir demain,* un ordre ou une nécessité : **he is to stay home with the flue,** *grippé, il doit rester chez lui,* ou, comme ici, une possibilité.

10. ▲ bien connu : *voyage* [ˈdzɜːnɪ].

11. ce **push** est assez surprenant ; peut-être un étonnant gallicisme (``pushed``, au lieu de ``grew``, *poussaient* ?).

12. [ˈbaʊ], *rameau.*

A corrugated [1] iron fence painted white held back
the garden from the road — In the middle there was
a gap — the iron gates were open wide [2] — They
clanked through up a drive cutting through the garden
like a whip lash, looping suddenly an island of green
and behind the island out of sight until you came
upon it was the house [3]. It was long and low built with
a pillared verandah [4] and balcony [5] running all the
way round — shallow steps led to the door — The
soft white bulk of it lay stretched upon the green
garden like a sleeping beast — and now one and now
another of the windows leaped [6] into [7] light — Some
one was walking through the empty rooms carrying a
lighted [8] candle. From a window downstairs the light
of a fire flickered — a strange beautiful excitement
seemed to stream from the house in quivering ripples.
Over its roofs [9], the verandah poles, the window
sashes, the moon swung her lantern.

"Ooh" Kezia flung out her arms — The Grandmother had appeared on the top step — she carried
a little lamp — she was smiling. "Has this house got
a name" — asked Kezia fluttering for the last time
out of the storeman's hands.

"Yes,"said the Grandmother, "it is called Tarana."
"Tarana" she repeated and [10] put her hands upon the
big glass door knob.

"Stay where you are one moment [11] children." The
Grandmother turned to the storeman.

---

1. **corrugated paper :** *papier gaufré ;* corrugated card-
board, *carton ondulé.*
2. **the gates were opened wide,** ou **wide open,** seraient
plus classiques.
3. la phrase court, vive et descriptive, jusqu'à son aboutissement : **the house.**
4. noter la différence orthographique : **verandah,** *véranda.*
5. la véranda et le balcon sont décrits du même coup d'œil,
d'où l'économie du 2e article indéfini, devant **balcony.**
6. **to leap, I leapt, leapt,** ou régulier.
7. le **into** est assez joli. Ce mouvement est plutôt inhabituel
de la part d'une fenêtre.
8. **to light, I lit, lit,** ou régulier ; adj. : **moonlit.**
9. le -f du radical est précédé d'une voyelle double : pas
de pl. en -**ves** : **roof, roofs,** *toit ;* **hoof, hoofs,** *sabot.*

Une palissade en tôle ondulée, peinte en blanc, empêchait le jardin d'envahir la route. Au milieu, béait un trou — les grilles de fer étaient grandes ouvertes. Ils entrèrent, dans un bruit de ferraille, prenant une allée qui coupait le jardin comme une lanière de fouet, formait brusquement une boucle autour d'un îlot de verdure, et derrière l'îlot, dérobée à la vue jusqu'à ce qu'on tombe sur elle, la maison. C'était une bâtisse longue et basse, avec une véranda à piliers et un balcon qui en faisait tout le tour — on accédait à la porte par de petites marches. Elle étalait sa douce masse blanche sur le jardin vert, tel un animal endormi — et tantôt l'une tantôt l'autre des fenêtres s'illuminait. Quelqu'un circulait à travers les pièces vides, avec une chandelle allumée. A une fenêtre du bas, dansait la lueur d'un feu — une étrange et belle excitation semblait ruisseler de la maison en ondes frémissantes. Au-dessus de ses toits, des piliers de véranda, des guillotines de fenêtres, la lune balançait sa lanterne.

« Hou ! » Kezia tendit les bras. La Grand-Mère était apparue en haut des marches — elle portait une petite lampe — elle souriait. « Elle a un nom, cette maison ? » demanda Kezia, s'échappant pour de bon, toute palpitante, des mains du transporteur.

« Oui, dit la Grand-Mère, elle s'appelle Tarana. » « Tarana », répéta-t-elle en posant les mains sur le gros bouton de la porte vitrée.

« Attendez un moment, ne bougez pas, les enfants. » La Grand-Mère se tourna vers le transporteur.

---

10. économie du sujet dans la 2ᵉ proposition, fréquente en anglais, impossible en français. "I doubt it, said the Carpenter and shed a bitter tear..." *Alice in Wonderland,* *j'en doute, dit le Menuisier, versant une larme amère.*
11. l'absence de ponctuation — systématique dans ce texte — n'est finalement qu'un maniérisme littéraire. Nous ne la signalerons pas systématiquement.

"Fred — these things can be unloaded and left on the verandah for the night. Pat will help you" — She turned and called into the hollow hall [1] — "Pat are you there" — "I *am*" came a voice, and the Irish handy man [2] squeaked in new boots over the bare boards. But Lottie staggered over the verandah like a bird fallen out of a nest — she stood still for a moment her eyes closed — if she leaned — she fell asleep. She could not walk another step — "Kezia" said the Grandmother "can I trust [3] you to carry the lamp." "Yes, my Grandma" — The old woman knelt [4] and gave the bright breathing thing into her hands and then she raised herself and caught up Lottie. "This way" — Through a square hall filled with furniture bales and hundreds of parrots (but the parrots were only on the wallpaper) down a narrow passage where the parrots persisted on either side walked Kezia [5] with her lamp.

"You are to have [6] some [7] supper before you go to bed" said the Grandmother putting down Lottie to open the dining room [8] door — "Be very quiet," she warned — "poor little mother has got such a headache."

Linda Burnell lay before a crakling fire in a long cane chair her feet on a hassock a plaid rug over her knees [9] — Burnell and Beryl sat at a table in the middle of the room eating a dish of fried chops and drinking tea out of [10] a brown china teapot — Over the back of her Mother's chair leaned [11] Isabel —

---

1. **hollow hall... bare boards :** allitérations, pour le plaisir. Mais K.M. va rarement au-delà de deux.
2. plus souvent écrit en un seul mot : **handyman**.
3. verbe d'attente, de confiance, suivi d'une proposition infinitive. I **expect** you to carry my luggage, *je compte bien que tu porteras mes bagages...* I **rely** on you to carry.
4. **to kneel, I knelt, knelt :** Le k ne se prononce pas.
5. tournure gallique : inversion (gratuite) sujet-verbe.
6. action future convenue + nécessité.
7. **some** est ici l'équivalent de **a bit of**, *un peu de.*
8. s'écrit plus souvent avec un trait d'union : **dining-room**.
9. ici, l'absence de ponctuation peut s'expliquer : la vision de Linda est globale ; son isolement volontaire, total ; et

« Fred, il n'y a qu'à décharger tout ça et tout laisser dans la véranda pour la nuit. Pat vous aidera. » Faisant demi-tour, elle lança dans le vestibule vide : « Vous êtes là, Pat ? » — « Mais oui », surgit une voix, et l'homme à tout faire irlandais arriva, toutes bottes neuves craquantes sur le plancher nu.

Mais Lottie fit une arrivée chancelante sur la véranda comme un oiseau tombé du nid — elle demeura un moment immobile, les yeux fermés, — si elle prenait un appui, elle s'endormait. Elle ne pouvait pas faire un pas de plus.

« Kezia, dit la Grand-Mère, est-ce que je peux te confier la lampe ? » « Oui, ma Bonne-Maman. » La vieille dame s'agenouilla, lui remit entre les mains la lumineuse et vivante chose, puis elle se releva et ramassa Lottie. « Par ici. » A travers une entrée carrée encombrée de ballots de mobilier et de perroquets par centaines (mais, pour les perroquets, ils se trouvaient simplement sur le papier mural), le long d'un étroit corridor jalonné des deux côtés des mêmes perroquets, s'avança Kezia avec sa lampe.

« Il vous faut faire un brin de souper avant d'aller au lit », dit la Grand-Mère en posant Lottie à terre pour ouvrir la porte de la salle à manger... « Soyez très sages, recommanda-t-elle, la pauvre petite maman a attrapé une telle migraine. »

Linda Burnell était allongée, devant un feu crépitant, dans une longue chaise cannée, les pieds sur un coussin, une couverture écossaise sur les genoux. Burnell et Beryl, assis à une table au milieu de la pièce, mangeaient un plat de côtelettes frites et buvaient le thé d'une théière de porcelaine brune. Appuyée sur le dossier de la chaise de sa Mère, se penchait Isabel.

---

le tableau douillet contraste puissamment (mais sans y toucher...) avec **poor little mother**.

10. les Anglais boivent **out of a cup** ; nous buvons *dans une tasse,* la logique est de leur côté ; leur thé vient **out of a teapot**, le nôtre, *d'une théière :* la précision est de leur côté.

11. to lean, I leant, leant : ou régulier.

She had a white comb in her fingers and in a gentle absorbed way she was combing back the curls from her Mother's forehead [1] — Outside the pool of lamp and firelight [2] the room stretched dark and bare to the hollow windows — "Are those the children —" Mrs Burnell did not even open her eyes — her voice was tired and trembling — "Have either [3] of them been maimed for life." "No dear — perfectly safe and sound."

"Put down that lamp Kezia," said Aunt Beryl "or we shall have the house on fire [4] before we're out of the packing cases. More tea — Stan ?" "Well you might [5] just give me five-eights of a cup," said Burnell, leaning across the table — "Have another chop Beryl — Tip top meat isn't it. First rate First rate. Not too lean — not too fat —" He turned to his wife — "Sure you won't change your mind — Linda darling ?" "Oh the very [6] thought of it"... She raised one eyebrow in a way she had — The Grandmother brought the children [7] two bowls of bread and milk [8] and they sat up to the table, their faces [9] flushed and sleepy behind the waving steam — "I had meat for my supper," said Isabel, still combing gently. "I had a whole chop for my supper [10] — the bone an' all, an worcestershire [11] sauce. Didn't I, Father —" "Oh, don't boast, Isabel," said Aunt Beryl. Isabel looked astounded [12] — "I wasn't boasting was I [13] mummy ? I never thought of boasting — I thought they'd like to know.

---

1. le h ne se prononce pas.
2. la suppression des articles produit un effet « ramassé », physique et affectif.
3. either of them : car elles ne sont que deux. Has serait plus grammatical ; **neither of them has been maimed,** *ni l'une ni l'autre n'a été blessée.*
4. on fire : *en feu.*
5. might, accentué, exprime une incertitude, de politesse (tu pourrais peut-être, si tu voulais bien...).
6. very est ici adj., *seul.*
7. double compl. direct : **to bring sbd sth,** *apporter qqch à qqn.*
8. sur le modèle de **bread-and-butter** (dans certaines régions de France, on dit d'ailleurs *du pain-beurre*).

Un peigne blanc entre les doigts, elle coiffait en les relevant, le geste doux, l'air absorbé, les boucles du front de sa Mère. Au-delà de la flaque de lumière créée par la lampe et le feu, la pièce s'étendait, sombre et nue, jusqu'aux fenêtres creuses. « Ce sont les enfants... » Mrs Burnell n'ouvrit même pas les yeux — sa voix était lasse et tremblante. « L'une ou l'autre est-elle estropiée pour la vie ? » « Non, ma chère — parfaitement saines et sauves ! »

« Pose cette lampe, Kezia, dit Tante Beryl, sinon nous aurons le feu à la maison avant la fin du déballage des caisses. Un peu de thé, Stan ? » « Tiens, tu pourrais me verser les cinq huitièmes d'une tasse, pas plus », dit Burnell en se penchant en travers de la table. « Encore une côtelette, Beryl. Viande de première, n'est-ce pas. Extra extra. Pas trop maigre — pas trop grasse. » Il se tourna vers sa femme. « Tu ne changes pas d'avis, sûr, Linda chérie ? » « Oh, rien que d'y penser... » Elle releva un sourcil, d'une manière bien à elle. La Grand-Mère apporta aux enfants deux bols de pain trempé dans du lait, elles s'assirent à table, le visage congestionné et ensommeillé derrière les ondulations de la vapeur. « J'ai eu de la viande pour mon souper, dit Isabel, sans cesser de peigner doucement. J'ai eu une côtelette entière pour mon souper — l'os et tout, et de la sauce worcester. Hein, Père. » « Oh, ne te vante pas, Isabel », dit Tante Beryl. Isabel eut l'air stupéfait. « Je ne me vantais pas, dis, maman ? J'ai pas du tout voulu me vanter — je pensais que ça leur ferait plaisir de savoir.

---

9. chaque fillette a un visage, d'où le pluriel en anglais.
10. noter la répétition de **for my supper** et le contraste avec **gently**, Isabel fait sa chipie en finesse...
11. ce long mot a une prononciation très contractée ['wustə(ə)]. Sa longueur est la bienvenue pour faire enrager les gamines.
12. **astounded** est beaucoup plus fort que **astonished**.
13. cet appel du pied, si discret en anglais, si lourd en français (n'est-ce pas ?) s'appelle *sollicitation familière*, **colloquial query**.

I only meant to tell them —" "Very well. That's enough" said Burnell. He pushed back his plate, took a tooth pick[1] out of his waistcoat pocket and began picking his strong white teeth. "You might see that Fred has a bite of something in the kitchen before he goes, will you Mother." "Yes, Stanley." The old woman turned to go — "Oh and hold on a jiffy. I suppose nobody knows where my slippers were put[2]. I suppose I shan't be able to get at 'em for a month or two eh ?" "Yes," came from Linda. "In the top to the canvas hold all marked Urgent Necessities." "Well you might[3] bring them to me will you Mother." "Yes Stanley." Burnell got up, stretched himself and went over[4] to the fire to warm his bottom[5] and lifted up his coat tail — "By Jove[6] this is a pretty pickle[7], eh Beryl." Beryl sipping tea, her elbow on the table, smiled over the cup at him — She wore an unfamiliar pink pinafore. The sleeves of her blouse were rolled up to her shoulders showing her lovely freckled arms she had let[8] her hair fall down[9] her back in a long pig tail. "How long do you think it will take you to get straight — couple of weeks ? eh —" he chaffed. "Good Heavens no," said Beryl. "The worst[10] is over already. All the beds are up — Everything's in the house — yours and Linda's room is finished already. The servant girl and I have simply slaved all day[11] and ever since[12] Mother came she's worked like a horse[13], too.

---

1. plus souvent écrit avec un trait d'union (tooth-pick) ou en un seul mot. Le premier élément, traité comme un adj., ne prendra pas la marque du pluriel : tooth-brush, tooth-brushes, brosse à dents ; footsteps, pas.
2. le on français rendra cette tournure passive.
3. c'est un ordre atténué, d'une politesse... frugale. De même, you might see... plus haut.
4. over indique ici qu'il doit traverser la pièce : across.
5. bottom appartient au langage familier. Bien venu dans le contexte : Burnell, jovial, éclatant de santé, n'y va pas par quatre chemins. Un bon exemple de l'art de K.M., effacée mais omniprésente, qui décrit ses personnages avec leurs propres couleurs.
6. familier et vieillot.

54

Je voulais seulement leur dire. » « Très bien. Ça suffit »,
dit Burnell. Il repoussa son assiette, prit un cure-dent dans
la poche de son gilet, et entreprit de curer ses fortes dents
blanches. « Il faudrait voir à donner un morceau à Fred,
dans la cuisine, avant qu'il parte, voulez-vous, Mère ? »
« Oui, Stanley. » La vieille dame se retourna pour y aller.
« Oh, attendez une petite seconde. Je suppose que personne
ne sait où on a fourré mes pantoufles. Je suppose qu'il me
sera impossible de les récupérer avant un mois ou deux,
hein ? » « Si » (le cri venait de Linda). « Sur le dessus
du fourre-tout de toile marqué « Choses de Première
Nécessité ». « Ah, vous pourriez me les apporter, voulez-
vous, Mère ? » « Oui, Stanley. » Burnell se leva, s'étira,
s'approcha du feu pour chauffer son postérieur et releva
les basques de son habit. « Sapristi, c'est un joli foutoir,
hé, Beryl. » Beryl sirotait son thé, le coude sur la table, et
lui sourit par-dessus sa tasse. Elle portait un tablier rose
inhabituel. Les manches de son corsage relevées jusqu'aux
épaules découvraient ses bras ravissants semés de taches
de rousseur, elle avait dénoué ses cheveux qui tombaient
sur son dos en une longue natte. « A ton avis, ça va vous
prendre combien de temps, le rangement — une bonne
quinzaine ? » dit-il en blaguant. « Juste ciel, non, dit Beryl.
Le pire est déjà passé. Tous les lits sont installés. Tout est
dans la maison. Votre chambre, à Linda et toi, est déjà
finie. La bonne et moi n'avons pas arrêté de trimer toute la
journée et Mère, à peine arrivée, s'est mise elle aussi à
travailler comme une forcenée.

---

7. to be in a fine (pretty, nice) pickle est aussi familier :
être dans de beaux draps.
8. let, exprimant la permission, se construit avec un objet
suivi d'un inf. incomplet. **He lets his dogs hunt,** *il laisse
chasser ses chiens.*
9. to let one's hair down, est une expression familière, *se
mettre à son aise, se « déboutonner ».*
10. superlatif (irrégulier) de **bad : worse, the worst.**
11. all day (long), all night, *toute la journée, toute la nuit.*
12. since indique le moment où une action (terminée) a
commencé : d'où le prétérit. **Ever,** ici, renforce **since.**
13. dans le cas de Mrs Fairfield, ce serait plutôt : **like a
mare.**

We've never sat down for a moment. We *have* had a day." Stamping he scented[1] a rebuke. "Well I suppose you didn't expect[2] me to tear away from the office and nail carpets did you —" "Certainly not" said Beryl airily[3]. She put down her cup and ran out of the dining room — "What the hell[4] did she expect to do," asked Stanley — "Sit down and fan herself with a palm leaf fan while I hired a gang[5] of professionals to do the job ? Eh ? By Jove if she can't do a hand's turn[6] occasionally without[7] shouting about it in return for —" and he glared as the chops began to fight the tea in his sensitive stomach. But Linda put up a hand and dragged him down — on to the side of her long cane chair. "This is a wretched time for you old boy," she said fondly — Her cheeks were very white but she smiled and curled her fingers round the big hand she held — "And with a wife about as bright and gay as yesterday's[8] button hole[9]," she said — "You've been awfully patient, darling." "Rot," said Burnell, but he began to whistle the Holy City a good sign — "Think you're going to like it ?" he asked — "I don't want to tell you but I think I ought to, Mother," said Isabel. "Kezia's drinking tea out of Aunt Beryl's cup —"

They were trooped off to bed by the Grandmother — She went first with a candle — the stairs rang to their climbing feet. Isabel and Lottie lay in rooom to themselves — Kezia curled in the Grandmother's big bed.

---

1. la métaphore animale court d'un personnage à l'autre : voilà Burnell implicitement comparé à un cheval. **To scent game**, *flairer, éventer le gibier ;* **keen-scented dog**, *chien au nez fin.*
2. **to expect** (verbe d'attente, de confiance), construit avec une proposition infinitive.
3. par ce ton dégagé, désinvolte, Beryl coupe court à une « scène ». De même, à la fin du livre, la petite Kezia, ayant l'impression d'avoir fait une bêtise, quitte la pièce **"airily"**...
4. en anglais, *l'enfer ;* en français, *le diable.* L'expression est considérée comme populaire et argotique **(uneducated)**.
5. **gang** n'est *un gang* que dans son acception familière ; c'est *un groupe, une équipe (d'ouvriers) ;* **a gang of convicts**, *un convoi de prisonniers.*
6. cas possessif sur le modèle d'expressions traditionnelles

Nous ne nous sommes pas assises une minute. Pour une journée, nous en avons fait une. » Il flaira un reproche et piaffa. « Enfin, je suppose que vous ne vous attendiez pas à me voir filer du bureau pour venir clouer des tapis, si ? » « Certainement pas », dit Beryl sans avoir l'air d'y toucher. Elle posa sa tasse et déguerpit de la salle à manger. « Elle s'attendait à quoi, que diable, demanda Stanley — s'asseoir et s'éventer avec un éventail en feuille de palmier pendant que j'aurais embauché une équipe de professionnels pour faire le boulot ? Hein ? Sapristi, si elle ne peut pas donner un coup de main, à l'occasion, sans en faire tout un plat, en échange de... » — et il eut un regard furieux, comme les côtelettes commençaient à se battre avec le thé dans son estomac délicat. Mais Linda leva une main et l'attira jusque sur le côté de sa longue chaise cannée. « C'est un fichu moment pour toi, mon vieux », dit-elle tendrement. Elle avait les joues très blanches, mais elle sourit et enroula ses doigts autour de la grosse main rouge qu'elle tenait. « Et avec une femme à peu près aussi pimpante et éclatante qu'un vieil œillet de boutonnière, dit-elle, tu as été formidablement patient, mon chéri. » « Balivernes », dit Burnell, mais il se mit à siffloter *La Cité Sainte* — bon signe. « Tu crois que tu vas te plaire ici ? » demanda-t-il. « Je n'ai pas envie de te le dire, mais je crois que je le dois, Mère, dit Isabel. Kezia est en train de boire du thé dans la tasse de tante Beryl. »

La Grand-Mère emmena coucher la petite troupe. Elle monta devant avec une bougie — l'escalier résonnait sous l'assaut de leurs pas. Isabel et Lottie avaient une chambre pour elles deux ; Kezia se pelotonna dans le grand lit de la Grand-Mère.

---

comme : **at arm's length**, *à bout de bras* ; **my heart's content**, *à cœur joie.*

7. without se construit avec le gérondif, à l'exclusion de l'infinitif : **without knowing**, *sans savoir* ; **without my knowing**, *sans que je sache.*

8. le cas possessif s'emploie pour exprimer la date : **Monday's papers**, *les journaux du lundi* ; **yesterday's mail**, *le courrier d'hier*. Également, la durée : **a fortnight's strike**, *une grève de quinze jours*, et la distance : **a fifteen miles' walk**, *une promenade de...*

9. généralement en un seul mot : **buttonhole**. C'est à la fois *la boutonnière* et *la fleur portée à la boutonnière.*

"Aren't there any sheets, my Grandma ?" "No, not to-night." "It's very tickly," said Kezia. "It's like Indians. Come to bed soon an [1] be my indian brave [2]." "What a silly you are," said the old woman tucking her in as she loved to be tucked. "Are you going to [3] leave the candle." "No. Hush, go to sleep." "Well kin [4] I have the door left open ?" She rolled herself into a round. But she did not go to sleep [5]. From all over the house came the sound of steps — The house itself creaked and popped — Loud whispery voices rose and fell. Once she heard Aunt Beryl's — rush of high laughter. Once there came a loud trumpeting [6] from Burnell blowing his nose. Outside the windows hundreds of black cats with yellow eyes sat in the sky watching her but she was not frightened —

Lottie was saying to Isabel — "I'm going to say my prayers in bed to-night —" "No you can't Lottie." Isabel was very firm. "God only excuses [7] you saying your prayers in bed if you've got a temperature [8]." So Lottie yielded —

"Gentle Jesus meek an mile [9]
Look' pon little chile
Pity me simple Lizzie
Suffer me come to thee.
Fain [10] would I to thee [11] be brought
Dearest Lor' forbd it not [12]
In the Kinkdom [13] of thy grace
Make a little chile a place — Amen."

---

1. **an** : pour **and** (phonétique).
2. **a brave** : substantif, est *un guerrier peau-rouge.*
3. **to be going to** exprime un futur proche auquel s'ajoute une idée d'intention.
4. **kin** : pour **can** (phonétique).
5. **to sleep, I slept, slept** : *dormir ;* to go to sleep, *s'endormir.*
6. il n'y a pas de redoublement de la consonne finale parce que l'accent tonique est sur la 1re syllabe ; en revanche, to admit, admitting, admitted.
7. **to excuse** + gérondif. Plus grammatical serait : **your saying your prayers. Excuse my being late,** *excuse-moi d'être en retard.* **I must be excused** : une des expressions embarrassées pour indiquer que l'on va aux toilettes.

58

« Il n'y a pas de draps, ma Bonne-Maman ? » « Non, pas cette nuit. » « Ça fait des chatouilles, dit Kezia. C'est comme les Indiens. Viens vite te coucher et sois mon guerrier indien. » « Quelle petite sotte tu fais », dit la vieille dame en la bordant comme elle aimait à être bordée. « Tu vas laisser la bougie. » « Non. Chut, endors-toi. » « Alors, tu peux me laisser la porte ouverte ? » Elle se roula en boule. Mais elle ne s'endormit pas. De partout dans la maison venaient des bruits de pas. La maison elle-même craquait et claquait. Des chuchotis de grosses voix s'élevaient et retombaient. A un moment, elle reconnut Tante Beryl — brusque éclat de rire. Un peu après, survint le sonore barrissement de Burnell qui se mouchait. Aux fenêtres, des centaines de chats noirs aux yeux jaunes, assis dans le ciel, l'observaient, mais elle n'avait pas peur...

Lottie disait à Isabel : « Je vais faire ma prière dans mon lit, ce soir. » « Non, pas possible, Lottie. » Isabel était très ferme. « Faire sa prière au lit, Dieu ne vous le pardonne que si vous avez la fièvre. » Sur quoi, Lottie céda.

> « Doux et bon Jésus si gentil
> Regarde un enfant si petit.
> De moi, simple Lizzie, aie pitié,
> Souffre que je vienne à tes côtés.
> Ô, si je pouvais vers toi être dépêchée,
> Et le Seigneur Dieu ne point l'empêcher.
> Dans le Royaume de ta grâce
> Fais à un petit enfant une place — Amen. »

---

8. to have a temperature : *avoir de la température.*
9. mile, pour **mild** ; **chile,** pour **child.**
10. fain : adj. ou adv., est archaïque et littéraire.
11. thee : pron. personnel compl., 2ᵉ pers. sing.
12. tournure archaïque de sentences, proverbes, paroles solennelles, bibliques, etc. Forme négative sans l'auxiliaire **to do. Lead us not into temptation,** *ne nous induis pas en tentation.*
13. kinkdom : pour **kingdom.** Le suffixe **-dom** sert à former des noms abstraits : **freedom, boredom,** *liberté, ennui.* De même, le suffixe **-hood : manhood, brotherhood,** *âge d'homme, virilité ; fraternité.*

And then they lay down back to back their little behinds[1] just touching and fell asleep.

Standing in a pool of moonlight Beryl Fairfield undressed herself — she was tired but she pretended[2] to be more tired than she really was — letting her clothes fall — pushing back with a charming gesture her warm heavy hair — "Oh how[3] tired I am very tired" — she shut her eyes a moment but her lips smiled — her breath rose and fell in her breast like fairy wings. The window was open it was warm and still. Somewhere out there in the garden a young man dark and slender[4] with mocking eyes, tip toed among the bushes and gathered the garden into[5] a big bouquet[6] and slipped under her window and held it up to her — She saw herself bending forward — He thrust his head among the white waxy flowers — "No no," said Beryl. She turned from the window she dropped her night gown over her head — "How[7] frightfully unreasonable Stanley is sometimes," she thought buttoning — and then as she lay down came the old thought the cruel leaping thought "if I had money" only to be shaken off and beaten down[8] by calling to her rescue her endless[9] pack of dreams — A young man immensely rich just arrived from England meets her quite by chance. The new Governor is married. There is a ball at Government House[10] to celebrate his wedding. Who is that exquisite creature in eau de nil satin... Beryl Fairfield.

---

1. little behind est, naturellement, plus mignon que bottom...

2. demi▲. Il signifie *prétendre,* mais aussi *faire semblant, simuler.*

3. le **how** exclamatif est toujours suivi de l'adj. ou de l'adv. sur lequel il porte ; la phrase ne comporte pas d'inversion. **How well he draws !,** *comme il dessine bien !* **How elegant you are.**

4. ces deux adj. sont mis en relief par leur place inhabituelle : **a dark and slender young man.** Tournure gallique.

5. l'image est inattendue : Stanley s'empare du jardin en le faisant passer **(into)** dans un bouquet. L'image, là encore, est **in character** : on a deviné que Stanley ne faisait pas les choses à moitié.

Puis elles se couchèrent dos à dos, leurs petits derrières tout juste à touche-touche, et elles s'endormirent.

Debout dans une flaque de clair de lune, Beryl Fairfield se dévêtait — elle était lasse, mais faisait mine d'être plus lasse qu'elle ne l'était en réalité — laissant choir ses vêtements — repoussant d'un geste charmant sa chaude et lourde chevelure — « Oh, comme je suis fatiguée, très fatiguée » — elle ferma les yeux un instant, mais ses lèvres souriaient — sa respiration montait et descendait dans sa poitrine comme des ailes de fée. La fenêtre était ouverte, il faisait chaud et calme. Quelque part là-bas dans le jardin, un jeune homme brun et svelte aux yeux moqueurs avançait sur la pointe des pieds parmi les buissons, faisait entrer tout le jardin dans un gros bouquet, se glissait sous sa fenêtre et le lui tendait. Elle se vit penchée vers lui... Il fourra sa tête au milieu des blanches fleurs cireuses. « Non non », dit Beryl. Elle se détourna de la fenêtre, enfila sa chemise de nuit. « Ce qu'il peut être déraisonnable, parfois, Stanley, c'est effrayant », songea-t-elle en attachant les boutons... puis, lorsqu'elle s'étendit, survint la vieille pensée, la cruelle pensée jaillissante « si j'avais de l'argent », dont elle ne pourrait venir à bout qu'en mobilisant à sa rescousse son inépuisable réserve de rêves. Un jeune homme immensément riche, frais arrivé d'Angleterre, la rencontre tout à fait par hasard. On marie le nouveau Gouverneur. Il y a un bal à la Résidence pour célébrer le mariage. Qui est cette exquise créature en satin eau de Nil... Beryl Fairfield.

---

6. bouquet a gardé un semblant de prononciation française [bu'kei].

7. nouvel exemple de la construction du **how** exclamatif : pas d'inversion du sujet ; groupe adv.-adj. immédiatement après **how**.

8. noter l'effet produit par les deux postpositions : il faut bien des efforts et de la détermination pour se débarrasser de ces rêves.

9. formation d'adj. avec le suffixe -**less** *(dépourvu de)* : **toothless, clawless,** *sans dents ni griffes.* Son contraire : -**ful** (dreadful, beautiful), *terrible, beau.*

10. Government House : *palais du gouverneur,* ne prend pas d'article.

"The thing that pleases me" said Stanley leaning against the side of the bed in his shirt [1] and giving himself a good scratch [2] before turning in — "is that, on the strict q.T [3]. Linda I've got the place dirt cheap [4] — I was talking about it to little Teddy Dean today and he said he simply couldn't understand why they'd accepted my figure [5] you see land about here is bound [6] to become more and more valuable [7] — look in about ten years [8] time... Of course we shall have to go very slow from now on and keep down expenses — cut em [9] as fine as possible. Not asleep, are you." "No dear I'm listening —" said Linda. He sprang into [10] bed leaned over her and blew out the candle. "Goodnight, Mr Business man" she said and she took hold of his head by the ears [11] and gave him a quick kiss. Her faint far away voice seemed to come from a deep well — "Goodnight, darling." He slipped his arm under her neck and drew her to him... "Yes, clasp me," she said faintly, in her far away sleeping voice...

Pat the handy man sprawled in his little room behind the kitchen. His [12] sponge bag coat and trousers hung from the door peg like a hanged [13] man. From the blanket edge his twisted feet protruded — and on the floor of his room there was an empty can bird cage. He looked kile a comic picture.

"Honk — honk" came from the snoring servant girl next door she had adenoids.

Last to go to bed was the Grandmother.

---

1. en France, on est *en chemise, en pantoufles,* in one's shirt, in one's slippers.
2. cf. le franglais **scratcher** = *décommander un match.*
3. expression fam. [kju'ti:] ; q.t. = **quiet.**
4. expression fam.
5. **figure** peut être un ▲ ; en maths, c'est *un chiffre.* In round figures, *en chiffres ronds.*
6. **to bind. I bound. bound :** *attacher, lier.* To be bound to (do sth), *être obligé, tenu de faire qqch.* He is bound to come, *il ne peut pas ne pas venir ;* it's bound to happen, *c'est fatal.*
7. ▲ au franglais *valable...*
8. une apostrophe manque : **in ten years' time.** Cas possessif de durée.
9. **em** pour **them** *(les dépenses) ;* fam.

« Ce qui me fait plaisir », dit Stanley, en chemise, tout en s'adossant contre le côté du lit et se grattant un bon coup avant d'aller se coucher « c'est que, tout à fait entre nous, Linda, j'ai eu ça pour une bouchée de pain. J'en parlais aujourd'hui au petit Teddy Dean, et il disait tout bonnement ne pas comprendre pourquoi ils avaient accepté mon chiffre, vois-tu, le terrain par ici ne peut que prendre de plus en plus de valeur — regarde, dans une dizaine d'années... Bien sûr, il va falloir y aller mou à partir de maintenant et limiter les dépenses — les réduire au plus juste. Tu ne dors pas déjà, si. » « Non, chéri, j'écoute », dit Linda. Il bondit dans le lit, se pencha au-dessus d'elle et souffla la bougie. « Bonne nuit, M. Homme d'affaires », dit-elle et lui saisissant la tête par les oreilles, elle lui donna un rapide baiser. Sa faible voix lointaine semblait sortir d'un puits profond. « Bonsoir, chérie. » Il glissa son bras sous son cou et l'attira à lui... « Oui, serre-moi fort », dit-elle faiblement, de sa lointaine voix ensommeillée...

Pat, l'homme à tout faire, prenait ses aises dans sa petite chambre derrière la cuisine. Son sac de toilette, sa veste et son pantalon étaient accrochés à la patère de la porte, comme un pendu. Du bord de la couverture dépassaient ses pieds déformés — et sur le plancher de sa chambre se trouvait une petite cage à oiseaux en rotin, vide. Il avait l'air d'une caricature.

« Pchch-tut, Pchch-tut », venait de la porte à côté. C'était la servante qui ronflait, affligée des végétations.

La dernière à se coucher fut la Grand-Mère.

---

10. to spring, I sprang, sprung : *bondir.* Le mouvement est énergique (**into**).
11. un des rares cas où l'on n'emploie pas le possessif devant les parties du corps. **To take by the throat,** *saisir à la gorge ;* **wounded in the leg,** *blessé à la jambe ;* **a cold in the head,** *un rhume de cerveau.*
12. l'anglais peut n'exprimer qu'une fois le possessif lorsqu'il s'applique à deux ou plusieurs noms, puisqu'il s'accorde avec le possesseur. C'est impossible en français, puisqu'il s'accorde avec l'objet possédé. **He took his hat, cane and gloves,** *il prit son chapeau, sa canne et ses gants.*
13. *pendre qqn,* est régulier. **To hang, I hung, hung,** *accrocher, suspendre.*

"What — not asleep yet." No — I'm waiting for you," said Kezia. The old woman sighed and lay[1] down beside her. Kezia thrust[2] her head under the Grandmother's arm. "Who am I —" she whispered — this was an old established ritual to be gone through[3] between them. "You are my little brown bird," said the Grandmother. Kezia gave a guilty[4] chuckle. The Grandmother took out her teeth and put them in a glass of water beside her on the floor[5].

Then the house was still.

In the garden some tiny owls called — perched on the branches of a lace bark tree, More pork[6] more pork, and far away from the bush came a harsh rapid chatter — Ha Ha Ha *Ha.* Ha-Ha-Ha-Ha !

Dawn came sharp and chill. The sleeping people turned over and hunched the blankets higher — They sighed and stirred but the brooding[7] house all hung about with shadows held the quiet in its lap a little longer — A breeze blew over the tangled garden dropping dew and dropping petals — shivered over the drenched[8] paddock grass lifted the sombre bush and shook from it a wild and bitter scent[9]. In the green sky tiny stars floated a moment and then they were gone[10], they were dissolved like bubbles. The cocks shrilled from the neighbouring farms — the cattle[11] moved in their stalls — the horses grouped under the trees lifted their heads and swished their tails —

---

1. ne pas confondre to lie, I lay, lain, *être couché :* as I lay dying (Faulkner), m. à m. : *tandis que je gisais mourant,* et to lay, I laid, laid, *coucher, placer, poser.* To lay a child to sleep, *coucher un enfant ;* small rain lays great dust, *petite pluie abat grand vent.*

2. **to thrust, I thrust, thrust.**

3. des expressions anglaises passives correspondent à des expressions françaises actives. **What is to be done ?** *Que faut-il faire ?* Ici, **the ritual to be gone through** (au passif, le p.p. est suivi de sa postposition) : *à accomplir.*

4. **guilty :** *coupable ;* et *qui se sent coupable ;* **guilty conscience,** *mauvaise conscience, pas tranquille.*

5. cette dernière action de la grand-mère, tout à fait inattendue, est empreinte d'une certaine brutalité.

6. le **more pork** ou mopoke est un oiseau austral. Un

« Quoi — pas encore endormie ? » « Non, je t'attendais »,
dit Kezia. La vieille dame soupira et s'allongea à côté d'elle.
Kezia fourra sa tête sous le bras de la Grand-Mère. « Qui
je suis ? » murmura-t-elle — c'était un solide vieux rite à
honorer entre elles deux. « Tu es mon petit oiseau brun »,
dit la Grand-Mère. Kezia émit un petit gloussement confus.
La Grand-Mère ôta ses dents, qu'elle déposa dans un verre
d'eau à côté d'elle sur le plancher.

Ensuite la maison fut silencieuse.

Dans le jardin, de minuscules hiboux poussaient des cris
— perchés sur les branches d'un rubanier. 'Core du porc,
'core du porc ; et de la brousse, là-bas au loin surgissait
un jacassement vif et criard — Ha Ha Ha *Ha*. Ha-Ha-Ha-
Ha !

L'aube vint, piquante et glacée. Les dormeurs se retournè-
rent et remontèrent leurs couvertures. Il y eut des soupirs et
des remuements mais la maison protectrice, tout environnée
d'ombres, retint encore un instant le silence dans son giron
de couveuse. Une brise souffla sur l'enchevêtrement du
jardin, égouttant la rosée, égouttant les pétales — frissonna
au-dessus de l'herbe trempée des enclos, souleva les taillis
obscurs, leur arrachant une âpre senteur sauvage. Dans le
ciel vert flottèrent un moment de minuscules étoiles, puis
elles disparurent, dissoutes comme des bulles. Des fermes
avoisinantes, les coqs lancèrent leurs cris stridents — le
bétail s'agita dans les étables — les chevaux se groupèrent
sous les arbres, la tête en branle, la queue en fouet

---

podarge en Australie, un *hibou* en Nouvelle-Zélande, un
engoulevent en Tasmanie.
7. a broody hen : *une poule couveuse.*
8. l'impression de frisson d'éveil est bien donnée par ces
br **(breeze)**, dr **(dropping, drenched)**, vr **(shivered)**.
9. l'anglais dispose de plusieurs mots pour désigner les
odeurs : **odour, smell** (neutre) ; **reek, stench** (péjoratif) ;
scent, fragrance (agréable) ; **perfume**.
10. le « present perfect » se compose avec **to have : I have
fallen,** *je suis tombé,* sauf dans des cas exceptionnels, pour
exprimer l'état résultant d'une action : **they were gone**
(mais : **they've gone to the market**).
11. cattle : pluriel collectif. **The cattle are grazing in their
field,** *paît dans son champ.* Pour exprimer le. sing., il faut
avoir recours à **head of** (invariable) : **twenty head of cattle.**

and plainly to be heard in the early quiet[1] was the sound of the creek[2] in the paddock running over the brown stones — running in and out of the sandy hollows — hiding under clumps of dark berry bushes — spilling[3] into a swamp full of yellow water flowers and cresses — All the air smelled[4] of water — The lawn was hung[5] with bright drops and spangles — And then quite suddenly — at the first glint of sun — the birds began to sing — Big cheeky[6] birds, starlings and minors[7] whistled on the lawns ; the little birds, the goldfinches and fantails[8] and linnets twittered flitting from bough to bough — and from tree to tree, hanging the garden with bright chains of song — a lovely king fisher perched on the paddock fence preening his rich beauty[9] — "How[10] loud the birds are" said Linda in her dream. She was walking with her father through a green field sprinkled with daisies — and suddenly he bent forward and parted the grasses and showed[11] her a tiny ball of fluff just at her feet. "Oh Papa the darling." She made a cup of her hands and caught the bird and stroked its head with her finger. It was quite tame[12]. But a strange thing happened. As she stroked it it began to swell[13] — It ruffled and pouched — it grew bigger and bigger[14] and its round eyes seemed to smile at her — Now her arms were hardly wide enough[15] to hold it — she dropped it in her apron.

---

1. [kwaiət] est adj. et substantif ; **quietness** existe aussi.

2. **creek** : *crique, anse* et *ruisseau*.

3. il n'y a pas ici redoublement de la consonne finale, le radical du verbe comporte deux l : **to spill, I spilt, spilt** (ou régulier: **spilled**).

4. **to smell** est régulier ou irrégulier : **I smelt, smelt.**

5. dans le sens de *décorer, orner.* **Monet painted a picture of a street hung with flags** (le tableau du 14-Juillet).

6. **cheeky** appartient au vocabulaire fam. **He had the cheek to come,** *il a eu le culot de venir.*

7. **minor,** miner, myna, mina (de l'hindi *maina*) : divers oiseaux de la famille des étourneaux, trouvés en Asie du Sud-Est ; également en Australie (en particulier, le mainate).

8. m. à m. : *queue en éventail.*

— et bien audible dans la tranquillité de l'aube, le bruit du ruisseau dans l'enclos, qui courait sur les pierres brunes, à cache-cache dans les creux sableux, disparaissait sous des massifs de sombres buissons à baies, se déversait dans un marécage de fleurs de glaï jaunes et de cresson. L'odeur de l'eau était partout dans l'air. La pelouse était ornée de brillantes gouttes et paillettes. Et puis soudain — au premier rayon du soleil — les oiseaux se mirent à chanter. De gros oiseaux effrontés, étourneaux et mainates, sifflaient sur les pelouses ; les petits oiseaux, les chardonnerets, gobe-mouches, linottes, gazouillaient en voletant de branche en branche — et d'un arbre à l'autre, décorant le jardin d'éclatantes chaînes de chant, — un ravissant martin-pêcheur perché sur la palissade de l'enclos lissait sa somptueuse beauté. « Comme les oiseaux sont bruyants », disait Linda dans son rêve. Elle se promenait avec son père dans une verte prairie émaillée de pâquerettes — et soudain il se pencha en avant, écarta les herbes et lui montra une minuscule pelote de duvet juste à ses pieds. « Oh, Papa, quel amour. » Faisant une coupe de ses mains, elle prit l'oiseau et lui caressa la tête avec son doigt. Il n'était pas sauvage du tout. Mais une chose étrange se produisit. Tandis qu'elle le caressait, il se mit à enfler. Il s'ébouriffait, se dilatait — il devint de plus en plus gros, et ses yeux ronds semblaient lui sourire. A présent, elle parvenait à peine à le contenir dans ses bras — elle le déposa dans son tablier.

---

9. l'évocation de toute cette agitation et de tous ces gazouillis se termine très artistiquement par cette image du martin-pêcheur lissant ses plumes.
10. how exclamatif, suivi de son adj. ; pas d'inversion du sujet.
11. to show, I showed, shown.
12. cf. **The taming of the shrew,** *La Mégère apprivoisée.*
13. to swell, I swelled, swollen.
14. redoublement de la consonne finale précédée d'une seule voyelle : **big, bigger.** *De plus en plus* est rendu par deux comparatifs séparés par **and. Hotter and hotter,** *de plus en plus chaud ;* **more and more stifling,** *de plus en plus étouffant.*
15. enough se place après l'adj. qu'il modifie.

It had[1] become a baby with a big naked head and a gaping bird mouth — opening and shutting — Her father broke into a loud clattering laugh and[2] Linda woke[3] to see Burnell standing by the windows rattling the venetian blinds up to the very[4] top — "Hullo" he said — "didn't wake you — did I ? Nothing much the matter with the weather this morning." He was enormously[5] pleased — weather like this set a final seal[6] upon his bargain — he felt somehow — that he had bought the sun too got it chucked in, dirt cheap, with the house and grounds — He dashed off to his bath and Linda turned over, raised herself on one elbow to see the room by daylight. It looked wonderfully lived in already, all the furniture had found a place — all the old "paraphernalia"[7] as she expressed it — even to photographs on the mantelpiece and medicine bottles on a shelf[8] over the washstand. But this room was much bigger than their other room had been — that was a blessing. Her clothes lay across a chair — her outdoor things — a purple cape[9] and a round sable[10] with a plume[11] on it — were tossed on the box ottoman — Looking[12] at them a silly thought brought a fleeting smile into her eyes — "perhaps I am going away again to-day" and for a moment she saw herself driving away from them all in a little buggy — driving away from every one of them[13] and waving — Back[14] came Stanley girt[15] with a towel, glowing and slapping his thighs.

---

1. temps du passé normalement conjugué avec **to have**. **It has become, it had become,** *c'est, c'était devenu.*
2. l'absence de ponctuation (points de suspension, par ex.) crée ici un effet de saisissement, comme au sortir d'un rêve.
3. **to wake. I woke, woke(n)** ou régulier.
4. comme toujours Stanley fait les choses à fond. Utilisation emphatique de l'adj. **very. Last year, on this very day...,** *exactement le même jour...* (début d'un **thriller**).
5. un gros adverbe, qui s'étale bien. Très fort, en anglais, et d'un usage inhabituel avec **pleased.**
6. *sceau ;* signifie aussi *phoque.*
7. les Anglais ont une tendresse particulière pour ce mot d'origine grecque désignant les biens paraphernaux, et dont ils ont fait un terme familier (mais néanmoins littéraire).

C'était devenu un bébé avec une grosse tête dénudée et un bec béant — qui s'ouvrait et se fermait. Son père partit d'un grand rire sonore et Linda s'éveilla pour voir Burnell debout devant les fenêtres, en train de remonter avec fracas les stores vénitiens jusqu'en haut. « Salut, dit-il, je ne t'ai pas réveillée, j'espère ? Pas grand-chose à redire au temps, ce matin. » Il était absolument ravi — un temps comme celui-ci apposait le sceau final sur sa bonne affaire ; il sentait d'une certaine façon qu'il avait acheté aussi le soleil, qu'il se l'était fait refiler, pour trois fois rien, en plus de la maison et du terrain. Il fila prendre son bain et Linda se retourna, se soulevant sur un coude pour voir la chambre au grand jour. Elle paraissait déjà merveilleusement familière, tout le mobilier y avait trouvé place — tout le vieux « bazar », selon son expression — jusqu'aux photographies sur la cheminée et aux fioles de médicaments sur une étagère au-dessus du lavabo. Mais cette chambre-ci était beaucoup plus grande que leur ancienne pièce — c'était une chance. Ses vêtements étaient posés en travers d'une chaise ; ses affaires de sortie — une cape pourpre et une toque de zibeline garnie d'une plume — étaient jetées à la diable sur le divan-coffre. En les regardant, une pensée saugrenue amena dans ses yeux un bref sourire. « Je repars peut-être aujourd'hui », et pendant un moment, elle se vit les quitter tous dans un petit boghei — quitter chacun d'entre eux avec un geste de la main. Revint Stanley, une serviette autour des reins, rutilant et se tapant les cuisses.

---

8. le radical de ce nom terminé par -f subit une transformation devant le -s du pluriel : **shelves**.
9. l'anglais a le même mot pour *cape* et *cap* : **Cape Horn** ; mais **cap** signifie *casquette*.
10. [seibl]. Vient du vieux français *martre sable* = zibeline.
11. **plume** est plus ornemental que **feather**.
12. sous-entendu : **while**, *pendant que*. *En train de* : l'action a une certaine durée, d'où la forme progressive.
13. en contraste avec **them all** (global).
14. la postposition placée en tête de phrase entraîne l'inversion du sujet. Elle renforce la notion de rupture entre le rêve éveillé de Linda et la réalité (Stanley).
15. to gird, I girt, girt, ou régulier.

He pitched [1] the wet towel on top of her cape and hat and standing firm in the exact centre of a square of sunlight he began to do his exercices — deep breathing — bending — squatting like a frog and shooting [2] out his legs. He was so saturated with health that everything he did delighted him, but this amazing vigour seemed to set him miles and worlds away from Linda — she lay on the white tumbled bed, and leaned towards him laughing as if [3] from the sky —

"Oh hang ! Oh damn !" said Stanley who had butted [4] into a crisp shirt only to find that some [5] idiot had fastened the neck band and he was caught — He stalked over to her waving his arms. "Now you look [6] the image of a fat turkey," said she — "Fat I like that" said Stanley — "Why I haven't got a square inch of fat on me. Feel that —" "My dear — hard as nails" [7] mocked she — "You'd be surprised —" said Stanley as though this were [8] intensely [9] interesting, "at the number of chaps in the club who've got a corporation [10] — young chaps, you know — about my own [11] age —" He began parting and brushing his strong ginger hair, his blue eyes fixed and round in the glass — bent at the knees [12] because the dressing table was always — confound it — a bit too low for him. "Little Teddy Dean for example" [13] and he straightened, describing upon himself an enormous curve with the hair brush.

---

1. to pitch a tent : *dresser une tente.*
2. ces gérondifs, décrivant la série d'exercices de Stanley, sont des noms verbaux. **To shoot, I shot, shot.**
3. l'anglais peut faire l'économie du sujet-verbe après la conjonction as if, mais pas le français (si le verbe était exprimé, il serait au subjonctif : **as if she were looking**).
4. le radical de ce verbe comporte deux -t.
5. adj. indéfini (soigneusement indéfini, dans ce cas). I **read the news in some paper (or other),** *j'ai lu cette nouvelle dans un journal quelconque.*
6. to look, transitif, suivi d'un adj. ou d'un nom compl. = seem. He doesn't look his age ; he looks young ; he looks the part, *il a le physique de l'emploi.*
7. expression idiomatique. m. à m. : *dur comme des clous.*

Il jeta la serviette mouillée sur la cape et le chapeau, et solidement campé au centre d'un carré de lumière, il commença à faire ses exercices — respiration profonde — flexions — accroupissements de grenouille et lancers de jambe. Il avait un tel excédent de santé que tout ce qu'il faisait l'enchantait, mais cette stupéfiante énergie semblait le placer à des lieues et des mondes de Linda ; étendue sur le lit blanc sens dessus dessous, elle se penchait vers lui en riant, comme du haut du ciel.

« Oh, zut ! Oh, flûte ! » dit Stanley qui avait foncé tête baissée dans une chemise amidonnée, pour s'apercevoir qu'un imbécile (sans précision...) avait boutonné l'encolure et qu'il était coincé. Raide et digne il s'en fut vers Linda en agitant les bras. « Eh bien, tu as tout d'un dindon bien gras », dit-elle. « Gras, tiens, j'aime ça, dit Stanley, moi qui n'ai pas un pouce carré de gras sur moi. Touche-moi ça. » « Mazette — dur comme fer », dit-elle d'un ton moqueur. « Tu serais étonnée, dit Stanley comme si c'était d'un intense intérêt, du nombre de types au club qui ont de la brioche — des types jeunes, tu sais — de mon âge, à peu près. » Il entreprit de faire sa raie et de brosser sa tignasse rousse, ses yeux bleus fixes et ronds dans la glace, les genoux fléchis parce que la coiffeuse était toujours — le diable l'emporte — un peu trop basse pour lui. « Le petit Teddy Dean, par exemple — et il se redressa en décrivant une énorme courbe sur lui-même avec la brosse à cheveux.

Équivalent français : *c'est un paquet de muscles,* ou *c'est un dur* (selon qu'il s'agit du physique ou du mental).
8. après **as if, as though,** le subjonctif (pour le verbe être, **were** à toutes les personnes).
9. encore un bon adverbe pesant son poids, pour Stanley.
10. appartient au vocabulaire fam. (et même vulgaire, pour le Oxford English Dictionary) : *bedaine, bidon.*
11. own renforce l'idée de possession, accompagnant un adj. possessif. **Mind your own business,** *occupe-toi de tes affaires.*
12. he is bent at the knees. *il fléchit du genou, il a une faiblesse.* **To be bent on (doing),** *être résolu, décidé à.*
13. se rappeler la différence orthographique : *exemple* en français, **example** en anglais.

"Of course they're sitting on their hind quarters [1] all day at the office and when they're away from it — as far as [2] I can make out they stodge and they snooze [3] — I must say I've got a perfect horror." "Yes my dear don't worry you'll never be fat — You're far too energetic [4]," repeating the familiar formula that he never tired of [5] hearing. "Yes. Yes I suppose that's true," and taking a mother of pearl [6] pen knife out of his pocket he began to pare his nails — "Breakfast, Stanley" Beryl was at the door — "Oh Linda Mother says don't get up [7] — Stay where you are until after lunch won't you ?" She popped her head in at the door. She had a big piece of syringa [8] stuck through a braid of her hair. "Everything we left on the verandah last night is simply sopping [9] this morning. You should see poor dear Mother wringing out the sofa and chairs [10] — however, no harm done — not a *pennorth's* [11] of harm" this with the faintest glance at Stanley — "Have you told Pat what time to have the buggy round — It's a good six-and-a-half [12] miles — from here to the office —" "I can imagine what his morning start off for the office will become" — thought Linda. Even when they lived in town — only half an hour away — the house had to slow down each morning — had to stop like a steamer — every soul [13] on board [14] summoned to the gangway [15] to watch Burnell descending [16] the ladder and into the little cockle shell —

---

1. plus souvent en un seul mot. ≠ forequarters, *avant-main, avant-train* (d'un cheval).

2. ou so far as, m. à m. : *aussi loin que*. As far as I know, *autant que je sache* ; as far as I am concerned.

3. stodge, **snooze :** efficace, l'harmonie imitative...

4. *énergie, énergique* ; **energy, energetic** (accent sur ge).

5. **he never tires of** (doing), *il ne se lasse jamais de* ; I am tired of (doing), *j'en ai assez de*.

6. généralement relié par des traits d'union : **mother-of-pearl**.

7. style direct rapporté.

8. [siˈriŋgə] : le vrai nom botanique est également *syringa* en français.

9. sop, *pain trempé* ; parlant d'un homme : *poule mouillée*.

Bien sûr, ils ont le postérieur sur une chaise toute la journée au bureau et quand ils en sont sortis... si je ne m'abuse, il bâfrent et piquent un roupillon. Je dois dire que j'ai une parfaite horreur... » « Oui, mon chéri, ne te fais pas de souci, tu ne seras jamais gras. Tu es bien trop énergique », lui servant une fois de plus la formule familière qu'il ne se lassait jamais d'entendre. « Oui. Oui, c'est vrai, je suppose », et prenant dans sa poche un canif de nacre il entreprit de se couper les ongles. « Petit déjeuner, Stanley, cria Beryl à la porte. Oh, Linda, Mère dit de ne pas te lever. Reste où tu es jusqu'après le repas, tu veux ? » Elle passa la tête dans l'entrebâillement de la porte. Un grand brin de seringa était tressé dans une de ses nattes. « Tout ce que nous avons laissé sur la véranda hier soir est absolument trempé ce matin. Et la pauvre chère Mère épongeant le canapé et les chaises, il faut la voir — mais enfin, rien de grave — pas l'omb' d'un sou de dégât » ; ici, un imperceptible coup d'œil vers Stanley — « Tu as dit à Pat à quelle heure il devait se tenir prêt avec le boghei. Il y a six bons milles et demi, d'ici au bureau. » « Je vois très bien comment ça va tourner, ce départ matinal pour le bureau », pensa Linda. Même lorsqu'ils habitaient en ville — à une demi-heure du bureau, pas plus — la marche de la maison devait ralentir chaque matin, devait s'arrêter comme un vapeur — toute personne à bord requise sur la passerelle pour regarder Burnell descendre l'échelle et pénétrer dans la petite coquille de noix.

---

10. sofa et chaises forment un tout : économie du 2e article.
11. pour **pennyworth**, *familier* (écrit plus souvent **penn'orth**). Le cas possessif ne se justifie pas.
12. *et demi(e)* prend toujours l'article indéfini en anglais. **An hour and a half / He is eighteen and a half**, *il a 18 ans et demi.* Mais *une demi-heure :* **half an hour.**
13. l'image de la maison transformée en vapeur impose le terme **soul** (consacré). **The ship sank with all souls**, *le bateau a péri corps et biens.*
14. *à bord.* **On board the "Bounty"**, *à bord du « Bounty ».*
15. **gangway :** *passerelle de débarquement.*
16. racine romane ; plus solennel que **to go down. Gentle irony...**

They must[1] wave when he waved — give him good-bye for good-bye and lavish upon him unlimited loving sympathy as though they saw on the horizon's[2] brim the untamed land to which he curved his chest so proudly, the line of leaping savages ready to fall upon his valiant sword[3] —

"Pat Pat," she heard the servant girl calling — But Pat was evidently[4] not to be found[5] — the silly voice went baaing all over the garden. "It will be very high pressure indeed" — she decided — and did not rest again until the final slam of the front door sounded — and Stanley was gone[6].

Later she heard her children playing in the garden. Lottie's stolid compact little voice cried "Kezia Isabel" — Lottie was always getting lost or losing people and finding them again — astonished — round the next tree or the next corner — "Oh *there* you are" — They had been turned out to grass[7] after breakfast[8] with strict orders not to come near the house until they were called — Isabel wheeled a neat pram[9] load[10] of prim dolls and Lottie was allowed for a great treat to walk beside holding the doll parasols[11] over the face of the wax one — "Where are you going Kezia," asked Isabel, who longed to find some light and menial duty that Kezia might perform and so[12] be roped in[13] under her government. "Oh just away," said Kezia.

"Come back, Kezia. Come back. You're not to[14] go on the wet grass until it's dry. Grandma says," called Isabel.

---

1. **must,** défectif, n'existe qu'au présent. La forme unique peut avoir valeur de passé (c'est le cas ici).
2. **on the horizon,** à l'horizon. Cas possessif poétique.
3. ['sɔːd] : le w ne se prononce pas.
4. *évidemment,* dans le sens de : *de toute évidence,* obviously, et non de *bien entendu,* of course.
5. construction d'une infinitive passive. He was **nowhere to be seen,** on ne le voyait nulle part.
6. **Stanley had gone to the office** (*était parti*). **He was gone** (état résultant d'une action ; et dans son cas, quelle action ! Le point final est bien venu).
7. appartient au vocabulaire hippique : *mettre au vert.*

Chacun devait agiter la main quand il agitait la main —, lui rendre au revoir pour au revoir et lui prodiguer d'infinis prodiges d'affectueuse sympathie comme si l'on voyait au bord de l'horizon les étendues sauvages vers lesquelles il incurvait si fièrement sa poitrine, la cohorte des barbares bondissants prêts à se jeter sur sa vaillante épée.

« Pat, Pat », entendit-elle la bonne appeler. Mais de toute évidence, Pat était introuvable — la sotte voix lançait son bêlement aux quatre coins du jardin. « Ça va être vraiment serré », jugea-t-elle, ne retrouvant le repos qu'au bruit du dernier claquement de la porte d'entrée — ponctuant le départ de Stanley.

Plus tard, elle entendit ses enfants jouer dans le jardin. L'imperturbable petite voix tenace de Lottie criait « Kezia Isâbel » — Lottie était toujours en train de se perdre ou de perdre les autres et de les retrouver — tout étonnée — derrière le premier arbre ou le premier recoin — « Ah, tu étais là ». On les avait expédiées au vert après le petit déjeuner avec défense expresse de s'approcher de la maison avant qu'on les appelle. Isabel poussait un plein landau proprettement chargé de poupées impeccables et Lottie avait l'insigne honneur d'être admise à ses côtés en tenant l'ombrelle de poupée au-dessus de la figure de celle en cire. « Où vas-tu Kezia », demanda Isabel, qui mourait d'envie de lui trouver quelque besogne facile et subalterne afin de l'embringuer sous sa coupe. « Oh, juste par là », dit Kezia.

« Reviens, Kezia. Reviens. Tu ne dois pas aller sur l'herbe humide, mais attendre qu'elle soit sèche. C'est Bonne-Maman qui le dit », lança Isabel.

---

8. pas d'article devant les noms de repas (sauf s'ils sont déterminés). **After dinner ; the dinner we had.**
9. pram, contraction (habituelle) de **perambulator.**
10. humoristiquement, sur le modèle de **cartload,** *charretée.*
11. parasol, *ombrelle* **(sunshade)** et *parasol* **(beach umbrella). Umbrella,** *parapluie,* ▲ . Parasol s'écrit sans s.
12. so : *de la sorte.*
13. to rope sbd in, au sens figuré : langage fam.
14. forte nuance d'ordre (ou plus exactement, de défense) ici. Rien d'étonnant, venant d'Isabel.

"Bossy ! bossy [1] !" Linda heard Kezia answer.

"Do the children's [2] voices annoy you, Linda," asked old Mrs Fairfield [3], coming in at that moment with a breakfast tray. "Shall [4] I tell them to go further away from the house ?"

"No, don't bother," said Linda. "Oh, Mother I do *not* want any breakfast."

"I have not brought you any," said Mrs Fairfield, putting down the tray on the bed table. "A spot of porridge [5], a finger of toast..."

"The merest sensation of marmalade [6] —" mocked Linda — But Mrs Fairfield remained serious. "Yes, dearie, and a little pot of fresh tea."

She brought from the cupboard [7] a white woolen [8] jacket trimmed with red bows and buttoned it round her daughter.

"Must I ?" pouted Linda, making a face at the porridge.

Mrs Fairfield walked about the room. She lowered the blinds, tidied away the evidences of Burnell's toilet [9] and gently she lifted the dampened plume of the little round hat. There was a charm and a grace [10] in all her movements. It was not that she merely "set in order" ; there seemed to be almost a positive quality in the obedience of things to her fine old hands. They found not only their proper but their perfect place.

---

1. adj. formé sur **boss**, *autoritaire*. Ce mot, employé par les Anglais, a toujours une connotation facétieuse (pas aux États-Unis).
2. les pluriels irréguliers non terminés par « s » forment leur génitif comme des singuliers. **Men's customs**, *coutumes ;* **people's cares**, *soucis*.
3. les noms de personnes accompagnés d'un adj. à caractère familier (**little, poor, good, old...**) ne prennent pas d'art. : **Little Miss Tuffet ; old Mr Chesterton**. La règle ne vaut pas pour les autres adj. : **the well-known Mr Pickwick**.
4. auxiliaire du futur, avec nuance de nécessité : *faut-il que je leur dise ?* **Shall we stay here ?** *Allons-nous* (nous faut-il) *rester ici ?*
5. le **porridge** est une bouillie d'avoine.
6. ce terme a navigué entre les deux pays. Vient du français

« La gendarmeuse ! La gendarmeuse ! » Linda entendit-elle Kezia répondre.

« Les voix des enfants t'importunent, Linda ? demanda la vieille Mrs Fairfield, entrant à ce moment précis avec un petit déjeuner sur un plateau. Veux-tu que je leur dise de s'éloigner davantage de la maison ? »

« Non, ne te tracasse pas, dit Linda. Oh, Mère, mais je ne veux pas de petit déjeuner. »

« Ce que je t'ai apporté ou rien, dit Mrs Fairfield, en posant le plateau sur la table de malade. Un soupçon de porridge, un bout de rôtie... »

« Rien que l'idée de confiture d'orange », dit Linda d'un ton moqueur... Mais Mrs Fairfield demeurait sérieuse. « Oui, ma petite chérie, et une petite théière de thé fait à l'instant ! »

Elle sortit du placard une jaquette blanche en lainage, ornée de nœuds rouges, la passa autour de sa fille et la lui boutonna.

« Il le faut ? » dit Linda en faisant la moue, avec une grimace à l'adresse du porridge.

Mrs Fairfield s'affairait dans la chambre. Elle baissa les stores, fit disparaître les signes évidents de la toilette de Burnell, et d'un geste délicat redonna du panache à la plume du petit chapeau rond. Il y avait un charme et une grâce dans tous ses mouvements. Elle « mettait de l'ordre », certes, mais il y avait plus ; l'obéissance des choses à ses belles vieilles mains semblait, pour ainsi dire, se parer d'une qualité positive. Elles trouvaient non seulement leur juste place, mais leur parfaite place.

---

marmelade (noter l'orthographe : **marmalade**) et s'est fixé : en Angleterre il désigne *la confiture d'oranges* ; en France, c'est une compote, et il se traduit alors par **stewed apples**... **compote of apples**, *marmelade de pommes*.

7. ['kʌbəd] prononciation traîtresse.

8. adj. à suffixe en **-en**, pour exprimer la matière d'une chose : **a wooden stool**, *un tabouret de bois*. Mais l'emploi du nom adjectivé domine : **a gold watch, a silk dress, an ebony table**. Attention : **woollen** s'écrit avec deux l.

9. ['tɔɪlɪt], vient du français toilette, diminutif de toile.

10. l'art. est ici répété devant chacun des deux termes (on ne peut les considérer comme formant un tout).

She wore a grey foulard[1] dress patterned with white pansies, a white linen apron and one of those high caps shaped like a jelly mould of white tulle[2]. At her throat a big silver brooch shaped like a crescent[3] moon with five owls sitting on it and round her neck a black bead watch chain. If she had been a beauty in her youth and she had been a very great beauty — (Indeed, report had it[4] that her miniature had been painted and sent to Queen Victoria[5] as the belle[6] of Australia) old age[7] had touched her with exquisite gentleness. Her long curling hair was still black at her waist, grey between her shoulders and it framed her head in frosted silver. The late roses — the last[8] roses — that frail pink kind, so reluctant to fall, such a wonder to find, still bloomed in her cheeks and behind big gold rimmed spectacles her blue eyes shone and smiled. And she still had dimples. On the backs of her hands, at her elbows — one in the left hand[9] corner of her chin. Her body was the colour of old ivory. She bathed in cold water summer and winter[10] and she could only bear linen next to her skin and suede[11] gloves on her hands. Upon everything she used there lingered a trace of Cashmere[12] bouquet perfume.

"How are you getting on[13] downstairs," asked Linda, playing with her breakfast.

"Beautifully. Pat has turned out[14] a treasure — He has laid all the linoleum[15] and the carpets and Alice seems to be taking a *real interest* in the kitchen and pantries."

---

1. [ˈfuːlaː(d)] : vient du français, d'où sa prononciation.
2. [tjuːl] même remarque. La 1ʳᵉ usine était à Tulle.
3. crescent est ici adj. : **the crescent moon,** *la lune dans son croissant, le croissant de la lune.*
4. expression idiomatique, où le it est explétif. **Report has it,** *selon la rumeur publique.*
5. pas d'art. devant un titre suivi du nom de la personne. **King Arthur ; President Mitterrand.**
6. the belle of all Paris : *la beauté, la reine.*
7. pas d'art. devant les mots abstraits : **youth and old age,** *la jeunesse et la vieillesse.*
8. in the late afternoon, *en fin d'après-midi ;* **my last afternoon here,** *mon dernier après-midi ici.*

Elle portait une robe de foulard gris à motifs de pensées blanches, un tablier de lin blanc et une de ces hautes coiffes de tulle blanc en forme d'entremets à la gelée. Sur sa gorge, une grosse broche d'argent en croissant de lune surmontée de cinq hiboux, et autour du cou une chaîne de montre en perles noires. Si elle avait été une beauté dans sa jeunesse, et même, en fait, une très grande beauté — (à la vérité, selon la rumeur, son portrait en miniature avait été envoyé à la Reine Victoria, comme représentant la reine de beauté d'Australie), l'âge l'avait effleurée avec une exquise douceur. Sa longue chevelure bouclée était toujours noire à la taille, grise entre les épaules et encadrait son visage d'un givre argenté. Les roses d'arrière-saison — les dernières roses — de cette frêle nuance rosée, si peu enclines à tomber, si merveilleuses à trouver, s'épanouissaient encore sur ses joues et derrière de grosses lunettes à monture d'or ses yeux bleus brillaient et souriaient. Et elle avait toujours des fossettes. Sur le revers des mains, aux coudes — une au coin gauche du menton. Son corps avait la couleur du vieil ivoire. Été comme hiver, elle se baignait dans l'eau froide, et elle ne supportait que le lin sur la peau, et sur les mains, des gants de daim. Sur tout ce qu'elle utilisait, persistait un effluve de « bouquet de Cachemire ».

« Comment ça marche, en bas ? » demanda Linda en chipotant sur son petit déjeuner.

« Magnifiquement. Pat s'est révélé un trésor. Il a posé tout le linoléum et les tapis, et Alice a l'air de prendre un réel intérêt à la cuisine et aux garde-manger. »

---

9. hand est ici explétif : **on the right hand side,** *du côté droit.*

10. devant les noms de saisons, les jours de la semaine, les mois, etc. généralement pas d'art. **Summer and winter alike,** *été comme hiver.*

11. [sweɪd] chose rarissime, l'accent grave de ce mot provenant du français a été conservé, *gants de Suède.*

12. cashmère, en imitation de **Suède** ? Prononciation affectée, que K.M. s'amuse à reproduire.

13. efficace rupture de ton. Retour à la réalité, au familier, après la description au charme désuet.

14. has turned out (to be) a treasure.

15. [laɪ'nouljəm].

"Pantries ! There's grandeur [1], after that bird cage [2] of a [3] larder in that other cubby hole !"

"Yes, I must say the house is wonderfully convenient and *ample* in every way. You should have a good look round when you get up [4]."

Linda smiled, shaking her head.

"I don't want to [5]. I don't *care*. The house can bulge cupboards and pantries, but other people will explore them. Not me [6]."

"But *why* not," asked Mrs Fairfield, anxiously watching her.

"Because I don't feel the slightest crumb of interest, my Mother."

"But why don't you, dear ? You ought to [7] try — to begin — even for Stanley's sake [8]. He'll be so bitterly disappointed if..." Linda's laugh interrupted. "Oh, trust me — I'll satisfy Stanley. Besides I can *rave* all the better [9] over what I haven't seen." "Nobody asks you to *rave*, Linda," said the old woman, sadly.

"Don't they ?" Linda screwed up her eyes. "I'm not so sure. If I were to [10] *jump* out of bed now, *fling* on my clothes, *rush* downstairs, *tear* up a ladder, hang pictures, eat an enormous lunch, romp with the children in the garden this afternoon and be swinging [11] on the gate, waving, when Stanley hove [12] in sight this evening I believe you'd be delighted — A normal, healthy day for a young wife and mother — A —"

---

1. le choix de ce mot (disproportionné) est humoristique [grændʒə].
2. généralement en un seul mot : **birdcage** ; **cage bird**, *oiseau de volière*.
3. **of,** suivi de l'art. indéfini, s'emploie pour séparer deux noms, le 1ᵉʳ qualifiant le 2ᵉ : **that fool of a chap,** *cet idiot de type*.
4. la proposition circonstancielle de temps ne prend pas le futur : **as soon as he gets up,** *dès qu'il se lèvera*.
5. pour éviter une répétition, l'inf. est ici réduit à sa particule. C'est le **to** anaphorique.
6. **me** est familier : grammaticalement, il faut : **not I**.
7. **ought to** insiste sur la nécessité morale (**should**).

« Les garde-manger ! C'est la magnificence, après l'espèce de cage à oiseaux que nous avions dans l'autre cagibi, là-bas ! »

« Oui, je dois dire que la maison est merveilleusement commode et, disons, ample à tout point de vue. Tu devrais en faire le tour dans le détail, quand tu te lèveras. »

Linda sourit et secoua la tête.

« Je n'y tiens pas. Je m'en fiche. La maison peut bien regorger de cuisines et de garde-manger, mais d'autres les exploreront. Pas moi. »

« Mais enfin, pourquoi ? » demanda Mrs Fairfield en la considérant d'un œil inquiet.

« Parce que je ne ressens pas la plus infime miette d'intérêt, ma Mère. »

« Mais pourquoi, ma chérie ? Tu devrais t'y essayer... commencer — ne serait-ce que pour Stanley. Il sera si cruellement déçu si... » Le rire de Linda l'interrompit. « Oh, fais-moi confiance. Je donnerai satisfaction à Stanley. En outre, je peux m'extasier d'autant mieux sur ce que je n'ai pas vu. » « Personne ne te demande de t'extasier, Linda », fit la vieille dame, tristement.

« Ah, non ? Linda plissa les yeux. Je n'en suis pas si sûre. Si je devais bondir de mon lit séance tenante, m'habiller en deux temps trois mouvements, descendre quatre à quatre, filer en haut d'une échelle, accrocher des tableaux, avaler un énorme déjeuner, chahuter avec les enfants dans le jardin cet après-midi et me retrouver à la grille, ce soir, à me balancer en agitant la main lorsque Stanley poindrait à l'horizon, je crois que vous seriez aux anges. Une saine journée ordinaire pour une jeune épouse et mère. Une... »

---

8. **sake** demande le cas possessif : **for Heaven's sake** ; **art for art's sake** ; particularité : **for goodness' sake**.

9. *d'autant plus que :* **all the more so** ; *d'autant mieux,* **all the better** ; *d'autant moins,* **all the less**.

10. l'expression **to be to**, à l'irréel du présent, en raison de if (**were** à toutes les personnes).

11. une halte dans cette succession d'actions rapides : la bonne épouse doit *attendre* le retour de l'époux, l'anticiper, être disponible pour l'événement.

12. **to heave, I hove** [houv] ; ou régulier. Vocabulaire nautique, en rappel du départ de Stanley.

Mrs Fairfield began to smile. "How absurd you are — How you exaggerate[1] ! What a[2] baby you are," said she.

But Linda sat up suddenly and jerked off the "wooly[3]."

"I'm boiling, I'm roasting," she declared. "I can't think[4] what I'm doing in this big, stuffy old bed — I'm going to get up."

"Very well, dear," said Mrs Fairfield —

Getting dressed[5] never took her long. Her hands flew. She had beautiful hands, white and tiny. The only *trouble* with them was that they would[6] not keep her rings on them. Happily she only had two rings, her wedding ring and a peculiarly hideous[7] affair[8], a square slab with four pin opals in it that Stanley had "stolen from a craker" said Linda, the day they were engaged[9]. But it was her wedding ring that disappeared so. It fell down every possible place and into every possible corner. Once she even found it in the crown of her hat. It was a familiar cry in the house "Linda's wedding ring has *gone again*" — Stanley Burnell could never hear that without a horrible sense of discomfort[10]. Good Lord ! he wasn't superstitious — He left that kind of rot[11] to people who had nothing better to think about — but all the same, it was *devilishly* annoying. Especially as Linda made so light of[12] the affair and mocked[13] him and said "are they as expensive as all that" and laughed at[14] him and cried, holding up her bare hand — "Look, Stanley, it has all been a dream."

---

1. noter la différence orthographique : *exagérer*, **exaggerate.**
2. construction d'une exclamative avec **what** : avec un nom concret singulier, qu'il soit ou non accompagné d'un adj., il faut un art. indéfini. **What a man ! What a nice man !**
3. le mot prend deux l : woolly.
4. **I can't think** = I wonder.
5. *l'acte de s'habiller* : gérondif, nom verbal.
6. **would** : forte nuance de volonté, *elles refusaient de* (suivi de l'infinitif incomplet).
7. △ prononciation traîtresse ['hɪdɪəs].
8. un mot que K.M. semble affectionner. Gallique.

Mrs Fairfield se mit à sourire. « Comme tu es déraisonnable. Comme tu exagères ! Quel bébé tu fais », dit-elle.

Mais Linda se redressa brusquement et envoya promener le « lainage ».

« Je bous, je crève de chaud, déclara-t-elle. Qu'est-ce que je fabrique dans ce grand vieux lit mal aéré, je me le demande — allez, je me lève. »

« Très bien, chérie », dit Mrs Fairfield.

Elle n'était jamais longue à s'habiller. Ses mains s'envolaient. Elle les avait belles, blanches et très menues. Le seul ennui, avec elles, c'était leur incapacité à garder les bagues. Heureusement, Linda n'avait que deux bagues, son alliance et un machin particulièrement hideux, un carré mastoc incrusté de quatre opales en tête d'épingle, que Stanley avait « volé dans une pochette-surprise », disait Linda, le jour de leurs fiançailles. Mais c'était surtout son alliance qui disparaissait à tout bout de champ. Elle tombait en tous les points et tous les coins possibles et imaginables. Un jour, elle l'avait même trouvée au fond de son chapeau. Il n'était pas rare d'entendre crier dans la maison : « L'alliance de Linda a encore disparu. » Ce cri, Stanley Burnell ne pouvait jamais l'entendre sans un horrible sentiment de malaise. Bon sang ! Il n'était pas superstitieux. Il laissait ce genre d'idiotie à ceux qui n'avaient rien de mieux dans le crâne — mais tout de même, c'était diablement énervant. D'autant plus que Linda prenait ça tellement à la légère et le tournait en ridicule, disant « mais elles sont si coûteuses que ça ? », et se moquait de lui en criant, sa main nue en l'air, — « Regarde, Stanley, tout ça n'a été qu'un rêve. »

---

9. engagement signifie *engagement* et *fiançailles*.

10. noter la différence orthographique : **comfort,** *confort*.

11. rot, revient souvent dans la bouche de Stanley. Ce n'est pas de la vulgarité, c'est de la vitalité.

12. expression idiomatique : **to make light of** (danger), *faire peu de cas de...*

13. to mock est le plus souvent transitif en anglais : *se moquer,* et aussi : *singer*.

14. une nuance d'hostilité s'attache souvent à **at. She waved his mistress's letter at him,** *elle lui agitait vivement la lettre de sa maîtresse sous le nez.*

He was a fool to mind[1] things like that, but they hurt[2] him — they hurt like sin.

"Funny I should have dreamed[3] about Papa last night" thought Linda, brushing her cropped hair that stood up all over her head in little bronzy[4] rings. "What was it I dreamed[5]?" No, she'd forgotten — "Something or other about a bird." But Papa[6] was very plain — his lazy ambling walk. And she laid down the brush and went over to the marble mantelpiece and leaned her arms along it, her chin in her[7] hands, and looked at his photograph[8]. In his photograph he showed[9] severe and imposing — a high brow, a piercing eye, clean shaven[10] except for long "piccadilly weepers"[11] draping his bosom[12]. He was taken in the fashion of that time, standing, one arm on the back of a tapestry chair, the other clenched upon a parchment roll. "Papa!" said Linda, she smiled. "There you are my dear," she breathed, and then she shook her head quickly and frowned and[13] went on with[14] her dressing.

Her Father had died the year that she married Burnell, the year of her sixteenth birthday. All her childhood had been passed[15] in a long white house perched on a hill overlooking Wellington harbour — a house with a wild garden full of bushes and fruit-trees, long, thick grass and nasturtiums. Nasturtiums grew everywhere — there was no[16] fighting them down.

---

1. to mind est transitif en anglais : *faire attention à.*
2. to hurt, I hurt, hurt.
3. should, ici, auxiliaire du subj. S'emploie couramment après diverses expressions, notamment celles qui expriment l'invraisemblance, la surprise, l'interrogation, etc. **I don't see why I should go,** *je ne vois pas pourquoi j'irais ;* **it is unlikely that he should come,** *il est peu probable... ;* dans le texte, le subj. est au passé : le français conjugue le 1er verbe au temps composé suivi de l'inf. présent. Faute de pouvoir conjuguer **should** (ou **might,** etc.), l'anglais adopte le schéma : temps simple + inf. composé. **I should have written ; you might have told me,** *tu aurais pu me le dire.*
4. bronzy semble avoir été forgé par K.M.
5. to dream, I dreamt, dreamt ; ou régulier.
6. papa, désuet ou familier.
7. adj. possessif devant les parties du corps.

Il était stupide, de prêter attention à des choses comme ça, mais elles l'offensaient — elles l'offensaient comme le péché.

« Bizarre, que j'aie rêvé de Papa, la nuit dernière », songea Linda en brossant ses cheveux coupés très court, qui dressaient partout sur sa tête leurs petits anneaux de bronze. « C'était quoi, mon rêve ? » Non, elle avait oublié. « Je ne sais quoi à propos d'un oiseau. » Mais Papa, c'était la simplicité même — sa démarche tranquille et paresseuse. Et posant la brosse, elle s'en fut jusqu'à la cheminée de marbre, appuya les bras dessus, le menton dans les mains et regarda sa photographie. Sur sa photographie, il se montrait sévère et imposant — le front haut, l'œil perçant, rasé de près, à l'exception de favoris en pendeloques « Piccadilly » qui venaient draper sa poitrine. Sa pose se conformait à la mode de l'époque : debout, un bras sur le dos d'une chaise de tapisserie, l'autre tenant serré un rouleau de parchemin. « Papa ! » dit Linda dans un sourire. « Voilà, ma chérie », elle prit une inspiration, puis elle secoua vivement la tête, fronça les sourcils et reprit son habillage.

Son père était mort l'année de son mariage avec Burnell, l'année de son seizième anniversaire. Toute son enfance s'était écoulée dans une longue maison blanche perchée sur une colline qui dominait le port de Wellington — une maison avec un jardin sauvage plein de buissons et d'arbres fruitiers, d'herbe épaisse et longue, de capucines. Des capucines, il en poussait partout, — impossible d'en venir à bout.

---

8. ▲ photograph. *photographie* ; **photographer,** *photographe.*

9. he showed (himself) = he appeared.

10. shaven ne se trouve guère que dans : **clean-shaven,** *rasé de près* ; *glabre.* **Well-shaved.**

11. *très longs favoris.*

12. ['buzəm]. **Bosom-friend,** *ami intime.*

13. les trois actions liées par **and** forment un tout : ce sont les efforts de Linda pour retourner à la réalité.

14. to go on with : *continuer qqch* ; **to go on** + gérondif : **go on with your work** ; **go on working.**

15. ce **passed** serait jugé gallique dans un thème. On lui préférerait **spent.**

16. l'expression **there is no** se construit avec le gérondif : **there is no knowing,** *il n'y a pas moyen de savoir.*

They even fell in a shower over the paling fence [1] on to the road. Red, yellow, white, every possible colour ; they lighted the garden like swarms of butterflies. The Fairfields [2] were a large family of boys and girls with their beautiful mother and their gay, fascinating father (for it was only in his photograph that he looked stern) they were quite a "show" family and immensely admired. Mr Fairfield managed a small insurance business that could not have been very profitable, yet they lived plentifully. He had a good voice ; he liked to sing in public, he liked to dance [3] and attend [4] picnics [5] — to put on his "bell topper" [6] and walk out of Church [7] if he disapproved [8] of anything said in the sermon — and he had a passion for inventing highly unpracticable things, like collapsible umbrellas or folding lamps. He had one [9] saying with which he met [10] all difficulties. "Depend upon it [11], it will all come right after the Maori [12] war." Linda, his second to youngest [13] child, was his darling, his pet, his playfellow. She was a wild thing, always trembling on the verge of laughter, ready for anything and eager. When he put his arm round her and held her he felt her thrilling with life. He understood her so beautifully and gave her so much love for love [14] that he became a kind of daily miracle to her and all her faith centred in him — People barely touched her ; she was regarded as a cold, heartless little creature, but she seemed to have an unlimited passion for that violent sweet thing called life — just being alive and able to run and climb and swim in the sea and lie in the grass.

---

1. **paling** et **fence** sont synonymes.
2. les noms de famille prennent le pl. en anglais.
3. noter la différence orthographique : **to dance,** danser.
4. **to attend,** transitif, signifie assister à ; to attend a lecture, assister à un cours ; être au service de, to attend a patient, soigner un malade.
5. vient du français pique-nique (s'écrit aussi **pick-nick**).
6. familier pour **top-hat.**
7. l'art. est omis devant **church (school, bed, college)** quand il ne s'agit pas du lieu, mais de ce qu'on y fait.
8. **to (dis)approve of :** intr. en anglais, (dés)approuver.
9. **one** se distingue ici de l'art. indéfini : il en avait un, un seul, toujours le même.

Elles tombaient même en cascade par-dessus la palissade jusque sur la route. Rouges, jaunes, blanches, de toutes les couleurs possibles ; elles éclairaient le jardin comme des nuées de papillons. Les Fairfield étaient une grande famille de garçons et filles avec leur ravissante mère et leur séduisant et joyeux père (son air sévère n'appartenait qu'à la photo), bref une famille « modèle », immensément admirée. Mr Fairfield dirigeait une petite affaire d'assurances, certainement pas très lucrative ; cependant, ils vivaient dans l'abondance. Il avait une bonne voix ; il aimait chanter en public, il aimait danser et participer à des pique-niques — mettre son « haut-de-forme » et sortir de l'église s'il désapprouvait tel ou tel point du sermon, — et il adorait inventer des choses suprêmement irréalisables — parapluies ou lampes pliants, par exemple. Il avait un adage, pour affronter toutes les difficultés. « Tout ça, je vous le garantis, s'arrangera après la guerre maorie. » Linda, son avant-dernière, était sa chérie, son chouchou, sa petite camarade. C'était une sauvageonne, constamment frémissante d'une envie de rire, prête à tout, passionnée. Quand il l'entourait de son bras et la tenait, il la sentait palpitante de vie. Il la comprenait si merveilleusement et répondait par tant d'amour à son amour, qu'il devint pour elle une sorte de miracle quotidien et le centre exclusif de toute sa foi. Les gens l'intéressaient à peine ; on la tenait pour une petite créature froide sans cœur, mais elle paraissait avoir une passion sans bornes pour cette chose violente et douce appelée la vie — simplement être en vie et capable de courir, grimper, nager dans la mer et se coucher dans l'herbe.

---

10. to meet, transitif, dans le sens de **to encounter,** *faire face à, affronter.* **To meet one's death,** *trouver la mort.*
11. to depend on, *dépendre de ;* a également le sens de *compter sur,* **you can depend upon him.** Expression : **depend upon it,** *croyez-le bien ;* **you can depend upon it that,** *soyez sûr que...* It est ici explétif.
12. ['maːri].
13. to be second to sbd (en âge), *venir après qqn ;* ici on remonte le temps, le point de départ étant le plus jeune. Expression : **second to none,** *inégalable, sans pareil.*
14. sur le modèle de **an eye for an eye, a tooth for a tooth,** *œil pour œil, dent pour dent.* Expression : **for love,** *pour rien, gratuitement.*

In the evenings[1] she and her Father would[2] sit on the verandah[3] — she on his knees — and "plan."

"When I am[4] grown up we shall travel everywhere — we shall see the whole world — won't[5] we Papa ?"

"We shall, my dear."

"One of your inventions will have been[6] a great success — Bring you in a good round million yearly."

"We can manage on[7] that."

"But one day we shall be rich and the next poor. One day we shall dine[8] in a palace and the next we'll sit in a forest and toast mushroooms on a hatpin... We shall have a little boat — we shall explore the interior of China on a raft — you will look sweet in one of those huge umbrella hats that Chinamen[9] wear in pictures. We won't leave a corner of anywhere unexplored — shall we[10] ?"

"We shall look under the beds and in all the cupboards and behind every curtain."

"And we shan't go as father and daughter," she tugged at his "piccadilly weepers" and began kissing him. "We'll just go as a couple of boys together — Papa."

By[11] the time Linda was fourteen the big family had vanished, only she and Beryl, who was two years younger, were left. The girls had married ; the boys had gone faraway[12] — Linda left off attending the Select Academy for Young Ladies presided[13] over by Miss Clara Finetta Birch (From England) a lady whose black hair lay so flat on her head that *everybody said* it was only painted on, and she stayed at home to be a help to her mother.

---

1. des expressions temporelles prennent un **s** lorsqu'elles ont trait à un fait coutumier, constant, ou souvent répété. In the **evenings**, *souvent, le soir.*
2. **would** est ici l'expression de la forme fréquentative *(avaient l'habitude de s'asseoir),* suivi de l'inf. incomplet.
3. noter **verandah**, *véranda.*
4. ce présent est normal. La circonstancielle de temps ne prend pas la marque du futur en anglais.
5. **shan't we** serait plus grammatical, répondant à **we shall see.**
6. futur antérieur : auxiliaire du futur + inf. passé incomplet. I shall have had, *j'aurai eu ;* you will have run.
7. to manage a business, *gérer, diriger une affaire ;* to

Le soir, ils prenaient place, elle et son père, dans la véranda — elle sur ses genoux — et « faisaient des projets ».

« Quand je serai grande, nous voyagerons partout, nous verrons le monde entier... pas vrai, Papa ? »

« Oui, ma chérie. »

« Une de tes inventions aura connu un grand succès — te rapportera un bon million par an. »

« On pourra se débrouiller avec ça. »

« Mais nous serons riches un jour et pauvres le lendemain. Un jour nous dînerons dans un palace, et le suivant, assis dans une forêt, nous ferons griller des champignons sur une épingle à chapeau... Nous aurons un petit bateau — nous explorerons l'intérieur de la Chine sur un radeau ; tu seras mignon, avec un de ces énormes chapeaux-parapluies que portent les Chinois sur les images. Nous explorerons tout, sans oublier un seul coin, nulle part — pas vrai ? »

« Nous regarderons sous les lits, dans tous les placards, et derrière chaque rideau. »

« Et nous n'irons pas comme père et fille (elle tirailla les favoris en pendeloques « Piccadilly » et se mit à l'embrasser). Nous irons simplement comme deux garçons ensemble — Papa. »

Quand Linda eut atteint quatorze ans, la grande famille s'était volatilisée, il ne restait qu'elle et Beryl, de deux ans plus jeune. Les filles s'étaient mariées ; les garçons étaient partis au loin. Linda cessa de fréquenter l'École Privée pour Jeunes Filles de Bonne Famille présidée par Miss Clara Finetta Birch (d'Angleterre), une dame dont les cheveux noirs étaient tellement plaqués sur sa tête que tout le monde disait qu'ils étaient simplement peints dessus, et elle resta à la maison pour seconder sa mère.

---

manage on 15£ **a week,** *se débrouiller avec.*

8. △ to dine [ai] et **dinner** [i].

9. dans la catégorie des noms et adj. de nationalité terminés par -ese [iːz] : **Japanese, Portuguese,** etc., **Chinese** est le seul qui ait une 2ᵉ forme possible : **a Chinaman.**

10. will we serait plus grammatical, répondant à **we won't leave.**

11. by, dans le sens de *pas plus tard que,* la préposition étant employée devant une date limite (l'action se situe avant cette date). **By 6 o'clock he was up,** *dès 6 heures.*

12. plus souvent écrit en deux mots : **far away.**

13. intransitif en anglais. Suivi de **at** ou de **over.**

For three days she laid the table and took the mending[1] basket on to the verandah in the afternoon but after that she "went[2] mad-dog[3] again" as her father expressed it and there was no holding her. "Oh, Mother, life is so *fearfully short*," said Linda. That summer Burnell appeared. Every evening a stout young man in[4] a striped shirt, with fiery red hair and a pair of immature mutton chop whiskers passed their house, quite slowly, four times. Twice up the hill he went and twice down he came. He walked with[5] his[6] hands behind his back and each time he glanced[7] once at the verandah where they sat — Who was he ? None of them knew, but he became a great joke. "Here she blows," Mr Fairfield would whisper. The young man came[8] to be called the "Ginger Whale" — Then he appeared at church, in a pew[9] facing theirs, very devout[10] and serious. But he had that unfortunate complexion that goes with his colouring[11] and every time he so much as[12] glanced in Linda's direction a crimson flush spread over his face to his ears. "Look out, my wench[13]," said Mr Fairfield. "Your clever Papa has solved the problem. That young fellow is after you."

"Henry ! What rubbish. How can you say such things," said his wife.

"There are times," said Linda, "when[14] I simply doubt your *sanity*[15] Papa." But Beryl loved the idea. The ginger whale became "Linda's beau[16]."

---

1. sur le modèle de : dining-room, *à manger ;* sewing-machine, *à coudre ;* mending-cotton, *à repriser.*
2. to go (et to come) sont parfois synonymes de to become. To go mad, *devenir fou ;* to come true, *se réaliser.*
3. a mad dog, pour un vétérinaire, est *un chien enragé.*
4. emploi idiomatique de la préposition in : in his shirt, *en chemise ;* in his slippers, *en pantoufles ;* in an umbrella hat (cf. plus haut).
5. le compl. n'est pas prépositionnel en français. La logique est ici du côté de l'anglais.
6. adj. possessif devant les parties du corps et des vêtements.
7. to glance (to cast a glance) : *jeter un coup d'œil.* To stare, *regarder fixement ;* to watch, *observer ;* to gaze, *contempler ;* to survey, *examiner ;* to spy, *lorgner ;* to glare (at), *lancer un regard furieux,* etc.

Pendant trois jours, elle mit le couvert et emporta la corbeille de raccommodage sur la véranda l'après-midi, mais après ça, elle redevint « chien fou », selon l'expression de son père, et il n'y eut pas moyen de la retenir. « Oh, Mère, la vie est si affreusement courte », dit Linda. Cet été-là, Burnell fit son apparition. Chaque soir, un jeune homme avantageux dans une chemise à rayures, le cheveu rouge flamboyant, favoris en côtelettes encore jeunots, passait devant leur maison, très lentement, quatre fois. Par deux fois il grimpait la colline, deux fois la descendait. Il marchait les mains derrière le dos, et à chaque passage il jetait un unique coup d'œil à la véranda, où ils étaient assis. Qui était-il ? Personne, dans la famille, ne le savait, mais les blagues allèrent bon train. « La voilà qui souffle », disait Mr Fairfield dans un murmure. Le jeune homme finit par recevoir le nom de « Baleine Rousse ». Puis on le vit à l'église, sur un banc face au leur, très fervent et sérieux. Mais il était affligé de cette fâcheuse fragilité de teint qui va avec son coloris, et chaque fois qu'il risquait simplement un œil dans la direction de Linda, un empourprement se propageait sur son visage, jusqu'aux oreilles. « A vos gardes, ma mie, dit Mr Fairfield. Ton astucieux Papa a résolu le problème. Ce jeune gars te cherche. »

« Henry ! Quelles baliverne. Comment peux-tu dire des choses pareilles », dit son épouse.

« Il y a des fois, dit Linda, où j'ai ni plus ni moins des doutes sur ta santé mentale, Papa. » Mais l'idée enchanta Beryl. La baleine rousse devint « le prétendant de Linda ».

---

8. to come + inf. : *en venir à, finir par* : **when you come to think of it**, *réflexion faite, quand on y pense.*

9. [pju:] *banc d'église,* uniquement. **Form, bench(es).**

10. du français *dévot* [di'vaut].

11. = complexion ; signifie aussi *coloration, coloriage.*

12. expression. **He so much as said one word,** *il osa un mot ;* **I haven't so much as a penny,** *je n'ai pas un sou.*

13. wench : *vieillot* ou, comme ici, *humoristique.*

14. the day when, *le jour où.*

15. sanity est un demi ▲ : *santé mentale ; santé physique :* **health.**

16. beau : subst., restitue grosso modo la prononciation française, étant d'introduction plus récente en anglais que l'adj. (dès le moyen anglais), prononcé [biu:], comme dans **beauty, beautiful.**

"You know as well[1] I do that I am *never* going to marry," said Linda. "How can you be such a *traitor*, Papa —"

A social[2] given by the Liberal Ladies Political League ripened matters a little. Linda and her Papa attended. She wore a green sprigged muslin[3] with little capes on the shoulders that stood up like wings and he wore a frock coat and a wired buttonhole as big as a soup plate. The social began with a very "painful" concert. "She wore a wreath of roses" — "They played in the Beautiful Garden" "A Mother sat Watching" — "Flee Like a Bird to the Fountain" sang the political ladies with forlorn and awful[4] vigour[5] — The gentlemen sang with far[6] greater vigour and a kind of defiant cheerfulness which was almost terrifying. They looked very furious, too. Their cuffs[7] shot over their hands, or their trousers were far too long... Comic recitations about flies on bald heads and engaged couples sitting on porch steps spread with glue were contributed by the chemist. Followed an extraordinary meal called upon the hand printed programme[8] Tea and Coffee and consisting of ham-beef-or-tonge, tinned salmon[9] oyster patties[10], sanwiches[11], col'meat, jellies, huge cakes, fruit salad in wash hand bowls, trifles bristling with almonds[12] and large cups of tea, dark brown in colour, tasting faintly of rust.

---

1. = as well as I do.
2. **social :** substantif, signifie (petite) *fête*.
3. **muslin :** le tissu ou le vêtement fait avec.
4. **awful :** au sens fort et noble de *propre à inspirer une crainte révérencielle* [awe] ; *imposant*.
5. la prononciation est sensiblement la même dans les deux langues ; mais pas l'orthographe : **vigour**, *vigueur*.
6. **far** renforce le comparatif = **much**.
7. **cuff-link**, *bouton de manchette* ; **handcuffs**, *menottes*.

« Tu sais aussi bien que moi que je ne vais jamais, au grand jamais, me marier, dit Linda. Comment peux-tu être un tel traître, Papa ? »

Une petite fête donnée par la Ligue Politique des Dames Libérales fit un peu mûrir les choses. Linda et son Papa étaient présents. Elle portait une robe de mousseline verte à ramages avec de petites pèlerines sur les épaules, qui se dressaient comme des ailes, et lui portait une redingote avec, à la boutonnière, un œillet monté sur fil de fer, gros comme une assiette à soupe. La fête commença avec un concert « douloureux ». « Elle portait une couronne de roses » — « Elles jouaient dans le Beau Jardin » — « Une mère veillait » — « Enfuis-toi comme un oiseau vers la fontaine », chantèrent les dames politiques avec une ardeur impressionnante et désespérée. Les messieurs chantaient avec une ardeur autrement plus grande, et une sorte de gaîté provocante qui éveillait presque la terreur. Et ils avaient l'air très furieux. Leurs manchettes dépassaient, couvrant leurs mains, ou leurs pantalons étaient beaucoup trop longs... Le pharmacien apporta sa contribution sous forme d'histoires comiques de mouches sur des crânes chauves et de fiancés s'asseyant sur des perrons de porches enduits de colle. Suivit une extraordinaire collation, appelée Thé et Café sur le programme imprimé à la main, et composée de jambon-bœuf-ou-langue, saumon en boîte, petits pâtés aux huîtres, san'wiches, viande f'oide, gelées, gâteaux énormes, salades de fruits dans des cuvettes pour se laver les mains, « dipomates » hérissés d'amandes et grandes tasses de thé, très foncé de couleur, au vague goût de rouille.

---

8. l'orthographe américaine **program** a tendance à se répandre.

9. le l ne se prononce pas.

10. déformation du français pâté.

11. orthographe phonétique. **Sandwich** (le **d** ne se prononce pas).

12. le l ne se prononce pas : [aːmənd] restitue la prononciation française.

Helping Linda to[1] a horrible-looking pink blanc-mange[2] which Mr Fairfield said was made[3] of strangled baby's head, he whispered — "the ginger whale is here. I've just spotted him blushing at a sanwich. Look out, my lass[4]. He'll sandbag you with one of old Ma Warren's rock cakes." Away[5] went the plates — away went the table. Young Mr Fantail, in evening clothes with brown button boots sat down at the piano — and crashed into the "Lancers."

> Diddle dee dum tee tum te tum
> Diddle dee um te tum te tum
>
> ...
> Diddle dee tum tee diddle tee tum !

And half way through the "evening" it actually[6] came to pass — Smoothing his cotton gloves, a beetroot was *pale* compared to him a pillar box[7] was a tender pink. Burnell asked Linda for[8] the pleasure and before she realised[9] what had happened his arm was round her waist and they were turning round and round to the air of "Three Blind Mice[10]" (arranged by Mr Fantail même[11]). He did not talk while he danced, but Linda liked that. She felt a "silly" — When the dance was over they sat on a bench against the wall. Linda hummed the waltz[12] tune and beat time with her glove — She felt dreadfully shy and she was terrified of her father's merry eye — At last Burnell turned to her.

---

1. construction idiomatique : He helped her to lobster, *il la servit de langouste ;* he helped himself to oysters, *il se servit d'huîtres.*
2. comment le *blanc-manger* de l'ancien français, plat de volaille hachée avec de la crème, du riz, des amandes, du sucre, des œufs, a-t-il pu devenir le très britannique **blancmange(r),** « douceur » de gélatine bouillie avec du lait, formant une opaque gelée blanchâtre (ou rosâtre) ?
3. la construction anglaise est ici beaucoup plus souple. M. à m. : *que Mr F. dit qu'il était fait de... ;* la nôtre est plus alambiquée : *dont Mr F. dit qu'il était fait de.*
4. **lass :** campagnard et gentil (surtout en Écosse).
5. le récit est plus vif, avec la postposition expédiée en tête de phrase, et l'inversion verbe-sujet.

En servant à Linda une part d'un blanc-manger rose d'aspect repoussant dont il déclara qu'il était fait de tête de bébé étranglé, Mr Fairfield murmura : « La baleine rousse est ici. Je viens de le repérer en train de rougir devant un san'wich. À vos gardes, ma bonne amie. Il va t'assommer avec un des rochers de la vieille Ma Warren. » S'en furent les assiettes — s'en fut la table. Le jeune Mr Fantail, en habit de soirée, en bottines à boutons brunes, s'assit au piano — et attaqua les « Lanciers ».

> Diddle dee dum tee tum te tum
> Diddle dee um te tum te tum
> ...
> Diddle dee tum tee diddle tee tum !

Et à mi-« soirée », la chose advint effectivement. Lissant ses gants de coton (comparée à lui, une betterave était pâle, une boîte à lettres était d'un rose tendre), Burnell demanda à Linda de bien vouloir lui accorder cette danse et avant qu'elle ait pris conscience de ce qui se passait, il lui avait entouré la taille de son bras et ils tournaient, tournaient sur l'air de « Trois Souris Aveugles » (arrangement de Mr Fantail soi-même). Il ne dit pas un mot pendant la danse, mais cela plut à Linda. Elle se sentit gourde. Quand la danse fut finie, ils prirent place sur un banc contre le mur. Linda fredonnait l'air de valse, battant la mesure avec son gant. Elle se sentait horriblement intimidée, et avait une terreur folle de l'œil rieur de son père. A la fin, Burnell se tourna vers elle.

---

6. ▲ bien connu : *en fait, en réalité. Actuellement,* **at present, at the moment.**

7. pl. : **pillar-boxes** ; les célèbres boîtes aux lettres en forme de borne, dans les rues anglaises, d'un rouge agressif. **Pillar-box red,** *rouge drapeau.*

8. to ask sbd for sth, *demander qqch à qqn.* Ici, sous-entendu **the pleasure of her company.**

9. to realize s'écrit avec un **z.**

10. mouse, mice, *souris ;* **louse, lice,** *pou.*

11. effet humoristique (et **gentle irony**) recherché par l'emploi de ce mot français *(Mr F. soi-même).*

12. waltz vient de l'allemand ; notre *valse* en est plus proche, phonétiquement.

"Did you ever hear the story of the shy young man who went to his first ball. He danced with a girl and then they sat on the stairs — and they could not think of [1] a thing to say — And after he'd picked up everything she dropped from time to time — after the silence was simply unbearable he turned round and stammered 'd-do you always w-wear fl-f-flannel [2] next to [3] the skin ?' I feel rather like that chap [4]," said Burnell.

Then she did not hear them any more. What a glare [5] there was in the room. She hated blinds pulled up to the top at any time — but in [6] the morning, in the morning especially ! She turned over to the wall and idly, with one finger, she traced a poppy on the wallpaper with a leaf and a stem and a [7] fat bursting bud. In the quiet [8], under her tracing finger, the poppy seemed to come alive [9]. She could feel the sticky, silky petals, the stem, hairy like a gooseberry [10] skin, the rough leaf and the tight glazed bud. Things had a habit of coming alive in the quiet ; she had often noticed it. Not only large, substantial things, like furniture, but curtains and the patterns of stuffs and fringes of quilts and cushions. How often she had seen the tassel fringe of her quilt change into a funny procession of dancers, with priests attending... For there *were* some tassels that did not dance at all but walked stately, bent forward as if praying or chanting [11]...

---

1. cette expression conjuguée (langage courant) est proche de to remember. **I can't think of the colour of his eyes,** *impossible de me rappeler...*
2. △ **flannel :** *flanelle.*
3. **next to.** *tout près de ;* **next to nothing,** *presque rien.*
4. fam. *type, gars, mec.*
5. profitons de cet « éclat » pour nous aventurer dans les richesses de l'anglais. **Brilliancy, brilliance, radiance,** *éclat ;* **to shine,** *briller ;* **to gleam,** *luire ;* **to glimmer,** *luire d'un éclat mouillé ;* **to glow,** *rougeoyer ;* **to glitter,** *briller d'un éclat métallique ;* **to glint,** *d'un éclat métallique mat, entreluire ;* **to sparkle,** *pétiller ;* **to flame,** *flamboyer ;* **dazzling,** *éblouissant ;* **to shimmer,** *miroiter faiblement.*
6. la prép. s'utilise de façon plus systématique en anglais ; ainsi, le compl. de temps est quasiment toujours préposition-

« Avez-vous jamais entendu l'histoire du jeune homme timide qui se rendit à son premier bal. Il dansa avec une jeune fille et ensuite ils s'assirent sur l'escalier — incapables de trouver une chose à dire. Et une fois qu'il eut ramassé tout ce qu'elle avait, par intervalles, laissé tomber — une fois le silence devenu proprement insupportable, il fit volte-face et bredouilla "p-portez-vous t-toujours de la ff-f-flanelle au contact de la peau ?" Je me sens un peu comme ce gars-là », dit Burnell.

Puis Linda n'entendit plus les enfants. Quelle lumière éblouissante il y avait dans la pièce. Elle détestait à toute heure du jour les stores levés jusqu'en haut, mais alors, le matin, le matin surtout ! Elle se retourna du côté du mur, et avec un doigt suivit paresseusement sur le papier mural les contours d'un coquelicot, avec feuille, tige et gros bouton en train d'éclore. Dans le silence, sous son doigt qui l'esquissait, le coquelicot sembla prendre vie. Elle arrivait à sentir les pétales poisseux et soyeux, la tige, poilue comme la peau d'une groseille à maquereau, la feuille rugueuse et le bouton vernissé prêt à éclater. C'était bien une propriété des choses, de prendre vie, dans le silence ; elle l'avait souvent remarqué. Pas seulement les choses grandes et importantes, comme les meubles, mais les rideaux, les motifs d'étoffes, les franges de courtepointes et de coussins. Combien de fois avait-elle vu la frange à pompons de sa courtepointe se changer en une curieuse procession de danseurs accompagnés de prêtres... Il y avait, en effet, quelques pompons qui ne dansaient pas du tout, mais avançaient d'un pas majestueux, penchés en avant comme s'ils priaient ou psalmodiaient...

---

nel (à la différence du français) : **in the morning ; in the afternoon ; at night ; by noon ; on the 18th of June.**
7. l'article est ici répété avant chaque mot volontairement. Le travail est lent et minutieux, on a le temps de détailler.
8. quelques adj. s'emploient, précédés de l'article défini, comme noms abstraits singuliers : **the supernatural, the beautiful, the quiet.**
9. alive, *vivant, en vie ;* **living (the living,** *les vivants) ;* **lively,** *vif, animé.*
10. gooseberry, *groseille à maquereau ;* **strawberry,** *fraise ;* **bilberry,** *myrtille ;* **raspberry,** *framboise ;* **black-berry** (ou **mulberry**), *mûre.*
11. to chant est réservé au domaine ecclésiastique.

How often the medicine bottles had turned into a row of little men with brown top hats on ; and often the wash stand jug sat in the basin like a fat bird in a round nest. "I dreamed about birds last night" thought Linda. What was it ? No, she'd forgotten... But the strangest part about this [1] coming alive of things was what they did. They listened [2] ; they seemed to swell out with some mysterious important content [3] and when they were full she felt that they smiled — Not for her (although she knew they "recognised [4]" her) their sly meaning smile ; they were members of a secret order and they smiled among themselves. Sometimes, when she had fallen asleep in the day time, she woke and could not lift a finger, could not even turn her eyes to left or right [5]... *they* were so strong ; sometimes when she went out of a room and left it empty she knew as she clicked the door to that *they* were coming to life [6]. And Ah, there were times, especially in the evenings when she was upstairs, perhaps, and everybody else was down when she could hardly tear herself away from "them" — when she could not hurry, when she tried to hum a tune to show them she did not care, when she tried to say ever [7] so carelessly — "Bother [8] that old thimble ! Where ever [9] have I put it !" but she never never deceived [10] *them*. *They* knew how frightened she was ; "they" saw how she turned her head away as she passed the mirror [11]. For all their patience they wanted something of her.

---

1. le gérondif peut avoir un sens particulier et être précédé d'un article ou d'un démonstratif. **Teaching ; the teaching of Pythagoras' theorem.** Tantôt nom, tantôt verbe, il peut avoir la double fonction (comme ici).
2. peut s'employer absolument : « **Darkling, I listened.** » Avec un compl., il est intransitif en anglais : **to listen to birds singing.**
3. **content :** subst., signifie *contenu* et *contentement*. **To one's heart's content,** *à cœur joie.* Adj., c'est un ▲ : *satisfait* (*content : glad*).
4. **to recognize** s'écrit avec un **z.**
5. l'expression ne prend ni article ni préposition. **When I see birches bend to left and right** (Robert Frost). En

Combien de fois les fioles de médicaments s'étaient-elles métamorphosées en une rangée de petits bonshommes coiffés de hauts-de-forme marron ; et souvent, le pot à eau de la toilette trônait dans la cuvette comme un oiseau dodu dans un nid rond. « J'ai rêvé d'oiseaux la nuit dernière », songea Linda. Qu'est-ce que c'était ? Non, elle avait oublié... Mais le plus curieux, dans cette venue à la vie des objets, c'étaient leurs agissements. Ils écoutaient ; ils semblaient se gonfler de quelque contenu mystérieux et important et une fois pleins, ils se mettaient à sourire, elle le sentait. Pas pour elle (bien qu'elle eût la certitude qu'ils la « reconnaissaient »), leur sournois sourire entendu ; ils étaient membres d'un ordre secret et ils souriaient entre eux. Quelquefois, lorsqu'elle s'était endormie dans la journée, elle s'éveillait, incapable de lever un doigt, ni même de tourner les yeux à gauche ou à droite... si grande était leur force ; parfois, quand elle quittait une pièce, la laissant vide, elle savait au moment où cliquetait la porte, qu'ils prenaient vie. Ah, et puis, il y avait des moments, surtout le soir, par exemple, quand elle était montée, laissant tout le monde en bas, où elle avait du mal à s'arracher à « eux », où il lui était impossible de se hâter, où elle tentait de fredonner un air pour leur montrer son indifférence, de dire avec la plus grande désinvolture — « La barbe, ce vieux dé ! Où l'ai-je mis ! », mais sans jamais pouvoir les duper. Ils savaient bien, eux, à quel point elle avait peur ; ils voyaient bien comme elle détournait la tête en passant devant le miroir. En dépit de toute leur patience, ils voulaient quelque chose d'elle.

---

revanche : **turn to the left** *(à gauche)* ; **on the right** *(à droite)*.
6. to come to life = to come alive.
7. ever a ici une fonction d'intensification (langue fam.) : **ever so noisy**, *bruyant comme tout*.
8. bother (exclamatif) + nom exprime un rejet : **Bother that song !** *J'en ai marre de cette chanson !* **Bother !** *Zut !*
9. ever n'est pas ici le suffixe (**whatever, wherever**), mais l'adverbe, fortement accentué, qui renforce la question : **Who ever is coming ?** *Qui diable arrive ?*
10. ▲ *tromper, abuser* (*décevoir* = **to disappoint**).
11. deux **r** en anglais, un en français : **mirror**, *miroir*.

Half unconsciously she knew that if she gave herself up [1] and was quiet — more than quiet, silent, motionless, something would happen... "It's very very quiet now," thought Linda. She opened her eyes wide ; she heard the stillness spinning its soft endless [2] wob. How lightly she breathed — She scarcely had to breathe at all... Yes, everything had come alive down to [3] the minutest [4], tiniest particle [5] and she did not feel her bed — She floated, held up in the air. Only she seemed to be listening with her wide open watchful eyes, waiting for some one to come who just [6] did not come, watching for [7] something to happen that just did not happen.

In the kitchen at the long deal [8] table under the two windows old Mrs Fairfield was washing the breakfast dishes. The kitchen windows looked out on to a big grass patch that led down to the vegetable garden [9] and the rhubarb beds — On one side the grass patch was bordered by the scullery and wash house and over this long white washed [10] "lean to" there grew a big knotted vine. She had noticed yesterday that some tiny corkscrew [11] tendrils had come right through some cracks in the scullery ceiling and all the windows of the "lean to" had a thick frill of dancing green [12]. "I am very fond of a grape vine [13]," decided Mrs Fairfield, "but I do not think that the grapes will ripen here. It takes [14] Australian sun..." and she suddenly remembered how when Beryl was a baby she had been picking some white grapes from the vine on the back verandah of their Tasmanian house and she had been stung on the leg [15] by a huge red ant.

---

1. **to give oneself up**, se dénoncer ; to give oneself up to, s'adonner à ; to give up, abandonner, renoncer.
2. jolie allitération en **st. sp. s** (stillness, spinning, soft, endless).
3. **down** (adverbe) + to : Down to the present (time), jusqu'à nos jours ; **down** to the smallest, jusqu'au plus petit.
4. **minute** [ai] est un adj. long ; son superlatif devrait se former avec **the most**. La règle n'est pas absolue.
5. **▲ particule** : particule ['pa:tikl].
6. just = ici, simply.
7. waiting for, **watching for** : + proposition infinitive.
8. **deal** : une (bonne) quantité ; une donne (aux cartes) ;

Elle savait, sans en avoir pleinement conscience, que si elle se livrait et restait tranquille, plus que tranquille, silencieuse, immobile, quelque chose arriverait... « C'est très, très calme, à présent », songeait Linda. Elle ouvrit grands les yeux ; elle entendit l'immobilité tisser sa douce toile sans fin. Comme son souffle était léger: C'est à peine si elle avait besoin de respirer... Oui, tout avait pris vie, jusqu'à la plus minuscule, la plus infime particule, et elle ne sentait pas son lit. Elle flottait, lévitait dans l'air. Mais elle paraissait écouter, les yeux grands ouverts et vigilants, attendre quelqu'un qui simplement ne venait pas, guetter quelque chose qui simplement n'arrivait pas.

Dans la cuisine, à la longue table en bois blanc située sous les deux fenêtres, la vieille Mrs Fairfield faisait la vaisselle du petit déjeuner. Les fenêtres de la cuisine donnaient sur une grande parcelle herbeuse qui descendait jusqu'au potager et aux planches de rhubarbe. L'office et la buanderie bordaient l'herbe d'un côté et sur ce long appentis blanchi à la chaux se répandait une belle vigne noueuse. La vieille dame avait remarqué hier que de minuscules vrilles tirebouchonnées s'étaient faufilées au travers de fissures dans le plafond de l'office et que toutes les fenêtres de l'appentis avaient une épaisse collerette de verdure froufroutante. « J'aime beaucoup la vigne, décida Mrs Fairfield, mais je ne pense pas que les raisins mûriront ici. Il y faut le soleil australien... », et elle se rappela brusquement la fois où Beryl, tout bébé, en cueillant des raisins blancs sur la vigne de l'arrière-véranda, dans leur maison tasmanienne, avait été piquée à la jambe par une énorme fourmi rouge.

---

une affaire ; un madrier, du bois de pin ou de sapin.
9. vegetable garden, potager ; **orchard,** verger.
10. en un seul mot : lait de chaux ; **to whitewash,** blanchir à la chaux.
11. corkscrew, tire-bouchon ; **corkscrew curl,** « anglaise » (boucle).
12. l'image est jolie.
13. grapevine (en un seul mot) : vigne, treille (États-Unis).
14. dans le sens de requérir, demander. **It takes ages to...,** cela demande un temps fou...
15. on a déjà vu : **wounded in the leg,** blessé à la jambe.

She saw Beryl in a little plaid dress with red ribbon "tie ups"[1] on the shoulders screaming so dreadfully that half the street had rushed in... and the child's leg had swelled to an enormous size... "T-t-t-t" Mrs Fairfield caught her breath, remembering. "Poor child — how terrifying it was!" and she set her lips tight in a way she had and went over to the stove for[2] some more hot water — The water frothed up in the big soapy bowl with pink and blue bubbles on top of the foam. Old Mrs Fairfield's arms were bare to the elbow and stained a bright pink. She[3] wore a grey foulard dress patterned with large purple pansies, a white linen apron and a high cap shaped like a jelly mould of white tulle. At her throat there was a silver crescent moon with five little owls seated on it and round her neck she wore a watch guard made of black beads. It was very hard to believe that they had only[4] arrived yesterday and that she had not been in the kitchen for years — she was so much a part of it, putting away the clean crocks with so sure and precise a touch, moving, leisurely[5] and ample from the stove to the dresser[6], looking into the pantry and the larder[7] as though there were[8] not an unfamiliar corner. When she had finished tidying everything in the kitchen had become part of a series of pattern[9]. She stood in the middle of the room, wiping her hands on a check towel and looking about her, a tiny smile beamed on her lips ; she thought it looked very nice, very satisfactory.

---

1. **a tie-up :** c'est un *amarrage* pour canot (aux États-Unis : *étable*). Quand un nom composé ne comporte pas de subst., on met la désinence du pl. à la fin : **forget-me-nots,** *myosotis ;* **merry-go-rounds,** *manèges ;* **grown-ups,** *adultes.*
2. **for :** préposition = *pour* (destination, but) ; mais dans ce cas, la construction est plus souple en anglais : m. à m. : *elle alla... pour un peu plus d'eau chaude.*
3. nous retrouvons ici une description déjà lue. Un respect excessif d'un texte encore « imparfait » risquerait de lui nuire. Nul doute que K.M. aurait supprimé la redite avant de donner l'imprimatur.
4. place logique de **only :** devant le mot dont il modifie le sens, soit **yesterday.** Mais on a tendance à placer cet

Elle revit Beryl dans sa petite robe écossaise attachée sur les épaules par des rubans rouges, poussant des hurlements si affreux que la moitié de la rue était accourue chez eux... et la jambe de l'enfant avait énormément enflé... « Tss-ss ». A ce souvenir, Mrs Fairfield retint son souffle. « La pauvre enfant — c'était si terrifiant ! » et serrant les lèvres d'une façon bien à elle, la voilà partie vers le fourneau pour reprendre de l'eau chaude. L'eau moussait dans la grande cuvette savonneuse, avec des bulles roses et bleues au sommet de l'écume. Les bras de la vieille Mrs Fairfield, nus jusqu'au coude, étaient teintés d'un rose vif. Elle portait une robe de foulard gris à motifs de pensées pourpres, un tablier de lin blanc et une haute coiffe de tulle blanc en forme d'entremets à la gelée. Sur sa gorge, une grosse broche d'argent en croissant de lune surmontée de cinq petits hiboux et autour de son cou une chaîne de montre de perle noire. Il était très difficile de s'imaginer qu'ils étaient seulement arrivés la veille et qu'elle n'avait pas passé des années dans cette cuisine tant elle en faisait partie, la main si précise et si sûre pour ranger la faïence propre, les mouvements amples et nonchalants pour aller du fourneau au vaisselier, et passant en revue l'office et le garde-manger comme s'il n'y avait pas un recoin qui ne lui fût familier. Quand elle eut fini de mettre de l'ordre, tout dans la cuisine avait trouvé sa place dans un ensemble géométrique. Debout au milieu de la pièce, s'essuyant les mains avec un torchon à carreaux et regardant autour d'elle, un imperceptible sourire s'épanouit sur ses lèvres ; elle trouvait l'ensemble très plaisant, très satisfaisant.

---

adverbe plus en avant dans la phrase. He **only came a fortnight ago,** *il y a seulement une quinzaine qu'il est venu.*
5. peut être adverbe ou adjectif.
6. dresser : cf. le français *dressoir.*
7. vient de l'ancien français *lardier.*
8. were est ici le subj. passé (**be :** subj. présent).
9. patterns, au pluriel, serait plus logique.

If only servant girls could be taught [1] to understand that it did not only matter how you put a thing away it mattered just as much *where* you put it [2] — or was it the other way about [3]... But at any rate [4] they never would understand ; she had never been able to train them... "Mother, Mother are you in the kitchen ?" called Beryl. "Yes dear. Do you want me ?" "No, I'm coming," and Beryl ran in, very flushed, dragging with her two big pictures. "Mother whatever [5] can I do with these hideous awful Chinese paintings that Chung Wah gave Stanley [6] when he went bankrupt [7]. It's absurd to say they were valuable [8] because they were hanging in Chung Wah's fruit shop for months before. I can't understand why Stanley doesn't want them to be [9] thrown [10] away — I'm sure he thinks they're just as hideous as we do, but it's because of the frames —" she said, spitefully. "I suppose he thinks the frames might fetch something one day. Ugh [11] ! What a weight they are." "Why don't you hang them in the passage" suggested Mrs Fairfield. "They would not be much seen there." "I can't. There isn't room. I've hung all the photographs of his office before and after rebuilding there, and the signed photographs of his business friends and that awful enlargement of Isabel lying on a mat in her singlet [12]. There isn't an inch of room left there." Her angry glance flew over the placid [13] kitchen. "I know what I'll do. I'll hang them here — I'll say they got a little damp in the moving and so I put them up here in the warm for the time being [14]."

---

1. le passif est une des façons de rendre le *on* français ; m. à m. : *pouvaient être enseignées.*

2. le petit discours intérieur de Mrs F. est assez lâché grammaticalement.

3. ou : the other way round.

4. "To be born, or at any rate bred, in a hand-bag..." (O. Wilde) *naître, ou à tout le moins, être élevé, dans un sac à main...*

5. serait plus satisfaisant en deux mots : what ever, what on earth, what the deuce. L'adv. ever, fortement accentué, renforce la question.

6. double compl. direct : the Chinaman gave Stanley two hideous pictures, *a donné à Stanley.*

Si seulement on pouvait faire entrer dans le crâne des bonnes que l'art de ranger les objets, la place choisie comptait tout autant que la façon de ranger, à moins que ce ne soit l'inverse... Mais de toute manière, elles ne comprendraient jamais ; elle n'avait jamais réussi à les dresser... « Mère, Mère, es-tu dans la cuisine ? » appela Beryl. « Oui, chérie. Tu as besoin de moi ? » « Non, je viens », et Beryl entra en courant, toute rouge, traînant avec elle deux grands tableaux. « Mère, qu'est-ce que je peux bien faire de ces abominables épouvantables peintures chinoises que Chung Wah a données à Stanley quand il a fait faillite ? C'est idiot de les avoir estimées de valeur parce qu'elles ont pendu dans la fruiterie de Chung Wah pendant des mois. Je n'arrive pas à comprendre pourquoi Stanley ne veut pas qu'on les jette. Il les trouve hideuses, tout autant que nous, ça, j'en suis sûre, mais c'est à cause des cadres, dit-elle avec fiel. Il s'imagine sans doute que les cadres pourraient rapporter quelque chose un jour ou l'autre. Ouf ! Quel poids elles font. » « Pourquoi ne les suspendrais-tu pas dans le couloir, on ne les verrait pas beaucoup », suggéra Mrs Fairfield. « Impossible. Il n'y a pas la place. J'y ai accroché toutes les photographies de son bureau avant et après reconstruction, les photographies signées de ses relations d'affaires, ainsi que cet horrible agrandissement d'Isabel en maillot, allongée sur une natte. Il n'y a plus la moindre place libre. » D'un œil noir, elle fit le tour de la paisible pièce. « Je sais ce que je vais faire. Je vais les accrocher ici, je dirai qu'elles ont un peu pris l'humidité dans le déménagement et que je les ai donc installées ici au chaud, pour l'instant. »

---

7. **to go bankrupt,** *faire faillite* (**bankruptcy**).
8. gare au franglais *valable...*
9. **to want** + proposition infinitive (au passif).
10. **to throw, I threw, thrown.**
11. cette onomatopée, on la retrouve souvent dans la B.D.
12. il y eut d'abord le **doublet,** puis le **singlet,** *maillot de corps.*
13. on sent que la cuisine ne va pas longtemps rester "placid" (**angry, flew...**) En effet, décision prise, les actions se suivent à un rythme rapide.
14. expression idiomatique : *pour le moment, actuellement.*

She dragged forward a chair, jumped up on it, took a hammer and a nail out of[1] her deep apron pocket and banged away — "There ! That's high enough. Hand me up the picture, Mother." "One moment, child —" she was wiping the carved ebony[2] frame — "Oh, Mother, *really* you need[3] not dust them. It would take years to dust all those winding little holes" and she frowned at[4] the top of her Mother's head and bit her lip with[5] impatience. Mother's deliberate[6] way of doing things was simply maddening. It was old age[7], she supposed, loftily. At last the two pictures were hung, side by side. She jumped off the chair, stowing back the little hammer. "They don't look so bad there, do they," said she — "And at any rate nobody need[8] ever see them except Pat and the servant girl — Have I got a spider's web[9] on my face, Mother ? I've been poking my head into that cupboard under the stairs and now something keeps[10] tickling me." But before Mrs Fairfield had time to look Beryl had turned away again — "Is that clock right. Is it really as early as that ? Good Heavens it seems years since breakfast ?" "That reminds me," said Mrs Fairfield. "I must go upstairs and fetch down[11] Linda's tray"... "There !" cried Beryl. "Isn't that like[12] the servant girl. Isn't that exactly like her. I told her distinctly to tell you that I was too busy to take it up and would you please[13] instead. I never dreamed she hadn't told you !"

---

1. l'anglais exprime l'extraction, la provenance : **out of :** en français, *dans.*

2. l'accent est sur la première syllabe. L'ébène n'est pas un bois, mais une coloration particulière de certains bois, sous l'effet d'un champignon...

3. to need (ainsi que : to dare, *oser*) est un semi-défectif se conjuguant tantôt comme un verbe ordinaire, tantôt comme un défectif.

4. une certaine hostilité dans ce **at.**

5. with exprime la cause : to rage with despair ; to shake with cold, *trembler de froid.*

6. il y a du faux-ami dans ce mot. Ainsi, **deliberately** : *lentement ; délibérément,* intentionally.

7. l'anglais n'a pas de terme spécifique pour *vieillesse ;* youth, *jeunesse.*

Elle avança une chaise en la traînant, s'y jucha d'un bond, et prenant un marteau et un clou dans les profondeurs de sa poche de tablier, elle se mit à cogner. « Là ! C'est assez haut. Passe-moi le tableau, Mère. » « Un moment, ma petite », dit Mrs Fairfield en essuyant le cadre d'ébène ciselé. « Oh, Mère, vraiment tu n'as pas besoin de les épousseter. Il y en aurait pour des années, à nettoyer tous ces petits trous tortillés », et gratifiant d'un froncement de sourcil le haut de la tête de sa mère, elle se mordit la lèvre avec impatience. Cette manière posée qu'avait Mère de faire les choses était absolument exaspérante. C'est la vieillesse, pensa-t-elle avec condescendance. Enfin les deux tableaux furent suspendus côte à côte. Beryl sauta de la chaise, empochant le petit marteau. « Ils ne font pas si mal, à cette place, hein ? dit-elle. En tout cas, à part la bonne et Pat, personne ne sera jamais obligé de les voir. Est-ce que j'ai une toile d'araignée sur la figure, Mère ? J'ai été fourrer ma tête dans ce fichu placard, sous l'escalier, et maintenant, j'ai quelque chose qui me chatouille sans arrêt. » Mais Mrs Fairfield n'eut pas le temps de regarder, Beryl avait déjà fait volte-face. « Elle est juste, cette horloge ? Il est vraiment si tôt que ça ? Ma parole, on dirait une éternité depuis le petit déjeuner. » « A propos, dit Mrs Fairfield, il faut que je monte chercher le plateau de Linda, pour le descendre... » « Et voilà ! s'écria Beryl. Si ça ne ressemble pas à la bonne. Si ce n'est pas elle tout craché. Je lui ai dit clairement de te dire que j'étais trop occupée pour le monter et voudrais-tu, s'il te plaît, le faire à ma place. Je n'ai pas imaginé une minute qu'elle ne te l'avait pas dit ! »

---

8. to need, conjugué comme défectif : d'où l'absence de s à la 3ᵉ pers. du singulier, et l'infinitif incomplet.

9. cas possessif de tradition, inexplicable. De même : **the water's edge,** *le bord de l'eau ;* **spider web** existe, mais s'emploie rarement.

10. to keep + gérondif : continuation d'une action. **He kept singing,** *il n'a pas cessé de chanter.*

11. la postposition est ici fortement accentuée ; pour la rendre, le français devra user d'une périphrase.

12. expression idiomatique : **it's just like him,** *le voilà bien !*

13. style direct, rapporté familièrement tel quel.

Some one tapped on the window. They turned away from the pictures. Linda was there, nodding[1] and smiling. They heard the latch of the scullery door lift and she came in. She had no hat on[2] ; her hair stood up on her head in curling rings and she was all wrapped up in an old Kashmir[3] shawl. "Please can[4] I have something to eat," said she. "Linnet dear I am so frightfully sorry. It's my fault," cried Beryl. "But I wasn't hungry. I would have screamed if I had been," said Linda. "Mummy darling, make me a little pot of tea in the brown china teapot[5]." She went into the pantry and began lifting the lids off a row of tins. "What grandeur[6] my dears," she cried, coming back with a brown scone and a slice of gingerbread — "a pantry and a larder." "Oh but you haven't seen the outhouses yet" said Beryl. "There is a stable and a huge barn of a place[7] that Pat calls the feed room[8] and a woodshed and a tool house — all built round a square courtyard that has big white gates to it. Awfully grand[9] !" "This is the first time I've even seen the kitchen" said Linda. "Mother has been here. Everything is in pairs." "Sit down and drink your tea," said Mrs Fairfield, spreading a clean table napkin over a corner of the table. "And Beryl have a cup with her. I'll watch you both while I'm peeling the potatoes[10] for dinner. I don't know what has happened to the servant girl." "I saw her on my way downstairs, Mummy.

---

1. to tap, **to nod** : redoublement des consonnes finales précédées d'une seule voyelle.
2. Ce **on** exprimant le contact, sera explétif en français. He had no shirt on.
3. s'écrit aussi : **Cashmere**.
4. **can** a tendance à remplacer **may**, dans cet emploi simple de *permission, autorisation*. Au risque de s'entendre dire : "yes, you may, and I hope you can", par un puriste.
5. le distinguo entre **pot of tea** et **teapot** est bien sensible ici.
6. [grændjər] restitue un peu la prononciation française. Emploi humoristique de ce mot noble : **the grandeur of a ceremony, of a landscape,** *paysage.*

On frappa doucement à la fenêtre. Elles se détournèrent des tableaux. Linda était là, qui faisait des signes de tête et des sourires. Elles entendirent le déclic du loquet de la porte de l'arrière-cuisine, et elle entra. Elle était sans chapeau ; ses cheveux se dressaient sur sa tête en longues bouclettes et elle était tout entière enveloppée dans un vieux châle de cachemire. « S'il vous plaît, est-ce que je pourrais avoir quelque chose à manger ? » dit-elle. « Linnet, ma chérie, je suis affreusement désolée. C'est ma faute », s'écria Beryl. « Mais je n'avais pas faim, j'aurais hurlé, dans ce cas, fit Linda. Maman adorée, fais-moi un petit pot de thé dans le pot à thé de porcelaine brune. » Elle pénétra dans l'office et entreprit de soulever les couvercles d'une rangée de boîtes en fer-blanc. « Quelle magnificence, mes chères, s'écria-t-elle en revenant avec un petit pain brun et une tranche de pain d'épice — un office et un garde-manger. » « Ah, mais tu n'as pas encore vu les dépendances, dit Beryl. Il y a une écurie, une espèce d'immense grange, que Pat appelle la « chambre d'alimentation », un bûcher et une cabane à outils — le tout construit autour d'une cour carrée avec de grands portails blancs. Absolument grandiose ! » « C'est la première fois que je vois la cuisine, dit Linda. Mère est passée par là. Tout va deux par deux. » « Assieds-toi et bois ton thé », dit Mrs Fairfield en étalant une serviette propre sur un coin de table. « Tiens, Beryl, prends une tasse avec elle. Je vous tiendrai compagnie, à toutes les deux, tout en épluchant les pommes de terre pour le dîner. Je ne sais pas ce qu'est devenue la bonne. » « Je l'ai vue en descendant l'escalier, Maman.

---

7. tournure idiomatique (of + art. indéfini séparant deux noms dont le 1er qualifie le 2e). **A palace of a house, a giant of a man.**
8. donne une petite allure industrielle à l'affaire. En fait, c'est la réserve de fourrage.
9. emploi familier de cet adj. noble. **He's grand,** c'est un type formidable.
10. les noms dont le radical se termine par o précédé d'une consonne prennent -es au pl. : **tomato(es)** ; **mosquito(es)** ; **hero(es)** ; mais souvent les mots d'origine italienne ont un pl. en -s : **piano(s).**

She's lying practically at full length [1] on the bathroom floor laying linoleum [2]. And she is hammering it so frightfully hard that I am sure the pattern will come through on to the dining-room ceiling. I told her not to run [3] any more tacks than she could help [4] into herself but I am afraid that she will be studded for life all the same. Have half my piece of gingerbread, Beryl. Beryl, do you like the house now that we are *here* ?" "Oh yes I like the house immensely and the garden is simply beautiful but it feels very far away from everything to me. I can't imagine people coming out from town to see us in that dreadful rattling'bus [5] and I am sure there isn't anybody here who will come and [6] call... Of course it doesn't matter [7] to you particularly because you never liked living in town." "But we've got the buggy," said Linda. "Pat can drive you into town whenever [8] you like. And after all it's only six miles away [9]." That was a consolation certainly but there was something unspoken at the back [10] of Beryl's mind, something she did not even put into words for herself. "Oh, well at any rate it won't kill us," she said dryly, putting down her cup and standing up and stretching. "I am going to hang curtains." And she ran away singing : "How many thousand birds I see, That sing aloft in every tree." But when she reached the dining room she stopped singing [11]. Her face changed — hardened, became gloomy and sullen. "One may as well rot [12] here as anywhere else," she said savagely digging the stiff brass safety pins [13] into the red serge curtains...

---

1. **to lie full length** : *être étendu de tout son long ;* to fall full length, *tomber de tout son long ;* adj. : **full-length** portrait, *portrait en pied.*
2. [laɪ'nouljəm].
3. **to run.** transitif, + into : to run a car into a fence, *rentrer dans une clôture avec sa voiture.*
4. expression : **he doesn't do more than he can help,** *il n'en fait pas plus que nécessaire ;* don't stay away longer than you can help, *reste absent le moins longtemps possible.*
5. **bus** est évidemment l'abréviation de : **omnibus,** mais s'écrit normalement sans apostrophe.
6. après **to come,** v. introduit par **and** (tournure idio-

Elle est étendue presque de tout son long par terre dans la salle de bains, à poser le linoléum. Et elle le cloue si terriblement fort que le dessin va finir par traverser le plafond de la salle à manger, j'en ai bien peur. Je lui ai dit de ne pas se planter dans le corps plus de broquettes que de raison, mais je crains qu'elle ne se retrouve tout de même criblée à vie. Tiens, prends la moitié de mon pain d'épice, Beryl. Beryl, tu aimes la maison, maintenant que nous y sommes ? » « Oh, oui, j'aime énormément la maison et le jardin est tout bonnement splendide, mais j'ai l'impression que c'est très loin de tout. Je ne vois pas les gens quitter la ville pour venir nous voir dans cet atroce bus ferraillant et je suis sûre qu'il n'y a personne ici pour passer nous dire bonjour... Evidemment, ça t'est bien égal, à toi, parce que tu n'as jamais aimé vivre en ville. » « Mais nous avons le boghei, repartit Linda. Pat peut te conduire en ville quand tu veux. Et après tout, ce n'est qu'à six milles d'ici. » C'était une consolation, bien sûr, mais il y avait un non-dit derrière la tête de Beryl, quelque chose qu'elle ne s'était même pas formulé à elle-même. « Oh, bon, en tout cas, ça ne nous tuera pas », dit-elle d'un ton sec ; et reposant sa tasse, elle se leva et s'étira. « Je vais suspendre les rideaux. » Mais en arrivant à la salle à manger, elle cessa de chanter. Sa mine changea — se durcit, devint maussade et morose. « Moisir pour moisir, autant ici qu'ailleurs », dit-elle brutalement en enfonçant les solides épingles doubles de laiton dans les rideaux de serge rouge...

---

matique) ; **come and have dinner with me,** *viens dîner avec moi.*

7. **what's the matter with you ? Does it matter to you ?** *Qu'est-ce que tu as ? Ça t'ennuie ?*

8. Il s'agit bien ici du suffixe fréquentatif **-ever.**

9. environ dix kilomètres.

10. **an idea at the back of one's mind,** *une idée de derrière la tête.*

11. Différence entre **she stopped singing,** *elle s'arrêta de chanter* et **she stopped to sing,** *elle s'arrêta pour chanter.*

12. le verbe est régulier ; **rotten** est un adj. (et non le p.p. du verbe) : **"There is something rotten in the kingdom of Denmark"** *(Hamlet).*

13. belle allitération où la rage contenue s'exprime par les s, p, et les voyelles brèves a et i.

The two left in the kitchen were quiet for a little. Linda leaned her cheek in her fingers and watched her Mother. She thought her Mother looked wonderfully beautiful standing with her back[1] to the leafy window — There was something comforting[2] in the sight of her Mother that Linda felt she could never do without[3] — She knew everything about her — just what she kept in her pocket and the sweet smell of her flesh and the soft feel of her cheeks and her arms and shoulders[4], still softer[5] — the way the breath rose and fell in her bosom[6] and the way her hair curled silver rund her forehead, lighter at her neck and bright brown still in the big coil under the tulle cap. Exquisite[7] were her Mother's hands and the colour of the two rings she wore seemed to melt[8] into her warm white skin — her wedding ring and a large old fashioned ring with a dark red stone in it that had belonged to Linda's father... And she was always so fresh so delicious[9]. "Mother, you smell of[10] cold water," she had said — The old woman could bear nothing next to her skin but[11] fine linen and she bathed in cold water summer and winter — even when she had to pour a kettle of boiling water over the frozen[12] tap. "Isn't there anything for me to do, Mother," she asked. "No darling. Run and see what the garden is like. I wish you would[13] give an eye to the children but that I know you will not do." "Of course I will[14], but you know Isabel is much more grown up than any of us."

---

1. with his back to the fire : *le dos au feu.*
2. l'accent tonique est sur la 1ʳᵉ syllabe (de même, pour **comfort**, et **comfortable**). Rappelons la différence orthographique : **comfort,** *confort.*
3. rejet de la postposition à la fin de la phrase = whithout which Linda felt she could never do.
4. économie de l'adj. possessif devant **shoulders** (arms and shoulders forment un tout).
5. ici, tout est en courbes et en douceur. Les s et les f sont infléchis par des consonnes douces l, sh et une prédominance de voyelles « féminines » (e, ee) : très musical.
6. ['buz(ə)m] "Close bosom friend of the maturing sun" (Keats) : *du soleil qui mûrit proche et tendre compagne.*
7. **exquisite** est mis en relief au début de la phrase.

Les deux femmes restées à la cuisine furent silencieuses un moment. Linda, appuyant la joue sur ses doigts, regarda sa mère. Elle la trouva merveilleusement belle, campée de dos à la fenêtre garnie de feuillage. Il y avait quelque chose de réconfortant dans la vue de sa mère, dont Linda sentait qu'elle ne pourrait jamais se passer. Elle savait tout d'elle — précisément ce qu'elle gardait dans sa poche, l'odeur suave de sa chair, l'agréable toucher de ses joues, de ses bras, de ses épaules, plus douces encore — la manière dont son souffle soulevait et affaissait sa poitrine, la façon dont ses cheveux ornaient son front de boucles d'argent, plus clairs ensuite sur la nuque et encore bruns et brillants dans le gros chignon sous la coiffe de tulle. Exquises étaient les mains de sa mère et la couleur des deux bagues qu'elle portait semblait se fondre dans la chaude blancheur de sa peau — son alliance et une bague ancienne sertie d'une pierre rouge sombre qui avait appartenu au père de Linda... Et elle était toujours si fraîche, si délicieuse. « Mère, tu sens l'eau froide », avait-elle dit — la vieille dame ne supportait rien d'autre que le lin à même la peau et se baignait dans l'eau froide hiver comme été, même lorsqu'il lui fallait verser une bouilloire d'eau bouillante sur le robinet gelé. « Il n'y a rien que je puisse faire, Mère ? » demanda Linda. « Non, ma chérie. File au jardin, voir à quoi il ressemble. Je voudrais bien que tu jettes un coup d'œil aux enfants, mais ça, je sais que tu ne le feras pas. » « Mais si, bien sûr, mais rappelle-toi qu'Isabel est beaucoup plus raisonnable qu'aucune de nous. »

---

8. le verbe est régulier ; **molten** (adj.) en est dérivé.

9. un fruit, un mets, est **delicious :** un sourire, une voix, est **delightful.** L'adj. se justifie pleinement, la description étant si sensuelle, la vieille dame étant quasiment perçue comme **palatable,** *agréable au goût.*

10. it smells of gas : *ça sent le gaz.*

11. but, dans le sens de *excepté* ; **nothing but the truth,** *rien que la vérité.*

12. to freeze, I froze, frozen, *geler.*

13. I wish you would est peu poli ; l'expression suggère de la mauvaise volonté de la part de l'interlocuteur : **I wish you would stop nagging me,** *si tu pouvais arrêter de me harceler.*

14. will (futur) garde ici la forte nuance de *vouloir.*

"Yes, but Kezia is not" said Mrs Fairfield. "Oh Kezia's been tossed by a wild bull *hours* ago", said Linda, winding [1] herself up in her shawl again.

But no, Kezia had seen a bull through a hole in a notch of wood in the high paling fence that separated the tennis lawn from the paddock, but she had not liked the bull frightfully [2] and so she had walked away back through the orchard up the grassy slope along the path by the lace bark tree [3] and so into [4] the spread tangled garden. She did not believe that she would ever not get lost in this garden. Twice she had found her way to the big iron gates they had driven through last night and she had begun to walk up the drive that led to the house, but there were so many little paths on either side — on one side they all led into a tangle of tall dark trees and strange bushes [5] with flat velvety leaves and feathery cream flowers that buzzed with flies when you shook them — this was a frightening side and no garden at all. The little paths were wet and clayey with tree roots spanned across them, "like big fowls [6] feet" thought Kezia. But on the other side of the drive there was a high box [7] border and the paths had box edgings and all of them led into a deeper and deeper tangle of flowers. It was summer. The camellia [8] trees were in flower, white and crimson and [9] pink and white striped with flashing leaves — you could not see a leaf on the syringa [10] bushes for [11] the white clusters.

---

1. **to wind** [waɪnd], **I wound, wound** [waund] ; *le vent,* **wind** [ɪ] se prononce parfois [waɪnd] en poésie : "O wild **west wind, thou breath of autumn's being**" (Shelley), *Ô sauvage vent d'ouest, souffle de l'automne ;* **to wind up a watch**, *remonter une montre.*
2. la place logique de l'adverbe devrait être devant **liked**. Ainsi placé, il est mis en évidence.
3. arbuste antillais, ainsi appelé à cause des couches successives de son écorce interne, semblables à de la dentelle. En Nouvelle-Zélande, c'est *un rubanier,* **ribbonwood**.
4. deux postpositions **away, back**, une kyrielle de prépositions **through, up, along, by, into**, et le tour est joué.
5. lorsque la sifflante ou la chuintante d'un radical rencontre

« Oui, mais pas Kezia », dit Mrs Fairfield. « Oh, Kezia, ça fait des heures qu'elle a été projetée en l'air par un taureau sauvage », dit Linda en s'enroulant de nouveau dans son châle.

Mais non, Kezia avait bien vu un taureau par le trou d'une entaille dans le bois de la haute palissade qui séparait le tennis de l'enclos, mais elle n'avait pas terriblement aimé le taureau, aussi était-elle revenue sur ses pas, le verger, la pente herbeuse, le sentier qui passe près du rubanier et enfin le vaste jardin en fouillis. Le moyen de croire qu'un jour elle ne se perdrait pas dans ce jardin. Deux fois elle avait trouvé son chemin vers les grandes grilles de fer qu'ils avaient franchies la nuit dernière, et elle s'était mise à remonter l'allée qui mène à la maison, mais il y avait tellement de petits chemins de part et d'autre — sur un côté, ils aboutissaient tous à un enchevêtrement de grands arbres sombres et de buissons étranges avec de velouteuses feuilles plates et de duveteuses fleurs crème, qui bourdon-naient de mouches quand on les secouait — ce côté-là était effrayant, et n'avait absolument rien d'un jardin. Les petits chemins étaient humides et glaiseux, traversés par des racines d'arbres « semblables à des pattes de grands volati-les », pensa Kezia. Mais de l'autre côté de l'allée, il y avait une haute bordure de buis, les chemins étaient bordés de buis nains et débouchaient tous dans un fouillis de fleurs, de plus en plus profond. C'était l'été. Les camélias étaient en fleur, blanc et cramoisi, rose et blanc rayés de feuilles vernissées — impossible de voir une feuille, dans les buissons de seringa, tant il y avait de grappes blanches.

---

le pluriel, une vocalisation se produit : **ash(es)**, *cendres ;* **church(es)** ; **bush(es)** ; **bus(es)**.

6. une apostrophe après **fowls** serait la bienvenue. Au collectif **poultry**, *la volaille,* correspond le singulier **fowl**, *une volaille.*

7. box : *boîte ;* mais aussi : *buis* et *gifle.*

8. [kə'mɪːlɪə]. ∆ orthographe : **camellia,** *camélia.*

9. les adj. sont, ici, groupés deux par deux : **white and crimson, pink and white,** et reliés par **and**.

10. en botanique, le terme correct est également *syringa* en français. L'usage a imposé *seringa (t).*

11. for introduit parfois un compl. de cause : **he wept for joy,** *il pleura de joie ;* **you couldn't see the sun for the clouds,** *... à cause des nuages.*

All kinds of roses — gentlemen's[1] button hole roses, little white ones but far too full of insects to put under anybody's[2] nose, pink monthly[3] roses with a ring of fallen petals round the bushes, cabbage[4] roses on thick fat stalks, moss roses, always in bud, pink smooth beauties opening curl on curl, red ones so dark that they seemed to turn[5] black as they fell and a certain exquisite cream kind with a slender red stem and bright red leaves. Kezia knew the name of that kind : it was her Grandmother's favourite. There were clumps of fairy bells and cherry pie and all kinds of geraniums and there were little trees of verbena and bluish lavender[6] bushes and a bed of pelagoniums[7] with velvet eyes and leaves like moth's wings. There was a bed of nothing but mignonette and another of nothing but pansies — borders of double and single daisies, all kinds of little tufty plants.

The red hot pokers were taller than she[8] ; the Japanese sunflowers grew in a tiny jungle. She sat down on one of the box borders. By pressing hard at first it made a very pleasant springy seat but how dusty it was inside — She bent down to look and sneezed[9] and rubbed her nose. And then she found herself again at the top of the rolling grassy slope that led down to the orchard and beyond the orchard to an avenue[10] of pine trees with wooden seats between bordering one side of the tennis court...

---

1. les pluriels irréguliers non terminés par s prennent 's au cas possessif : **children's imagination ; men's habits.**
2. les pronoms : **somebody, anybody, nobody, somebody else, each other, one another,** prennent le cas possessif. **Nobody's fault, somebody else's book.**
3. **monthly, Indian** ou **China rose** : *rose des quatre saisons.*
4. **cabbage** rose : m. à m. : *rose-chou.*
5. **to turn** + attribut, exprime une évolution : **Hugo turned Republican ; the weather is turning cold.**
6. différence orthographique : **lavender,** *lavande.*
7. = pelargonium : le r s'est égaré.

Toute sorte de roses — roses pour la boutonnière des messieurs ; petites roses blanches à ne mettre sous le nez de personne tant elles étaient grouillantes d'insectes ; roses incarnat des quatre saisons, avec une auréole de pétales fanés autour des buissons ; roses cent-feuilles montées sur épaisses et grasses tiges ; roses moussues, toujours en bouton ; lisses splendeurs roses s'ouvrant volute après volute ; d'autres, d'un rouge si sombre qu'elles semblaient devenir noires en tombant, et une certaine variété crème, exquise, avec une fine tige rouge et de brillantes feuilles rouges. Kezia connaissait le nom de cette variété-là : c'était la préférée de sa grand-mère. Il y avait des massifs de clochettes de fées et d'héliotropes et toute sorte de géraniums et des arbustes de verveine et des buissons de lavande bleutée, un parterre de pélargoniums aux yeux de velours et aux feuilles en ailes de phalènes. Il y avait un massif rien que de résédas, un autre de pensées — des plates-bandes de pâquerettes doubles et simples, toute sorte de petites plantes touffues.

Les tritomas étaient plus hauts qu'elle ; les tournesols japonais formaient une jungle miniature. Elle s'assit sur une des bordures de buis. En appuyant fort au début, cela faisait un très agréable siège élastique ; mais quelle poussière à l'intérieur. Elle se pencha pour regarder, éternua et se frotta le nez. Elle se retrouva ensuite en haut de l'onduleuse pente d'herbe qui dévalait jusqu'au verger, et au-delà du verger, jusqu'à une allée de pins, avec des sièges de bois intercalés, bordant un côté du terrain de tennis...

---

8. le pronom pers. sujet est la forme correcte. **Her** appartiendrait au langage familier (fautif, mais très répandu).
9. God bless you, in case you sneeze : *à tes souhaits* (m. à m. : *Dieu te bénisse, pour le cas où tu éternuerais...*) Plaisanterie traditionnelle et stéréotypée.
10. avenue : *avenue, boulevard* ; **drive**, *allée carrossable* ; **ride**, *allée cavalière* ; **walk**, *allée* (**alley** ▲ : *ruelle* ; **blind alley**, *cul-de-sac*) ; **track**, *sentier peu tracé, piste* ; **lane**, *sentier de campagne* ; **path**, *sentier* ; **way** a un sens général.

She looked at the slope a moment ; then she lay down on her back gave a tiny squeak and rolled over and over into the thick flowery orchard grass. As she lay still[1] waiting for[2] things to stop spinning[3] round she decided to go up to the house and ask the servant girl for[4] an empty match-box. She wanted to make a surprise for the Grandmother. First she would put a leaf inside with a big violet lying on it — then she would put a very small little white picotee perhaps, on each side of the violet and then she would sprinkle some lavender on the top, but not to cover their heads. She often made these surprises for the Grandmother and they were always most successful[5] : "Do you want a match, my Granny[6] ?" "Why, yes, child. I believe a match is the very thing I am looking for —" The Grandmother slowly opened the box and came upon the picture inside. "Good gracious child ! how you astonished[7] me !" "Did I — did I really astonish you ?" Kezia threw up her arms with joy. "I can make her[8] one every day here" she thought, scrambling up the grass slope on her slippery shoes. But on her way to the house she came to the island that lay in the middle of the drive, dividing the drive into two arms that met in front of the house. The island was made of grass banked up high. Nothing grew on the green top at all except one round plant with thick grey-green thorny[9] leaves and out of the middle there sprang up[10] a tall stout stem.

---

1. **still** est ici adj. (attribut de **she**), et non adverbe.
2. proposition infinitive après **waiting for**.
3. **to spin, I span** (ou **spun**), **spun.** Spinning-wheel, *rouet.*
4. **to ask sbd sth ; to ask sbd for sth :** *demander qqch à qqn.*
5. tout le passage où Kezia imagine la surprise qu'elle fera à sa grand-mère est d'une grande simplicité de style. La scène est vécue et rendue de l'intérieur par l'enfant.
6. s'écrit aussi Grannie.
7. **to astonish** est très fort. (C'est voulu, de la part de la douce Granny.)
8. **to make** avec double compl. direct. **To make one's child a surprise,** *faire une surprise à son enfant.*

Elle regarda la pente un moment ; puis elle s'étendit sur le dos, poussa un tout petit cri et fit « roule-barrique » jusque dans l'herbe épaisse et fleurie du verger. Tandis qu'elle restait allongée, immobile, attendant que les choses cessent de tournoyer, elle décida de remonter à la maison pour demander à la bonne une boîte d'allumettes vide. Elle voulait faire une surprise à la grand-mère. Elle mettrait d'abord une feuille au fond, disposerait dessus une grosse violette — puis un minuscule petit œillet jaspé blanc, peut-être, de part et d'autre de la violette, puis elle saupoudrerait le tout de lavande, mais sans recouvrir leur tête. Elle en faisait souvent, de ces surprises, à la grand-mère, et toujours avec le plus grand succès. « Tu veux une allumette, ma Bonne-Maman ? » « Eh bien, oui, mon enfant. Ma foi, une allumette, c'est exactement ce que je cherche. » La grand-mère ouvrait lentement la boîte et découvrait la petite composition à l'intérieur. « Mon Dieu, mon enfant ! Comme tu m'as étonnée ! » « C'est vrai, vrai de vrai ? » Kezia levait les bras de joie. « Je peux lui en faire une tous les jours, ici », songea-t-elle en grimpant tant bien que mal la pente d'herbe avec ses souliers glissants. Mais sur le chemin de la maison, elle tomba sur cet îlot gisant au milieu de l'allée, la divisant en deux bras qui se rejoignaient devant la maison. L'îlot était constitué d'un haut remblai d'herbe et ne portait à son sommet vert qu'une plante ronde avec d'épaisses feuilles épineuses gris-vert, avec une haute et robuste tige qui jaillissait de son centre.

·

9. les allitérations de K.M. vont généralement deux par deux ; il est rare qu'elle aille jusqu'à trois (grew, green ; thick, thorny ; grey, green ; stout, stem). Exercice de prononciation : This is the thick thorny thicket where the thieves threw the things that they had gathered…
10. to spring, I sprang, sprung.

Some of the leaves of this plant were so old that they curved up in the air no longer, they turned back — they were split and broken — some of them lay flat and withered on the ground — but the fresh leaves curved up in to the air with their spiked edges ; some of them looked as though they had been painted with broad bands of yellow. Whatever[1] could it be ? She had never seen anything like it before — She stood and stared. And then she saw her Mother coming down the path with a red carnation in her hand — "Mother what is it[2] ?" asked Kezia. Linda looked up at the fat swelling plant with its cruel leaves its towering fleshy stem. High above them, as though becalmed in the air, and yet holding so fast to the earth it grew from it might[3] have had claws and not roots. The curving leaves seemed to be hiding something ; the big blind stem cut into the air as if no wind could ever shake[4] it. "That is an aloe[5], Kezia," said Linda. "Does it ever have any flowers." "Yes my child" said her Mother and she smiled down at Kezia, half shutting her eyes[6], "once every[7] hundred years."

---

1. **what ever** serait plus satisfaisant. **Ever** accentue l'interrogatif.
2. Kezia est intriguée par la plante, mais son symbolisme lui échappe. D'un point de vue analytique, la scène est riche : la virilité triomphante est entourée de bien des épines, de bien des piquants, et de cruauté. En même temps, elle est décrite avec un certain *gusto* (**the tall stout stem ; the fat swelling plant ; the towering fleshy stem**). Cette plante est un navire (**becalmed in the air**), un oiseau de proie (**claws**).
3. = holding so fast to the earth from where it grew that it might...
4. **to shake, I shook, shaken.**
5. ['ælou].
6. la dernière image est une sorte d'hymne.
7. le seul cas où **every** peut être suivi d'un pluriel : **every five months ; every six miles.**

Quelques-une des feuilles de cette plante étaient si vieilles qu'elles ne se relevaient plus en courbe dans l'air mais s'affaissaient — brisées, fendues — d'autres gisaient à plat sur le sol, fanées, tandis que les feuilles nouvelles dressaient leurs courbes en l'air, avec leurs bords hérissés de pointes ; certaines d'entre elles semblaient avoir été peintes de larges bandes de jaune. Qu'est-ce que ça pouvait bien être ? Kezia n'avait jamais rien vu de semblable. Elle resta là, le regard fixe. Puis elle aperçut sa mère qui descendait le sentier, un œillet rouge à la main. « Qu'est-ce que c'est, Mère ? » demanda Kezia. Linda leva les yeux vers la grasse plante gonflée, avec ses feuilles cruelles, son imposante tige charnue. Bien au-dessus d'elles, comme encalminée dans l'air et cependant si solidement accrochée à la terre dont elle sortait qu'elle aurait pu avoir des serres en guise de racines. Les feuilles curvilignes semblaient cacher quelque chose. La grosse tige aveugle fendait l'air comme si elle était à tout jamais inébranlable à tout vent. « Ça, c'est un aloès, Kezia », dit Linda. « Il lui arrive de fleurir ? » « Oui, mon enfant, dit la Mère, les yeux mi-clos, en adressant un sourire à Kezia. Une fois tous les cent ans. »

Chapter Three

On his way home from the office Stanley Burnell stopped the buggy at the « Bodega »[1], got out and bought[2] a large bottle of oysters[3]. At the Chinaman's[4] shop next door[5] he bought a pineapple in the pink[6] of condition and noticing a basket of fresh black cherries[7] he told John to put him up a pound of those as well. The oysters and pineapple he stowed away in the box under the front seat — but the cherries he kept in his hand. Pat, the handy man[8], leapt off the box and tucked him up again in a brown rug. "Lift yer[9] feet, Mr Burnell while I give her a fold under," said he. "Right, right — first rate[10] !" said Stanley — "you can make straight for home now." "I believe this man is a first rate chap" thought he as Pat gave the grey mare a touch[11] and the buggy sprang forward. He liked the look of him sitting up there in his neat dark brown coat and brown bowler — he liked the way Pat had tucked him in and he liked his eyes — there was nothing[12] servile about him —, and if there was one thing he hated more than another in a servant it was servility — and he looked as though he were[13] pleased with his job — happy and contented[14].

---

1. **bodega,** en espagnol, signifie *boutique.*
2. **to buy, I bought** [bɔːt], **bought.**
3. **oyster** vient de l'ancien français : *oistre, uistre, huistre* = *huftre.*
4. une majuscule à **Chinaman.** Le petit commerce, dans toute cette région du monde, est généralement aux mains des Chinois. On va « chez le Chinois ».
5. le **neighbour** est un *voisin,* le **man next door** est *le voisin immédiat.*
6. **in the pink of condition,** *en excellente santé ;* the pink of perfection, *la perfection même.*
7. **cherry** est le terme générique. Wild cherry, *merise ;* blackheart cherry, *guigne noire, griotte ;* whiteheart cherry, *bigarreau.*
8. généralement écrit en un seul mot : **handyman.**

Chapitre III

En rentrant du bureau, Stanley Burnell fit arrêter le boghei à la « Bodega », descendit et acheta un grand bocal d'huîtres. Chez le Chinois, la boutique à côté, il acheta un ananas parfaitement à point, et remarquant un panier de griottes bien fraîches, il dit à John de lui en mettre également une livre. Il serra les huîtres et l'ananas dans le coffre sous le siège avant — mais garda les cerises à la main. Pat, l'homme à tout faire, sauta de son siège et le borda de nouveau dans une couverture marron. « L'vez les pieds, monsieur Burnell, pendant que l'lui donne un pli, en dessous », dit-il. « Bien, bien, parfait ! dit Stanley — tout droit à la maison, maintenant. » « Je crois que cet homme est un type extra », songea-t-il tandis que Pat donnait une petite impulsion à la jument grise et que s'élançait le boghei. Il lui trouvait bonne allure, assis là-haut, dans son pardessus marron foncé bien soigné, et coiffé de son melon marron — la façon dont Pat l'avait bordé lui plaisait, ses yeux lui plaisaient aussi — rien de servile en lui ; et s'il y avait une chose qu'il détestait par-dessus tout chez un domestique, c'était bien la servilité — en plus, il paraissait content de son travail, heureux et satisfait.

---

9. yer = your. **Her** : très familier ; une couverture ne peut être que neutre...

10. first rate, souvent employé par Burnell, le caractérise (il est d'un optimisme militant).

11. to give + double compl. direct : « **He gave his harness bell a shake** » (Robert Frost), *il donna une secousse à la clochette de son harnais.*

12. ∆ prononciation [ˈnʌθiŋ]. **Nobody, nowhere,** conservent intacte la prononciation du **no** [nou].

13. were : subjonctif (commandé par **as though**).

14. a contented smile : sourire de satisfaction, de contentement.

The grey mare went very well. Burnell was impatient to be out of the town. He wanted to be home. Ah, it was splendid to live in the country — to get right out of this hole of a town once the office was closed and this long drive [1] in the fresh warm air knowing all the time that his own house was at the other end with its garden and paddocks, its three tip top [2] cows and enough [3] fowls and ducks to keep them in [4] eggs and poultry was splendid, too. As they left the town finally and bowled away up the quiet road his heart beat hard for joy — He rooted in the bag and began to eat the cherries, three or four at a time [5] chucking the stones over the side of the buggy. They were delicious, so plump and cold without a [6] spot or a bruise on them. Look at these two now — black [7] one side and white the other — perfect — a perfect little pair of siamese [8] twins — and he stuck them in his button hole — By Jove, he would'nt mind [9] giving that chap up there a handful [10], but no, better not [11] ! Better wait until he had been [12] with him a bit longer. He began to plan what he would do with his Saturday afternoons and Sundays. He wouldn't go to the Club for lunch on Saturday. No, cut away from the office as soon as possible and get them to give [13] him a couple of slices of cold meat and half a lettuce [14] when he got home. And then he'd get a few chaps out from town to play tennis in the afternoons. Not too many — three at most. Beryl was a good player too.

---

1. **drive** : *allée carrossable ; la promenade* (en voiture).
2. la viande aussi, précédemment, était **tiptop.**
3. **enough** se place après le verbe qu'il modifie **(you've worked enough)** ; après l'adj. **(it's good enough)** ; avant le nom : **Have I done enough work ? There is not enough time** (il peut parfois se placer après le nom).
4. l'expression, parfaitement compréhensible, est étrange.
5. emploi idiomatique de l'article indéfini : *à la fois.*
6. emploi de l'article indéfini après une proposition pour accompagner un nom concret : **without a wind, without a breeze,** *sans vent ni brise.*
7. = **black on one side.** Mais le récit va plus vite ainsi.
8. ['saiə'mi:z] *frères* ou *sœurs siamois.* L'adj. de nationalité prend une majuscule.

124

La jument grise allait bon train. Burnell avait hâte de sortir de la ville. Il voulait être à la maison. Ah, c'était merveilleux, d'habiter à la campagne, de quitter ce trou paumé de ville dès la fermeture du bureau ; et cette longue course dans le doux air chaud, en sachant tout du long qu'à l'autre bout il y avait la maison, avec son jardin et ses enclos, ses trois vaches de première bourre, assez de poules et de canards pour assurer l'approvisionnement en œufs et en volailles, c'était merveilleux, ça aussi. Quand enfin la ville fut derrière eux et qu'ils se lancèrent sur la route silencieuse, son cœur cogna de joie. Il fouilla dans le sac et commença à manger les cerises, trois ou quatre à la fois, balançant les noyaux par-dessus le côté du boghei. Elles étaient délicieuses, si charnues et si fraîches, sans tavelure ni talure. Et ces deux-là, regardez — noires d'un côté, blanches de l'autre — parfaites, une parfaite petite paire de sœurs siamoises ; il les fourra dans sa boutonnière. Sapristi, il en donnerait bien volontiers une poignée à ce gars-là, haut perché, mais non, valait mieux pas. Mieux valait attendre que sa présence à ses côtés ait duré un peu plus longtemps. Il se mit à faire des projets pour organiser ses samedis après-midi et ses dimanches. Il n'irait pas déjeuner au Club, le samedi. Non, rupture avec le bureau dès que possible, et en arrivant à la maison, les persuader de me donner deux tranches de viande froide et une demi-laitue. Bon, ensuite il ferait venir quelques types d'en ville pour jouer au tennis, l'après-midi. Pas trop nombreux — trois, au plus. Beryl jouait bien, aussi.

---

9. to mind + gérondif : do you mind changing places with me ? I don't mind walking, *accepteriez-vous de changer de place... Ça m'est égal d'aller à pied.*
10. a handful, *une poignée ;* **a mouthful,** *une bouchée ;* **a bellyful,** *une ventrée.* Mais : **don't speak with your mouth full,** *ne parle pas la bouche pleine.*
11. expression très ramassée = **it is better that I should not do it.** De même : **better so** (it is better that it should be so).
12. Discours direct rapporté. D'où l'antériorité marquée par **had been.** Sous-entendu : **he thought he had better wait until he had been.**
13. to get + proposition infinitive : idée de persuasion. **He got his father to lend him his car.**
14. ['letis] : vient du français.

125

He stretched out his right arm and slowly bent it, feeling the muscles. A bath, a good rub down, a cigar on the verandah after dinner. On Sunday morning they would go to church — children and all — which [1] reminded him that he must [2] hire a pew *in* the sun if possible — and well forward so as to [3] be out of the draught [4] from the door — In fancy he heard himself intoning, extremely well :

"When-thou-didst [5]-over *come* the sharpness of death Thou didst open the *King*dom [6] of Heaven to *All* Believers" and he saw the neat brass edged card on the corner of the pew "Mr Stanley Burnell and Family." The rest of the day he'd loaf about with Linda. Now she was on his arm ; they were walking about the garden together and he was explaining to her at length [7] what he intended doing [8] at the office the week following [9]. He heard her saying : "My dear, I think that is *most* wise." Talking things out [10] with Linda was a wonderful help even though they were apt to drift away from the point... Hang it [11] all ! They weren't getting along very fast. Pat had put the brake on again. "He's a bit too ready with that brake ! Ugh ! What a brute of a thing it is — I can [12] feel it in the pit of my stomach." A sort of panic overtook Burnell whenever he approached near home. Before he was well inside the gate he would shout to any one in sight, "is everything all right ?" and then he did not believe it was [13] until he heard Linda cry "Hullo, you old boy !" That was the worst [14] of living in the country.

---

1. **which** a pour antécédent un membre de phrase (tout ce qui précède le tiret). He told the police he had been home all night, which was a lie *(ce qui était un mensonge).*
2. **must,** forme unique, peut avoir valeur de prétérit.
3. **so as to :** *de façon à.*
4. [drɑ:ft].
5. 2e pers. sing. prétérit ; conjugaison emphatique (emploi de l'auxiliaire à la forme affirmative).
6. **-dom** est un des suffixes servant à former des noms abstraits : freedom, kingdom, wisdom. Autres suffixes : -hood (childhood) ; -head (maidenhead) ; -ness (smoothness) ; -ship (friendship).
7. locution adverbiale, signifie *longuement* et *enfin.* He spoke at length... He explained at (great) length.

126

Il étendit son bras droit et le replia lentement, tâtant les muscles. Un bain, une bonne friction, un cigare sur la véranda après dîner. Le dimanche matin, ils iraient à l'église — les enfants, tout le monde — à propos, ça lui faisait penser qu'il devait louer un banc, si possible au soleil — et bien devant, pour être à l'abri du courant d'air de la porte. Il s'entendit, en imagination, entonner, à la perfection :

« Quand-tu-triomphaaas de l'aiguillon de la mort, Tu ouvris le Royau-au-aume des Cieux à Tou-ous les Croyants », et il vit la carte impeccable avec son liséré de cuivre, à l'angle du banc, « Mr Stanley Burnell et sa Famille ». Le reste de la journée, il flânerait avec Linda. La voilà à son bras ; ils se promenaient ensemble dans le jardin et il lui expliquait longuement ce qu'il comptait faire au bureau la semaine suivante. Il l'entendait dire : « Mon chéri, à mon sens, c'est très, vraiment très avisé. » Discuter de tout avec Linda était une aide merveilleuse, en dépit d'une tendance à dévier de l'essentiel… Zut ! On n'avançait pas très vite. Pat avait freiné de nouveau. « Il est un peu trop porté sur ce fichu frein ! Hou ! C'est vache, ce truc-là ! Je le sens au creux de mon estomac. » Une sorte de panique s'emparait de Burnell chaque fois qu'il approchait de chez lui. Avant même d'avoir passé le portail, il criait à la première personne en vue, « est-ce que tout va bien ? » ; sans y croire, d'ailleurs, avant d'avoir entendu Linda s'écrier « Bonsoir, mon vieux ». Ça, c'était l'inconvénient d'habiter à la campagne.

---

8. plus couramment : **to intend** + inf. complet.

9. plus couramment : **the following week**.

10. to talk things out with sbd : *discuter la chose à fond, sous toutes ses faces.* Au Parlement, **to talk a bill out**, *prolonger les débats pour empêcher l'adoption d'un projet.*

11. hang him ! *que le diable l'emporte !* **Hang it,** *Zut ! Mince !*

12. can accompagne de façon quasiment explétive les verbes de perception instinctive.

13. sous-entendu : **all right**. Les hauts et les bas de ce cyclothymique sont bien marqués (p. 124, la vie à la campagne, c'était « **splendid** »).

14. if the worst comes to the worst, *en mettant les choses au pire.*

It took the deuce [1] of a long time to get back. But now they weren't far off. They were on top of the last hill — it was a gentle slope all the way now and not more than half a mile. Pat kept up a constant trailing of the whip across the mare's back [2] and he coaxed her — "goop now goop now !" It wanted [3] a few moments to sunset [4], everything stood motionless bathed in bright metallic light and from the paddocks on either side there streamed the warm milky smell of ripe hay [5] — The iron gates were open. They dashed through and up the drive and round the island stopping at the exact middle of the verandah. "Did she satisfy yer, sir," said Pat, getting off the box and grinning at his master. "Very well indeed Pat," said Stanley. Linda came out of the glass door — out of the shadowy hall — her voice rang [6] in the quiet. "Hullo, you're home again." At the sound of it his happiness beat up so hard and strong that he could hardly stop himself [7] dashing up the steps and catching [8] her in his arms — "Yes home again. Is everything all right." "Perfect" said she. Pat began to lead [9] the mare round to the side gate that gave onto the courtyard. "Here half a moment," said Burnell, "hand me those two parcels — will you." And he said to Linda "I've brought you back a bottle of oysters and a pineapple" as though he had brought her back all the harvest [10] of the earth. They went into the hall ; Linda carried the oysters under one arm and the pineapple under the other —

---

1. [djuːs] : familier et vieillot. **What the deuce is he doing ?** *Que diable... ; a deuce of a long time ago, il y a diablement longtemps.*

2. il est bien normal que *la jument* (**mare**) soit personnifiée (d'où le cas possessif).

3. to want : transitif, au mode impersonnel (USA) : **it still wants ten minutes to dinnertime,** *il y a encore dix minutes à passer avant le dîner.*

4. son contraire : **sunrise. From sunrise to sunset.**

5. Burnell s'est calmé, son angoisse s'est dissipée, la phrase trouve un tour ample et une plénitude particulièrement bien venus.

6. to ring, I rang, rung.

7. himself : réfléchi, a un effet d'insistance.

128

On mettait un temps fou à rentrer chez soi. Mais ils n'étaient pas loin, à présent. Ils étaient en haut de la dernière colline — à partir de là, on avait une pente douce tout du long, et pas plus d'un demi-mille. Pat faisait constamment traîner le fouet sur l'échine de la jument, tout en la cajolant — « hue, cocotte, hue, cocotte ! ». Encore quelques minutes et le soleil allait se coucher. Tout était saisi d'immobilité, baigné de brillante lumière métallique, et des pâturages, de chaque côté de la route, ruisselait la chaude senteur laiteuse du foin mûr. La grille de fer était ouverte. Ils la franchirent en trombe, gravirent l'allée, contournèrent l'îlot, pour venir s'arrêter pile devant le milieu de la véranda. « Vous êtes content d'elle, m'sieur », fit Pat en descendant de son siège, avec un large sourire à l'adresse de son maître. « Oui, certes, Pat », dit Stanley. Linda sortit de la porte vitrée, — du vestibule ombreux — sa voix résonna dans le silence. « Bonsoir, te voici de retour. » Au son de cette voix, son bonheur cogna si fort et si puissamment qu'il eut beaucoup de mal à se retenir de monter les marches quatre à quatre et de saisir Linda dans ses bras. « Oui, de retour. Est-ce que tout va bien ? » « Parfait », dit-elle. Pat se mit à mener la jument vers la grille latérale qui donnait sur la cour. « Hé, attends une minute, dit Burnell. Passe-moi ces deux paquets — tu veux. » Et il dit à Linda : « Je t'ai apporté un bocal d'huîtres et un ananas », comme s'il lui avait rapporté toute la moisson de la terre. Ils entrèrent dans le vestibule ; Linda transportait les huîtres sous un bras et l'ananas sous l'autre.

---

8. to catch, I caught [kɔːt], **caught.**
9. to lead [iː], **I led, led.** (Lead, *le plomb,* se prononce comme led).
10. harvest, *moisson ;* to harvest, *moissonner ;* **harvester,** *moissonneur* ou *moissonneuse* (la machine).

Burnell shut the glass door threw his hat on the hall stand[1] and put his arms round her, straining her to him kissing the top of her head, her ears her lips — her eyes — "Oh dear Oh dear" she said "Wait a minute let me put down these *silly* things" and she put down the bottle of oysters and the pine[2] on a little carved chair — "What have you got in your buttonhole, cherries ?" — and she took them out and hung them over his ear. "No don't do that darling. They're for you." So she took them off his ear and ran[3] them through her brooch pin — "You don't mind if I don't eat them now. Do you ? They'll spoil[4] my appetite for dinner — Come and see your children. They're having tea[5]." The lamp was lighted on the nursery table : Mrs Fairfield was cutting and spreading bread and butter[6] and the three little girls sat up to[7] table wearing large bibs embroidered with their names. They wiped their mouths[8] as their Father came in ready to be kissed. There was jam on the table too a plate of home made knobbly[9] buns and cocoa[10] steaming in a Dewar's Whisky Advertisement[11] jug — a big toby[12] jug, half brown half cream with a picture of a man on it smoking a long clay pipe. The windows were wide open. There was a jar of wild flowers on the mantelpiece and the lamp made a big soft bubble of light on the ceiling — "You seem pretty snug[13] Mother" said Burnell, looking round and blinking at the light and smiling at the little girls.

---

1. plus couramment en un seul mot : **hallstand**.
2. forme archaïque de **pineapple**. K.M. l'emploie sans doute pour plus de rapidité (elle a déjà mentionné plusieurs fois the bottle of oysters and the pineapple).
3. un des sens de **to run**, transitif : (faire) *passer ;* he ran his sword through his enemy, *il transperça son ennemi d'un coup d'épée ;* he ran his fingers through his hair ; the dog ran a thorn into its paw, *s'est enfoncé une épine dans la patte.*
4. to spoil, I spoilt, spoilt : peut être aussi régulier.
5. ce **tea** des enfants n'est pas à proprement parler le thé ; mais une sorte de « goûter dînatoire », ou de « repas suisse », qui leur tient lieu de dîner. Assez traditionnel dans les familles qui comptent plusieurs enfants.
6. en fait, she was cutting bread and spreading butter...

Burnell ferma la porte vitrée, lança son chapeau sur le porte-manteau et entoura Linda de ses bras, la serrant contre lui, lui embrassant le haut de la tête, les oreilles, les lèvres, les yeux. « Oh, la la ! Oh, la la ! dit-elle. Attends une minute, laisse-moi poser ces machins-là », et elle posa le bocal d'huîtres et l'ananas sur une petite chaise sculptée. « Qu'est-ce que tu as mis à la boutonnière, des cerises ? », et elle les retira et les suspendit à l'oreille de Burnell. « Non, ne fais pas ça, chérie. Elles sont pour toi. » Alors elle les décrocha et les passa dans son épingle de broche. « Ça ne te fait rien si je ne les mange pas tout de suite, si ? Elles me couperaient l'appétit pour le dîner. Viens voir les enfants. Elles sont en train de prendre leur repas du soir. » La lampe était allumée sur la table dans la pièce des enfants ; Mrs Fairfield coupait et beurrait des tartines et les trois petites filles étaient attablées, enveloppées de grandes serviettes brodées à leurs noms. Elles s'essuyèrent la bouche lorsque leur père entra, prêt pour les embrassades. Il y avait aussi de la confiture à table, une assiette de petits pains tressés maison et du cacao fumant dans un pichet publicitaire du Whisky Dewar's — un gros pichet ventru, moitié marron, moitié crème, orné du dessin d'un homme fumant une longue pipe en terre. Les fenêtres étaient grandes ouvertes. Il y avait une jarre de fleurs des champs sur la cheminée et la lampe faisait au plafond une harmonieuse grosse bulle de lumière. « Vous avez l'air plutôt bien douillettes, Mère », dit Burnell en jetant un regard à la ronde, plissant les yeux à la lumière, et souriant aux petites filles.

---

7. to sit down to table : *se mettre à table ;* **to be at table,** *être attablé ;* **to wait at table,** *servir à table.* Mais **to lay, to set, the table,** *mettre la table ;* **to clear the table,** *desservir.*
8. chaque petite fille a une bouche à essuyer : pl. en anglais.
9. le k ne se prononce pas.
10. le a ne se prononce pas ['kəukəu].
11. *réclame ;* ▲ familier ; *avertissement,* **warning.**
12. altération familière de Tobias ; ou **toby jug ;** cruche en forme de gros bonhomme en ample redingote et chapeau tricorne (XVIIIᵉ siècle). Sir Toby, dans **"Twelfth Night"**, correspond à cette description.
13. as snug as a bug in a rug : *tranquille comme Baptiste.*

They sat Isabel and Lottie on either side of the table, Kezia at the bottom — the place at the top [1] was empty — "That's where my boy [2] ought to sit" thought Stanley — He tightened his arm round Linda's shoulder. By God ! he was a perfect fool to feel as happy as this — "We are Stanley. We are very snug," said Mrs Fairfield, cutting Kezia's bread and jam into fingers [3]. "Like it better than town eh children" said Burnell. "Oh yes, Daddy" said the three little girls and Isabel added as an afterthought, "Thank you very much *indeed* Father dear."

"Come upstairs and have a wash" said Linda — "I'll bring your slippers." But the stairs were too narrow for them to go up arm in arm. It was quite dark in their room — He heard her ring tapping the marble [4] as she felt along the mantelpiece [5] for [6] matches [7]. "I've got some darling. I'll light the candles." But instead, he came up behind her and caught her put his arms round her and pressed her head into his shoulder. "I'm so confoundedly [8] happy" he said. "Are you ?" She turned and put her two hands flat on his breast [9] and looked up at him — "I don't know what's come over me" he protested. It was quite dark outside now and heavy dew [10] was falling. When she shut [11] the window the dew wet [12] her finger tips [13]. Far away, a dog barked. "I believe there's going to be a moon" said she —

---

1. from top to bottom : *de haut en bas, de fond en comble* ; from top to toe, *de la tête aux pieds, de pied en cap.*
2. Linda est enceinte d'un quatrième enfant. Enfin, un garçon ?
3. a finger of bread, *une mouillette.*
4. notons la différence : **marble,** *marbre.*
5. un des cas où l'anglais est plus fertile en termes concrets. *Cheminée,* **chimney** (sur le toit) ; **mantelpiece,** *dessus de cheminée* intérieur ; **fireplace, hearth,** *foyer* ; **flue,** *conduit* ; **funnel,** *cheminée* (de navire, de locomotive).
6. phrase concise, **she felt... for ;** que le français ne pourra rendre qu'au moyen de phrases explicatives.
7. une chuintante en fin de radical appelle une vocalisation du pl. : **match(es).**

Isabel et Lottie se faisaient face chacune d'un côté de la table, Kezia au bas bout — la place d'honneur était vide. « C'est là que devrait s'asseoir mon fils », songea Stanley. Il resserra son bras autour de l'épaule de Linda. Bon Dieu ! Il était parfaitement grotesque, de se sentir aussi heureux que ça. « Nous le sommes, Stanley. Nous sommes très confortables », dit Mrs Fairfield en coupant la tartine de confiture de Kezia en mouillettes. « Ça vous plaît plus que la ville, hein, les enfants ? » dit Burnell. « Oh oui, Papa », répondirent les trois petites filles, et Isabel ajouta, après coup : « Merci beaucoup, vraiment, Papa chéri. »

« Viens en haut te laver un peu, dit Linda. Je t'apporterai tes pantoufles. » Mais l'escalier était trop étroit pour pouvoir le monter bras dessus bras dessous. Il faisait complètement noir dans leur chambre. Il entendit la bague de Linda tapoter le marbre tandis qu'elle cherchait à tâtons les allumettes sur la cheminée. « J'en ai, chérie. Je vais allumer les bougies. » Mais au lieu de cela, il vint derrière elle, la saisit, l'entoura de ses bras et lui prenant la tête, la serra au creux de son épaule. « Je suis si fichtrement heureux », dit-il. « Oui ? » Elle se retourna, posa les mains à plat sur la poitrine de Burnell et leva les yeux sur lui. « Je ne sais pas ce qui m'arrive, tout d'un coup », protesta-t-il. Il faisait tout à fait nuit dehors, à présent, et une forte rosée tombait. Lorsqu'elle ferma la fenêtre, la rosée mouilla le bout de ses doigts. Là-bas, au loin, un chien aboyait. « Je crois qu'il va y avoir clair de lune », dit-elle.

---

8. appartient au langage familier. **You confounded idiot !** *Espèce d'idiot !*
9. breast-to-breast struggle : *corps à corps.*
10. [dju:]. Dewdrop, *goutte de rosée.*
11. to shut, I shut, shut ; shutters, *volets.*
12. to wet est régulier : wetted.
13. I have it on the tip of my tongue, *je l'ai sur le bout de la langue.*

At the words [1] and with the wet cold dew touching her lips and cheeks she felt as though the moon had risen [2] — that she was being bathed [3] in cold light — she shivered she came away from the window and sat down on the box ottoman [4] beside Stanley —

In the dining room by the flickering glow of a wood fire Beryl sat on a hassock [5] playing the guitar [6]. She had bathed and changed all her clothes. Now she wore a white muslin dress with big black spots on it and in her hair she had pinned a black rose —

Nature has gone to her rest love
See we are all alone
Give me your hand to press love
Lightly whithin my own [7] —

She played and sang half to herself — for she was watching herself playing and singing she saw the fire light on her shoes and skirt on the ruddy [8] belly of the guitar on her white fingers. "If I were outside the window and looked in and saw myself I really would be rather struck [9]" she thought — Still more softly she played the accompaniment [10] not singing — "The first time I ever saw you little girl you had no idea [11] that you weren't alone ! You were sitting with your little feet up on a hassock playing the guitar — I can never forget —" and she flung back her head at the imaginary speaker and began to sing again —

Even the moon is aweary [12] —

---

1. **the** a ici une valeur de démonstratif.
2. **to rise, I rose, risen.** Moonrise, *lever de la lune.*
3. forme progressive combinée avec la forme passive. m. à m. : *elle était étant baignée.*
4. *siège capitonné,* semblable à un sofa, sans dossier ni bras.
5. *coussin* se dit aussi : **cushion.**
6. avec **to play,** pas d'article s'il s'agit de sports ou de jeux : **to play tennis, cricket, hide-and-seek, chess...** S'il s'agit d'un instrument de musique, il faut l'article, **to play the piano, the violin, the trumpet.**

A ces mots, et avec la fraîcheur humide de la rosée qui lui effleurait les lèvres et les joues, elle eut l'impression que la lune s'était levée — que ruisselait sur elle une lumière froide —, elle frissonna, s'éloigna de la fenêtre et vint prendre place sur le divan-coffre, près de Stanley.

Dans la salle à manger, à la lueur dansante d'un feu de bois, Beryl, assise sur un coussin, jouait de la guitare. Elle avait pris un bain et s'était changée des pieds à la tête. Elle portait à présent une robe de mousseline blanche à gros pois noirs et elle avait épinglé une rose noire dans ses cheveux.

> La nature est entrée en repos, mon amour
> Vois, nous sommes seuls vraiment,
> Donne-moi ta main à presser, mon amour,
> Dans la mienne doucement.

Elle jouait et chantait à moitié pour elle-même — car elle s'observait en train de jouer et de chanter, elle voyait la lueur du feu sur ses souliers et sa jupe, sur le ventre rubicond de la guitare, sur ses doigts blancs. « Si j'étais dehors et si je regardais à l'intérieur par la fenêtre et si je me voyais, je serais vraiment plutôt frappée », songea-t-elle. Plus doucement encore, elle joua l'accompagnement, sans chanter. « La première fois que je t'ai vue petite fille, tu ne te doutais pas que tu n'étais pas seule ! Tu étais assise, tes petits pieds sur un coussin, et tu jouais de la guitare — je n'oublierai jamais. » Beryl redressa brusquement la tête devant l'interlocuteur imaginaire et se remit à chanter,

> La lune elle-même est lasse...

---

7. my own est poétique pour **mine**. Seul le pronom possessif neutre n'existe pas : its own. **Mine, thine, his, hers, ours, yours, theirs.**
8. a ruddy complexion, *un teint coloré.*
9. to strike, I struck, struck. La forme **stricken** existe, mais comme adj. : **panic-stricken, plague-stricken, awe-stricken,** etc., *frappé de panique, de peste, de crainte.*
10. [ə'kʌmpənɪmənt] vient du français.
11. no idea = not at all an idea. Not the least idea.
12. poétique et archaïsant : "My little body is aweary of this great world" (Shakespeare).

But there came a loud knock at the door. The servant girl popped in her flushed face. "If you please Miss — kin[1] I come and lay the dinner" — "Certainly Alice" said Beryl — in a voice of ice. She put the guitar in a corner — Alice lunged in with a heavy black iron tray, "Well I ave[2] had a job with that oving[3]" said she. "I can't get nothing[4] to brown."

Really said Beryl — But no, she could not bear that fool of a girl — She went into the dark drawing room and began walking up and down — She was restless, restless restless. There was a mirror over the mantelpiece she leaned her arms along and looked at her pale shadow in it — "I look as though I have been drowned" — said she.

---

1. kin, pour **can.**
2. bien évidemment, Alice **drops her h's,** *laisse tomber les* h *aspirées.*
3. oving, pour **oven.**
4. deux négations se détruisent et valent une affirmation. Bien évidemment, la syntaxe d'Alice est fautive.

Mais on frappa un grand coup à la porte. La bonne passa sa figure cramoisie. « S'il vous plaît, Mademoiselle, j'peux venir mettre le dîner. » « Certainement, Alice », dit Beryl, d'un ton de glace. Elle posa la guitare dans un coin. Alice fit irruption dans la pièce, avec un lourd plateau de fer noir. « Eh ben, on en a eu, du mal, avec ce four-eu, dit-elle. J'arrive à rien y dorer. »

« Ah, vraiment », fit Beryl. Mais non, comment supporter cette espèce d'imbécile. Elle pénétra dans l'obscurité du salon et se mit à faire les cent pas. Elle était agitée, agitée, agitée. Avisant le miroir au-dessus de la cheminée, elle appuya les bras le long du manteau et regarda son pâle reflet. « J'ai l'air d'une noyée », dit-elle.

Chapter Four

Children and Ducks

"Good Morning Mrs Jones."

"Oh, good morning Mrs Smith. I'm so glad to see you. Have you brought your children ?" "Yes, I've brought both [1] my twins. I have had another baby since I saw you last [2] but she came so suddenly that I haven't had time to make her any clothes yet and so I left her at home. How's your husband." "Oh he's very well thank you. At least [3] he had an awful sore throat [4], but Queen Victoria (she's my grandmother you know) sent him a case of pineapples and they cured it immediately — Is that your new servant." "Yes, her name's Gwen. I've only had her two days — Oh Gwen, this is my friend Mrs Smith." "Good morning Mrs Smith. Dinner won't not [5] be ready for about ten minutes." "I don't think you ought to introduce [6] me to the servant, I think I ought to just begin talking to her." "Well she isn't really quite a servant. She's more of a lady [7] help than a servant and you do introduce [8] Lady Helps I know because Mrs Samuel Josephs had one." "Oh well, it doesn't *matter*" said the new servant airily, beating up a chocolate custard [9] with half a broken clothes peg. The dinner was baking beautifully on a concrete [10] step —

---

1. both se construit comme un adj. placé devant l'article, le possessif, les démonstratifs : both her legs ; both these houses.

2. last, adverbe. When I last saw you, when I saw you last = the last time I saw you, *la dernière fois que je t'ai vu.*

3. at least a ici un sens restrictif : she has a magnificent voice, at least so they say, *c'est du moins ce qu'on dit.*

4. to have a sore throat : *avoir mal à la gorge* (malaise causé par inflammation : sore eyes p. ex.). To have a headache, ear-ache, stomach-ache, malaise sourd et persistant ; to have a pain in one's back, douleur rhumatismale ou causée par un effort.

Chapitre IV

Enfants et Canards

« Bonjour, Mrs Jones. »

« Oh, bonjour, Mrs Smith. Je suis si contente de vous voir. Avez-vous amené vos enfants ? » « Oui, j'ai amené mes deux jumeaux. J'ai eu un autre bébé depuis notre dernière rencontre, mais elle est arrivée si brusquement que je ne l'ai pas encore eu le temps de lui faire des vêtements, alors je l'ai laissée à la maison. Votre mari va bien ? » « Oh, très bien, merci. C'est-à-dire, il a eu une terrible angine, mais la Reine Victoria (c'est ma grand-mère, vous savez) lui a envoyé une caisse d'ananas, qui l'ont guéri immédiatement. C'est votre nouvelle bonne ? » « Oui, elle s'appelle Gwen. Je ne l'ai que depuis deux jours. Oh, Gwen, voici mon amie Mrs Smith. » « Bonjour, Mrs Smith. Le dîner ne sera pas pour être prêt avant dix minutes. » « A mon avis, vous ne devriez pas me présenter à la bonne, je devrais simplement me mettre à lui parler, et c'est tout. » « A vrai dire, ce n'est pas exactement une bonne ; plutôt une dame de compagnie qu'une bonne, et les Dames de Compagnie, ça se présente, je le sais, parce que Mrs Samuel Josephs en avait une. » « Oh, mais ça n'a pas d'importance », lança la nouvelle bonne avec désinvolture, en battant une crème anglaise au chocolat avec un bout de pince à linge cassée. Le dîner cuisait magnifiquement sur une marche en béton.

---

5. double négation, faute traditionnelle du parler populaire ou enfantin.
6. to introduce : *introduire, faire entrer ; présenter ;* **to introduce sbd into society,** *faire entrer qqn dans le monde.*
7. expression idiomatique : **he is more of an artist than his brother. He was more of a tyrant than a king.**
8. conjugaison emphatique. L'auxiliaire d'insistance est employé à la forme affirmative.
9. [ˈkʌstəd], perversion du français *croustade ;* mélange d'œufs battus et de lait, sucré et cuit (dont on arrose généreusement gâteaux, tartes, etc.).
10. ▲ **concrete** (substantif) : *béton.*

She began to lay[1] the cloth on a broad pink garden seat. In front of each person she put two geranium leaf plates, a pine needle fork and a twig knife. There were three daisy heads on a laurel leaf for poached eggs, some slices of fuchsia[2] petals for cold meat, some beautiful little rissoles[3] made of earth and water and dandelion[4] seeds, and the chocolate custard. Which she decided to serve in the pawa[5] shell she had cooked it in[6] — "You needn't trouble about my children" said Mrs Smith graciously — "If you'll just take this bottil[7] and fill it at the tap — I mean in the dairy." "Oh all right" said Gwen and she whispered to Mrs Jones "Shall I go an[8] ask Alice for a little bit of real milk ?" But some one called from the front of the house "children children" and the luncheon[9] party melted away leaving the charming table leaving the rissoles and the eggs on the stove — to the little ants and to an old snail who pushed his quivering horns over the edge of the pink garden seat and began slowly to nibble a geranium plate. "Come round to the front door children. Ragns and Pip[10] have come." The Trout Boys were cousins to the Burnells[11]. They lived about a mile away in a house called Monkey Tree Cottage. Pip was tall for his age with lank black hair and a white face but Rags was very small, and so thin that when he was undressed his shoulder blades[12] stuck out like two little wings.

---

1. **to lay the cloth** : *mettre la nappe, le couvert* ; **to remove the cloth**, *débarrasser*. Noter que **cloth** a deux pluriels, à sens différencié : **cloths**, *pièces de tissu, linges, nappes* ; **clothes**, *vêtements*.
2. ['fjuːʃə].
3. vient du français ['risoul] : *entrée de viande ou poisson haché et mélangé avec de la chapelure et des œufs, roulé en boulette ou en croquette et frit.*
4. **dandelion** vient du français *dent-de-lion* ; mais n'a pas retraversé la Manche ; devenu *pissenlit* en français.
5. **pawa** est un crustacé de Nouvelle-Zélande.
6. le rejet de la postposition allège la phrase : **in which she had cooked it.**
7. (feeding-)bottle.
8. **an**, pour and.

Elle commença à mettre la nappe sur un large siège de jardin rose. Devant chaque convive, elle plaça deux assiettes en feuille de géranium, une fourchette en aiguille de pin et un couteau en brindille. Il y avait trois têtes de pâquerettes sur une feuille de laurier, comme œufs pochés, des tranches de pétales de fuchsia, comme viande froide, de belles petites croquettes de terre et d'eau avec des graines de pissenlit, et la crème au chocolat. Qu'elle décida de servir dans la carcasse de pawa qui avait servi à la cuisson. « Ne vous mettez pas en peine pour mes enfants, dit Mrs Smith avec affabilité. Voulez-vous simplement aller remplir ce bib'ron au robinet — je veux dire, à la laiterie. » « Oh, très bien », dit Gwen, et elle chuchota à l'oreille de Mrs Jones : « Et si j'allais demander à Alice un petit peu de vrai lait ? » Mais du devant de la maison partit un appel « les enfants, les enfants », et les invités du déjeuner se volatilisèrent, laissant la charmante table, laissant les croquettes et les œufs sur le fourneau... aux petites fourmis et à un vieil escargot dont les cornes frémissantes passèrent le bord du siège de jardin rose, et qui se mit à grignoter lentement une assiette en géranium. « Venez à la porte d'entrée, les enfants — Rags et Pip viennent d'arriver. » Les jeunes Trout étaient cousins des Burnell. Ils habitaient, à environ un mille de là, une maison appelée Villa de l'Arbre à Singes. Pip était grand pour son âge, avec des cheveux noirs raides et ternes et un visage blanc ; mais Rags était petit et si maigre que, dévêtu, ses omoplates ressortaient comme deux petites ailes.

---

9. luncheon : *collation* (de midi) ou *repas* (de cérémonie).
A luncheon-basket, *panier à provisions,* ou *panier-repas.*
Le e est escamoté dans la prononciation.
10. prénoms (ou plutôt, surnoms) étonnants : *Haillons* et *Pépin.* Leur nom de famille : *Truite,* **Trout.**
11. les noms de famille peuvent prendre le pluriel en anglais.
12. ou **bladebone.**

They had a mongrel dog too with pale blue eyes and a long tail that turned up at the end who followed them everywhere ; he was called Snooker. They were always combing [1] and brushing Snooker and treating him in various extraordinary mixtures concocted by Pip and kept secretly by him in a broken jug to be diluted in a kerosene tin of hot water and applied to the shivering creature but Snooker was always full of fleas and he stank [2] abominably.

He would see Pip mix some carbolic tooth powder and a bit of sulphur [3] powdered fine and perhaps a pinch of starch to stiffen up Snooker's coat but he knew that was not all. There was something else added that Pip wouldn't tell him of covered with an old kettle lid. Rags privately thought it was gunpowder. Even Rags was not allowed to [4] share [5] the secret of these mixtures. And he was never never on any account permitted [6] to help or to look on [7] because of the danger — "Why if a spot of this flew up" Pip would say, stirring the mixture with an iron spoon, "you'd be blinded to death and there's always the chance [8] — just the chance of it [9] exploding — if you whack it hard enough. Two spoon fulls [10] of this will be enough in a kerosene tin of water to kill thousands of fleas." Nevertheless Snooker spent all his leisure [11] biting [12] and nudging himself and he stank abominably [13] — "It's because he's such a grand fighting dog" Pip would say. "All fighting dogs smell —"

---

1. [koum] ; le b ne se prononce pas.
2. **to stink, I stank, stunk,** parfois stunk au prétérit.
3. **sulphur** (parfois sulfur) : *soufre ;* sulphuret, *sulfure.*
4. **to be allowed to :** suppléant de **may** dans les formes autres que **may, might** ; a ici le sens fort de *autorisation.*
5. **to share sth :** *partager ;* to share in sth, *prendre part à, participer à.*
6. redoublement de la consonne finale du radical, parce que l'accent tonique est sur la dernière syllabe : **to permit, permitted.**
7. **to look on :** *être spectateur ;* looker(s)-on, *spectateur ;* I look on him as a friend, *je le considère comme un ami.*
8. *le hasard ;* luck, *la chance,* be it good or bad (or hard).
9. tournure un peu familière, le pronom compl. venant

Ils avaient avec eux un corniaud aux pâles yeux bleus, à la longue queue retroussée, qui les suivait partout ; il s'appelait Snooker. Ils étaient toujours à peigner Snooker, à le brosser, à le traiter avec toute sorte de mélanges extraordinaires concoctés par Pip et conservés secrètement dans une cruche cassée, pour dilution dans un récipient à kérosène rempli d'eau chaude, et application sur la tremblotante créature ; mais Snooker restait toujours plein de puces et puait abominablement.

Rags voyait Pip mélanger un peu de poudre dentifrice phéniquée, une pincée de soufre finement pulvérisé, et peut-être un soupçon d'amidon pour raidir le poil de Snooker, mais ce n'était pas tout, il le savait bien. Il y avait encore autre chose, que Pip refusait de lui révéler, sous un vieux couvercle de bouilloire. Rags était intimement persuadé que c'était de la poudre à canon. Pas question pour lui de partager le secret de ces mélanges. Et Pip ne l'autorisait jamais, au grand jamais et sous aucun prétexte, à donner un coup de main ou à regarder, en raison du danger. « Ouais, si une goutte du truc giclait, disait Pip en touillant la mixture avec une cuillère en fer, tu serais aveuglé à mort, et puis il y a toujours le risque, simplement le risque, que ça explose — si tu le malaxes assez fort. Avec deux cuillerées de ça dans un bidon de kérosène rempli d'eau, tu as de quoi tuer des milliers de puces. » Malgré tout, Snooker passait tout son temps libre à se mordiller et se gratouiller, et il puait abominablement. « C'est un fantastique chien de combat, c'est pour ça, disait Pip. Tous les chiens de combat sentent mauvais. »

---

remplacer l'adj. possessif : **will you accept him leaving before time** (mieux : **his leaving**).
10. two spoonfuls : fantaisie orthographique à ne pas imiter.
11. ['lǝʒǝ(r)] vient de l'ancien français : **leisir**, *loisir ;* **at leisure**, *à loisir.*
12. to bite, I bit, bitten.
13. difficile de considérer qu'il s'agit d'une petite négligence, ou d'une répétition voulue.

The Trout boys had often gone into town and[1] spent the day with the Burnells but now that they had become neighbours and lived[2] in this big house and bonzer[3] garden they were inclined to be very friendly. Besides both of them[4] liked playing with girls — Pip because he could fox them so and because Lottie Burnell was so easily frightened and Rags for a shameful reason because he adored[5] dolls. The way he would look at a doll as it lay asleep, speaking in a whisper and smiling timidly[6] and the great treat it was to him to stretch out his arms and be given a doll to hold ! "Curl your arms round her. Don't keep them stiff out like that. You'll drop her" Isabel would command sternly.

Now they were standing[7] on the verandah and holding back Snooker who wanted to go into the house but wasn't allowed to because Aunt Linda hated decent[8] dogs. "We came over on the bus with Mum[9]," they said, "and we're going to spend the afternoon and stay to tea. We brought over a batch of our gingerbread for Aunt Linda. Our Minnie made it. It's all over nuts[10] — much more than yours ever has." "I shelled the almonds" said Pip. "I just stuck my hand in a saucepan of boiling water and grabbed them out and gave them a kind of pinch and the nuts flew out of the shells some of them as high as the ceiling. Didn't they Rags ?"

---

1. le verbe qui suit **to go** (et **to come** ; et souvent **to try**) est souvent introduit par **and** (et se met au même temps que le 1ᵉʳ verbe : **come and see me**, *viens me voir ;* **I'll go and fetch that book**, *j'irai chercher ce livre.* Les sujets de dissertation commencent souvent par **try and analyse...** Dans le cas présent, **had** est mis en facteur commun.

2. **lived** est ici prétérit et non p.p.

3. **bonzer, bonza** : langue populaire d'Australie et des États-Unis : *chic, super, fameux.*

4. **both of them liked** ou **they both liked.**

5. racine romane ; **to worship,** *adorer Dieu ;* **"I may command where I adore"** *(Twelfth Night)* : souvent une nuance de dérision dans l'emploi de ce terme très fort, si contraire à l'"**understatement**" anglais...

6. **timid** comporte une nuance de crainte (**timere,** *craindre*) ; **shy, bashful.**

Les jeunes Trout étaient souvent venus en ville passer la journée chez les Burnell ; mais maintenant qu'ils étaient voisins, avec cette grande maison et ce jardin épatant, ils inclinaient à se montrer très amicaux. Et puis, ils aimaient tous les deux jouer avec les filles — Pip, parce qu'il pouvait les berner et que Lottie Burnell était si facile à effrayer ; et Rags, pour une raison honteuse : parce qu'il adorait les poupées. Il fallait le voir contempler une poupée endormie, lui parlant dans un murmure, avec un petit sourire timide, et quelle grande joie pour lui, de tendre les bras et de recevoir une poupée à tenir ! « Enroule tes bras autour d'elle. Ne les laisse pas raides comme ça. Tu vas la faire tomber », disait Isabel sur le ton sévère du commandement.

Pour l'instant, ils étaient là sur la véranda, à retenir Snooker qui voulait entrer dans la maison, mais n'en avait pas le droit parce que Tante Linda détestait les braves chiens. « Nous sommes venus en bus avec 'man, dirent-ils, et nous allons passer l'après-midi et rester pour le thé. Nous avons amené une fournée de notre pain d'épice pour Tante Linda. C'est notre Minnie qui l'a fait. Il a plein d'amandes partout — il y en a jamais autant dans le vôtre. » « C'est moi qui ai pelé les amandes, dit Pip. Il n'y avait qu'à enfoncer la main dans une casserole d'eau bouillante, les sortir par poignées, les pincer pour ainsi dire, et elles jaillissaient de leur peau, quelques-unes jusqu'au plafond. Pas vrai, Rags ? »

---

7. le rappel des scènes et attitudes passées (où l'on a souvent trouvé la forme fréquentative : **he would see ; Pip would say ; Rags would look ; Isabel would command**) est terminé : d'où l'emploi de la forme progressive.
8. **he's a decent chap** : *c'est un brave gars.*
9. familier pour **Mummy**.
10. **nuts all over** serait plus classique.

"When they make cakes at our place," said Pip, "we always stay in the kitchen Rags and me [1] and I get the bowl and he gets the spoon and the egg beater [2] — Sponge [3] cake's best — it's all frothy stuff then." He ran down the verandah steps on to the lawn, planted his hands on the grass bent [4] forward and just [5] did not stand on his head — "Pooh !" he said "that lawn's all bumpy, you [6] have to have a flat place for standing on your head — I can walk all round the monkey tree on my head at our place — nearly, can't I Rags ?" "Nearly [7] !" said Rags faintly. "Stand on your head on the verandah. That's quite flat," said Lottie. "No, smartie [8]," said Pip, "you have to do it on something soft [9] see ? Because if you give a jerk — just a very little jerk and fall over like that bump yourself something in your neck goes click and it breaks right off. Dad told me..." "Oh do [10] let's have a game," said Kezia — "Do let's play something or other —" "Very well" said Isabel quickly "we'll play hospitals. I'll be the nurse [11] and Pip can be the doctor and you and Rags and Lottie can be the sick people" — But No [12], Lottie didn't not want to play that because last time Pip squirted something down her throat and it hurt awfully. "Pooh !" said Pip "it was only the juice out of a bit of orange peel —" "Well let's play ladies" said Isabel "and Pip can be my husband and you can be my three dear little children — Rags can be the baby —"

---

1. familier pour I.
2. sous-entendu : à lécher.
3. sponge biscuit : *madeleine ;* sponge finger, *biscuit à la cuillère.*
4. **to bend, I bent, bent ;** he is bent upon learning Arabic, *il est décidé, déterminé à...*
5. he just did not fall, *c'est tout juste si..., il a failli tomber.*
6. le français on, rendra ce **you ; you have to have = you must have.**
7. cette fois-ci, Rags a le temps de répondre.
8. **smarty** appartient au langage populaire : *je-sais-tout ;* smart, *cinglant* (a smart rebuke) ; *vif* (a smart pace) ; *habile* (a smart answer) ; *élégant* (smart society).

« Quand on fait des gâteaux chez nous, dit Pip, on reste toujours à la cuisine, Rags et moi ; moi, on me donne le saladier et lui, la cuillère et le fouet à œufs. Le meilleur, c'est le gâteau de Savoie — on a plein de truc mousseux, quand c'est ça. » Il dévala les marches de la véranda jusqu'à la pelouse, enfonça ses mains dans l'herbe, se pencha en avant et s'arrêta juste au moment de faire l'arbre droit. « Peuh ! dit-il, ce gazon est tout défoncé, on a besoin d'un endroit plat pour se tenir sur la tête. A la maison, j'arrive à faire tout le tour de l'arbre à singes en marchant sur la tête — presque, pas vrai, Rags ? » « Presque ! » fit Rags en faible écho. « Fais le poirier sur la véranda. C'est tout à fait plat, ça », dit Lottie. « Eh non, mademoiselle je-sais-tout, dit Pip ; il faut le faire sur du mou, tu vois ? Parce que si tu donnes une secousse — simplement une toute petite secousse et si tu fais une culbute qui t'envoie cogner par terre, il y a quelque chose dans ton cou qui fait clac et il casse tout de suite. C'est Papa qui me l'a dit... » « Oh, allez, faisons un jeu, dit Kezia. Allez, jouons à quelque chose, n'importe quoi. » — « Parfait, reprit Isabel promptement. On va jouer à l'hôpital. Je serai l'infirmière, Pip le docteur, et toi, Rags et Lottie, les malades. » Mais non, Lottie refusait de jouer à ça, parce que la dernière fois Pip lui avait versé dans la gorge un jet de quelque chose qui faisait horriblement mal. « Bah ! dit Pip, c'était simplement le jus d'un bout de peau d'orange. » « Bon, jouons à la dame, dit Isabel, Pip sera mon mari et vous, mes trois chers petits enfants — Rags sera le bébé. »

---

9. **something soft :** *qqch de doux ;* **nothing interesting,** *rien d'intéressant.*
10. Kezia s'impatiente (conjugaison emphatique).
11. **(wet) nurse :** *nourrice ;* **(dry) nurse,** *bonne d'enfants ;* **(sick) nurse,** *infirmier, ère.*
12. la majuscule est peut-être due à la véhémence de Lottie ?

"I *hate* playing ladies" said Kezia "because you always make us go to church [1] hand in hand and come home again an go to bed" — Suddenly Pip took a filthy handkerchief [2] out of his pocket — "Snooker, here sir" he called, but Snooker as usual, began to slink away with his long bent tail between his legs. Pip leapt on top of him — and held him by his knees — "Keep his head firm Rags" he said as he tied the handkerchief round Snooker's head with a funny sticking up [3] knot at the top. "What ever is that for" — asked Lottie. "It's to train his ears to grow more close to his head, see" said Pip. "All fighting dogs have ears that lie kind of [4] back and they prick up — but Snooker's got rotten [5] ears they're too soft." "I know" said Kezia, "they're always turning inside out [6] I *hate* that." "Oh it isn't that" said Pip "but I'm training his ears to look a bit more fierce see" — Snooker lay down and made one feeble effort with his paw to get the handkerchief off but finding he could not he trailed after the children with his head bound up in the dirty rag — shivering [7] with misery. Pat came swinging by [8]. In his hand he held a little tomahawk that winked in the sun. "Come with me now" he said to the children "and I'll show you how the Kings of Ireland chop off [9] the head of a duck." They held back — they didn't believe him it was one of his jokes, and besides [10] the Trout boys had never seen Pat before —

---

1. **to go to church,** to school, to the theatre (les deux premières actions sont habituelles ; la troisième, exceptionnelle).
2. **handkerchief** a un pl. régulier.
3. **sticking up,** employé comme adj. Possible, mais un peu audacieux.
4. **kind of :** langage populaire ; I'm kind of waiting for you. He's kind of gawky *(il est comme qui dirait gauche)*.
5. le verbe est régulier. **Rotten** est l'adj. qui en est dérivé.
6. **inside out** et upside down *(sens dessus dessous)*.
7. petit aperçu de la richesse et de la précision de l'anglais : **to shiver** (de froid, de fièvre) ; **to tremble** (de peur) ; **to shake** (de colère) ; **to shudder** (sens fort) ; **to shimmer** (tremblotement et éclat mouillé) ; **to flutter** (feuille) ; **to**

« Je déteste jouer à la dame, dit Kezia : tu nous fais toujours aller à l'église en nous donnant la main, rentrer à la maison et aller au lit. » Tout à coup, Pip sortit de sa poche un mouchoir crasseux. « Snooker, ici, monsieur », lança-t-il ; mais comme d'habitude, Snooker essaya de prendre la tangente, sa longue queue recourbée entre les pattes. Pip lui sauta dessus — et le serra entre ses genoux. « Tiens-lui bien la tête, Rags », dit-il, et il entoura la tête de Snooker du mouchoir, qu'il attacha au sommet du crâne par un drôle de nœud qui rebiquait. « Mais c'est pour quoi faire ? » demanda Lottie. « C'est pour habituer ses oreilles à pousser plus près de sa tête, tu vois, dit Pip. Tous les chiens de combat ont des oreilles plutôt en arrière, quoi, et qui pointent — mais celles de Snooker sont mal fichues, elles sont trop molles. » « Je sais, dit Kezia, elles sont tout le temps en train de se retourner à l'envers, je déteste ça. » « Oh, ça, ça fait rien, dit Pip, mais j'habitue ses oreilles à avoir l'air un peu plus féroce, tu vois. » Snooker se coucha, fit un piteux effort avec sa patte pour se débarrasser du mouchoir, mais n'y parvenant pas, il se traîna derrière les enfants, la tête ficelée dans le chiffon sale — tremblant de misère. Pat arriva, le pas allègre. Il tenait à la main un petit tomahawk qui clignotait au soleil. « Venez avec moi maintenant, dit-il aux enfants, et je vous montrerai comment les Rois d'Irlande tranchent la tête à un canard. » Ils se gardèrent d'accourir — ils ne le croyaient pas, c'était une de ses blagues, et puis les jeunes Trout n'avaient encore jamais vu Pat.

---

flicker (lumière) ; to quiver (faible) ; to waver (flamme) ; to quake (terre) ; to quaver (voix, son)...
8. by, adverbe, a le sens de **near** ; **is there anyone by ?** *Y a-t-il qqn par ici ?* **Aside** (to set, to put, sth by, *mettre de côté*) ; **past** (as time goes by, *à mesure que le temps passe*).
9. off : *complètement, définitivement.*
10. ne pas confondre **besides,** adverbe : *en outre ;* et **beside,** préposition : *à côté de ;* **come and sit beside me,** *viens t'asseoir près de moi.*

"Come on now" he coaxed, smiling and holding out his hand to Kezia. "A real duck's head" she said. "One from ours in the paddock where the fowls and ducks are" — "It is" said Pat. She put her hand in his hard dry one, and he stuck the tomahawk in his belt and held out the other to Rags — He loved little children. "I'd better [1] keep hold of Snooker's head, if there's going to be any blood about" said Pip — trying not to show his excitement "because the sight of blood makes him awfully wild sometimes [2]" — He ran ahead dragging Snooker by the knot in the handkerchief. "Do you think we *ought* to" whispered Isabel to Lottie. "Because we haven't asked Grandma or anybody have we ?" "But Pat's looking after us," said Lottie.

At the bottom of the orchard a gate was set in the paling fence. On the other side there was a steep bank leading down to a bridge that spanned the creek [3] and once up the bank on the other side you were on the fringe of the paddocks. A little disused [4] stable in the first paddock had been turned into a fowl house. All about it there spread wire netting chicken runs new [5] made by Pat. The fowls strayed far away across the paddock down to a little dumping ground in a hollow on the other side but the ducks kept close to that part of the creek that flowed under the bridge and ran hard by [6] the fowl house — Tall bushes overhung the stream with red leaves and Dazzling [7] yellow flowers and clusters of red and white berries, and a little further on [8] there were cresses [9] and a water plant with a flower like a yellow foxglove [10].

---

1. **I had better,** je ferais mieux, je ferais bien de ; **I had rather,** ou **sooner,** je préférerais. Ces expressions n'existent qu'à un temps (à sens conditionnel présent) et sont suivies de l'infinitif incomplet. **You'd better go before it starts snowing. I'd rather stay,** tu ferais bien de partir avant qu'il neige. J'aimerais mieux rester.
2. Pip est en somme très honnête. Il tempère toujours ses affirmations audacieuses par des **nearly, almost, sometimes.**
3. **stream** (terme général) ; **brook** ; **rivulet** ; **creek ;** rill.
4. **disused :** hors d'usage ; misused, maltraité ; unused, inutilisé.

« Allez, venez », il prenait un ton enjôleur, souriait, tendait la main à Kezia. « Une tête de vrai canard, demanda-t-elle, un à nous, de l'enclos où on met les poules et les canards ? » — « Oui », dit Pat. Elle mit sa main dans la dure main sèche de Pat, il fourra la hachette dans sa ceinture et tendit l'autre main à Rags. Il adorait les petits enfants. « Il vaudrait mieux que je tienne la tête de Snooker, s'il va y avoir du sang », dit Pip, en s'efforçant de ne pas montrer son excitation, « parce que la vue du sang le rend terriblement fou, quelquefois. » Il courut en avant, tirant Snooker par le nœud du mouchoir. « Tu crois qu'on devrait, murmura Isabel à Lottie. Parce qu'on a pas demandé à Bonne-Maman ni rien, hein ? » « Mais Pat fait attention à nous », dit Lottie.

Au bas du verger, un portillon s'ouvrait dans la palissade. De l'autre côté, un talus escarpé menait à un pont qui enjambait le ruisseau, et une fois en haut de l'autre rive, on se trouvait à la lisière des enclos. Dans le premier, une petite écurie désaffectée avait été transformée en poulailler. Tout alentour un grillage, récemment posé par Pat, délimitait les parcours des poussins. Les poules s'aventuraient au loin, de l'autre côté de l'enclos jusqu'à un petit dépotoir dans un creux ; mais les canards ne quittaient pas les abords du ruisseau, à l'endroit où il coulait à flots sous le pont passant tout près du poulailler. De grands buissons surplombaient le cours d'eau de leurs feuilles rouges, de leurs éblouissantes fleurs jaunes et de leurs grappes de baies rouges et blanches ; et un peu plus loin, il y avait du cresson et une plante d'eau avec une fleur semblable à une digitale jaune.

---

5. **new,** adverbe, est utilisé dans les adj. composés : **new-mown hay** = **newly,** *foin fraîchement coupé.* Mais on dit **a newly-born babe,** *un nouveau-né.*
6. **hard by** = **nearby,** *tout près.*
7. pourquoi cette majuscule à **dazzling** ?
8. la postposition **on** exprime ici le mouvement (explétive en français).
9. **cress-bed,** *cressonnière.*
10. m. à m. : *gant de renard.*

At some places the stream was wide and shallow, enough to cross by stepping stones but at other places it tumbled suddenly into a deep rocky pool like a little lake with foam at the edge and big quivering bubbles[1]. It was in these pools that the big white ducks loved to swim and guzzle[2] along the weedy[3] banks. Up and down they swam, preening[4] their dazzling breasts and other ducks with yellow bills and yellow feet swam upside down below them in the clear still water. "There they are" said Pat. "There's the little Irish Navy, and look at the old Admiral there with the green neck and the grand little flag staff[5] on his tail." He pulled a handful of grain out of his pocket and began to walk towards the fowl house lazily, his broad straw hat with the broken crown pulled off his eyes. "Lid-lid lid lid-lid lid" he shouted — "Qua ! Qua Qua !" answered the ducks, making for[6] land and flopping and scrambling up the bank — They streamed after him in a long waddling[7] line — He coaxed them pretending to[8] throw the grain shaking it in his hands and calling to them until they swept round him close round him quacking[9] and pushing against each other in a white ring — From far away the fowls heard the clamour and they too came running across the paddock, their heads[10] crooked forward, their wings spread, turning in[11] their feet in the silly way fowls run and scolding[12] as they came.

---

1. allitération en i brefs et b.
2. le français *gosier* n'est pas étranger à ce mot.
3. on retrouve ces **weeds** (*mauvaises herbes*) en composition : **pondweed, waterweed, duckweed**..., où elles perdent leur mauvaise qualité.
4. cette cérémonie, à laquelle les canards consacrent en effet beaucoup de temps, s'accomplit avec le bec.
5. généralement en un seul mot. Dans le sens de *mât, rod,* **pole ; staff** fait souvent au pl. **staves.** Autre sens de **staff** : *personnel* (d'une entreprise).
6. **to make for** : *se diriger vers ; he is making for home, il se rend chez lui ; they are making for Cuba, ils sont en route pour Cuba ; to make up for, compenser.*
7. autant la description des canards dans l'eau ("**up and down they swam...**") est éclatante, autant celle des canards

Par endroits, le cours d'eau était large et peu profond (au point de se traverser en sautant de pierre en pierre), à d'autres, il se jetait soudain dans un trou d'eau profond et rocheux, semblable à un petit lac frangé d'écume et plein de grosses bulles frémissantes. C'est dans ces étangs que les grands canards blancs aiment nager et s'empiffrer le long des rives hérissées de mauvaises herbes. Ils nageaient vers l'amont, vers l'aval, lissant leurs éblouissantes poitrines, cependant que d'autres canards, bec jaune, pattes jaunes, nageaient sur le dos au-dessous d'eux, dans l'eau calme et limpide. « Les voilà, dit Pat. La voilà, la petite Marine Irlandaise, et regardez le Vieil Amiral, là, avec le cou vert et les superbes petits mâts de pavillon sur la queue. » Il tira de sa poche une poignée de grains et se dirigea d'un pas nonchalant vers le poulailler, son large chapeau de paille à la calotte cabossée enfoncé à la limite des yeux. « Pi-ti ti, pi-ti, ti », cria-t-il. « Coua ! Coua Coua ! » répondirent les canards, et se dirigeant vers la terre ferme, trébuchant, s'affalant, ils se hissèrent sur la rive. Ils se dandinèrent à sa suite à la queue leu leu. Cherchant à les attirer, il fit mine de jeter le grain, le secoua dans ses mains, les appela tant et si bien qu'ils firent mouvement autour de lui, l'environnèrent d'un cercle blanc, avec force coin-coin et bousculades. De loin, les volailles entendirent la clameur et accoururent elles aussi, à travers l'enclos, la tête dardée en avant, les ailes étendues, les pattes tournées en dedans à la sotte manière des bêtes de basse-cour, et rouspétant chemin faisant.

---

sur terre est poussive : **they flop, they scramble, they waddle, they push each other,** etc.
8. to pretend est un demi ▲ bien connu : *prétendre,* et *faire semblant de.*
9. l'harmonie imitative a donné un verbe, tout simplement : **to quack** (l'anglais regorge de ce genre de mots).
10. le **with** a sauté, pour la vivacité du récit.
11. to turn in one's toes, *tourner les pieds en dedans.*
12. to give sbd **a good scolding :** *passer un bon savon, laver la tête à qqn.*

Then Pat scattered the grain and the greedy ducks began to gobble — Quickly he bent forward, seized two, tucked them quacking and struggling one under each arm and strode [1] across to the children. Their darting heads, their flat beaks [2] and round eyes frightened the children — and they drew back all except Pip. "Come on sillies [3]" he cried, "they can't hurt, they haven't got any teeth [4] have they Pat — they've only got those two little holes in their beaks to breathe through." "Will you hold one while I finish with the other" asked Pat. Pip let go of [5] Snooker — "Won't I [6] ! Won't I ! Give us [7] one — I'll hold him [8]. I'll not let him go. I don't care how much he kicks — give us give us !" He nearly sobbed with delight when Pat put the white lump in his arms — There was an old stump beside the door of the fowlshed — Pat carried over the other duck, grabbed it up in one hand, whipped out his little tomahawk — lay the duck flat on the stump and suddenly down came the tomahawk and the duck's head flew off the stump — up and up [9] the blood spurted over the white feathers, over his hand — When the children saw it they were frightened no more [10] — they crowded round him and began to scream — even Isabel leaped about and called out "The blood the blood" — Pip forgot all about his duck — He simply threw it [11] away from him — and shouted "I saw it, I saw it" and jumped round the wood block —

Rags with cheeks as white as paper ran up to the little head and put out a finger as if he meant to touch it then drew back again and again put out a finger.

---

1. to stride, I strode, stridden (parfois : strid).
2. beak est plus menaçant que bill.
3. silly est surtout connu comme adj. ; mais dans le langage familier, on dit : a silly, *un sot, un niais.*
4. tooth, teeth ; mais en composition, tooth reste au singulier : tooth-brush(es).
5. expression idiomatique : **to let go (of),** *lâcher.*
6. plus que le futur, ce **won't** exprime fortement la volonté.
7. us est d'un usage familier, pour me. **Give us a bite,** *donne-m'en un petit bout.*

Alors Pat éparpilla le grain et les canards gloutons commencèrent à bâfrer. Vivement, il se pencha en avant, en saisit deux, en fourra un sous chaque bras, cancanant et se débattant, et s'en fut à grands pas vers les enfants. Ces têtes tendues, ces becs plats et ces yeux ronds effrayèrent les enfants et ils reculèrent, tous sauf Pip. « Allez, bande d'idiots, s'écria-t-il, ils ne peuvent pas faire de mal, ils n'ont pas de dents, hein, Pat, ils n'ont que ces deux petits trous dans le bec pour respirer. » « Tu veux m'en tenir un pendant que j'en finis avec l'autre ? » demanda Pat. Pip lâcha Snooker. « Si je veux ! Ben, alors ! Donnez-nous-en un. Je le tiendrai. Je ne le laisserai pas échapper. Il peut toujours gigoter, ça m'est égal. Allez, donnez, donnez ! » Il eut presque un sanglot de joie quand Pat déposa la masse blanche entre ses bras. Il y avait une vieille souche près de la porte du poulailler. Pat y transporta l'autre canard, l'empoigna d'une main, sortit vivement sa petite hachette, étendit le canard à plat sur la souche ; subitement tomba le tomahawk et la tête du canard sauta de la souche et jaillit, jaillit, le sang, sur les plumes blanches, sur la main de Pat. A la vue du sang, les enfants oublièrent aussitôt leur peur. Ils se pressèrent autour de Pat et se mirent à hurler ; même Isabel sautait partout en criant « Le sang, le sang ! » Pip en oublia complètement son canard. Il le jeta au loin, tout bonnement et aux cris de « Je l'ai vu, je l'ai vu », il se mit à tourner autour du billot en faisant des bonds.

Rags, les joues blanches comme du papier, courut à la petite tête, avança un doigt comme pour la toucher, recula, et de nouveau avança un doigt.

---

8. rien d'étonnant à ce que Pip personnifie son canard.

9. les postpositions (**down, up and up**) placées en évidence au début des phrases ajoutent de la vivacité à la description de ces actions rapides.

10. place normale de **no more :** entre **were** et **frightened.**

11. le canard a perdu son identité : **it.**

He was shivering all over[1]. Even Lottie, frightened Lottie began to laugh and point at the duck and shout "Look Kezia look look look" — "Watch it" shouted Pat and he put down the white body and it began to waddle — with only a long spurt of blood where the head had been — it began to pad[2] along dreadfully[3] quiet towards the steep ledge that led to the stream — It was the crowning[4] wonder. "Do you see that — do you see it ?" yelled[5] Pip and he ran among the little girls pulling at their pinafores[6] — "It's like an engine — it's like a funny little darling engine —" squealed Isabel — But Kezia suddenly rushed at Pat and flung her arms round his legs and butted[7] her head as hard as she could against his knees ; "Put head back put head back" she screamed — When he stooped to move her she would not let go or take her head away — She held as hard as ever[8] she could and sobbed "head back head back" — until it sounded like a loud, strange hiccough[9]. "It's stopped it's tumbled over it's dead" — said Pip. Pat dragged Kezia up into his arms. Her sunbonnet had fallen back but she would not let him look at her face. No she pressed her face into a bone in his shoulder and put her arms round his neck —

The children stopped squealing as suddenly as they had begun — they stood round the dead duck. Rags was not frightened of the head any more. He knelt[10] down and stroked it with his finger and said "I don't think perhaps the head is quite dead yet.

---

1. locution adverbiale. That's you all over, *je te reconnais bien là ;* the horse was all over mud, *couvert de boue.* Ne pas confondre avec it's all over, *c'est fini.*

2. **to pad :** *trotter à pas sourds ;* pad, *coussinet,* ou dans le langage populaire : *aller à pied ;* to pad the road, *vagabonder.*

3. **dreadfully** est bien venu.

4. that's the crowning-piece, *c'est le bouquet !*

5. to shout (terme général) ; to scream, to howl, *hurler ;* to yell, *vociférer ;* to shriek, *criailler ;* to squall, to squeal, *piailler.*

6. Étymologiquement : **to pin,** *épingler ;* **afore,** *devant.* C'est *un tablier d'enfant.* Dans les autres cas, **apron, overall, blouse.**

Il tremblait de tout son corps. Même Lottie, Lottie dans sa frayeur, se mit à rire, à montrer du doigt le canard et à crier « Regarde, Kezia, regarde, regarde, regarde ». « Attention », avertit Pat, et il posa à terre le corps blanc, qui aussitôt se dandina — simplement, à la place de la tête, il avait un long jet de sang — et affreusement silencieux, s'en fut à pas feutrés vers le rebord escarpé qui menait au ruisseau. Ce fut le prodige des prodiges. « Vous voyez ça. Vous voyez ? » jappait Pip, et de gambader au milieu des petites filles, en les tirant par le tablier. « C'est comme une locomotive, c'est comme une drôle de petite locomotive adorable », criait Isabel d'une voix perçante. Mais tout à coup Kezia se précipita sur Pat, lui jeta les bras autour des jambes, cogna de toutes ses forces sa tête contre les genoux de l'homme en hurlant : « Remettez tête, remettez tête. » Lorsqu'il se baissa pour la relever, elle refusa de lâcher prise ou de dégager sa tête. Elle se cramponnait de toute la force dont elle était capable en sanglotant « Tête, remettre, tête, remettre » ; à la fin, on eût dit un étrange hoquet sonore. « Il n'avance plus, il a culbuté, il est mort », dit Pip. Pat souleva Kezia dans ses bras. Sa capeline avait glissé en arrière, mais elle ne voulut pas lui laisser voir son visage. Non, elle l'enfouit contre un os de son épaule et lui passa les bras autour du cou.

Les enfants cessèrent de crier aussi subitement qu'ils avaient commencé, ils se groupèrent autour du canard mort. Rags n'avait plus peur de la tête. Il s'agenouilla et la caressa de son doigt en disant : « Je ne crois pas, peut-être, que la tête est tout à fait morte encore.

---

7. le radical du mot comporte deux t : **to butt**/*buter*.
8. ever renforce généralement un interrogatif : **who ever came here ?** *Qui a bien pu venir ici ?*
9. ou : **hiccup. Hiccough,** tout aussi employé, est en fait le résultat d'une erreur, due à l'impression que le second élément était **cough,** *toux*.
10. to kneel, I knelt, knelt. Le k ne se prononce pas ; de même, pour **knee,** *genou*.

It's warm Pip. Would it keep alive if I gave it something to drink —" But Pip got very cross[1] and said — "Bah ! you baby —" He whistled to[2] Snooker and went off — and when Isabel went up to Lottie, Lottie snatched away. "What are you always touching me for[3] Is a *bel*."

"There now[4]" said Pat to Kezia "there's the grand little girl" — She put up her hands and touched his ear. She felt something — Slowly she raised her quivering face and looked — Pat wore little round gold earrings. How very funny — She never[5] new men wore earrings. She was very much surprised ! She quite forgot[6] about the duck. "Do they come off and on," she asked huskily ?

Alice in the kitchen

Up at the house in the warm, tidy kitchen Alice the servant girl had begun to get the afternoon tea[7] ready — She was dressed. She had on a black cloth dress that smelt[8] under the arms[9], a white apron so stiff that it rustled like paper to her every breath[10] and movement[11] — and a white muslin bow pinned on top of her head by two large pins — and her comfortable black felt[12] slippers were changed for a pair of black leather ones that pinched the corn[13] on her little toe "Somethink[14] dreadful".

---

1. to be as cross as two sticks : *être d'une humeur de chien ;* don't be cross with me, *il ne faut pas m'en vouloir.*
2. to whistle for (ou : to) one's dog : *siffler son chien ;* you can whistle for it ! *Tu peux toujours courir !* To hiss, *siffler* (serpent et théâtre). To wheeze (chez un asthmatique).
3. what for = why.
4. interjection accentuée : there now, that's done ! *Là ! Voilà qui est fait ; allons ! Voilà !*
5. négation emphatique.
6. to forget, I forgot, forgotten.
7. le tea des enfants, précédemment, c'était plutôt le high tea.

Elle est tiède, Pip. Tu crois qu'elle resterait vivante si je lui donnais quelque chose à boire. » Mais Pip piqua une colère, dit : « Pfeu ! quel bébé », siffla Snooker et s'en alla et quand Isabel alla trouver Lottie, Lottie se dégagea avec brusquerie : « Pourquoi tu arrêtes pas de me toucher, Is-a-bel ? »

« Là, là, dit Pat à Kezia. Voilà l'épatante petite fille. » Elle leva les mains et lui toucha l'oreille. Elle sentit quelque chose. Lentement, elle dégagea sa figure parcourue de frémissements et regarda. Pat portait de petites boucles d'oreilles rondes en or. Ça alors, c'était bizarre. Les hommes portaient des boucles d'oreilles... première nouvelle. Elle était très surprise ! Oublié, le canard. « Elles se mettent et elles s'enlèvent ? », demanda-t-elle, la voix rauque.

Alice dans la cuisine

Là-haut, à la maison, dans la chaude cuisine bien rangée, Alice, la bonne, s'était mise en devoir de préparer le thé. Elle était en tenue. Elle portait une robe de toile noire qui sentait sous les bras, un tablier blanc si empesé qu'à la moindre respiration, au moindre geste, il produisait un froissement de papier, et un nœud de mousseline blanche attaché au sommet du crâne par deux grandes épingles, et elle avait troqué ses confortables pantoufles de feutre noir contre une autre paire, en cuir noir, qui comprimaient son cor au petit orteil « Quéqu'chose d'affreux ».

---

8. *sentir mauvais :* **to stink** ; **"It stinks to Heaven"** (Hamlet) ; **to reek** (it reeks of tobacco).
9. **the armpit,** *l'aisselle.*
10. cette construction est logique : adj. possessif, adj. **(every)** et nom. Autre construction possible : **every breath of hers.**
11. racine latine. Autre mot : **gesture.**
12. felt-hat, *un feutre ;* felt-pen : (crayon) *feutre.*
13. **corn :** *blé ;* mais aussi cor, *durillon.*
14. pour **something.**

It was warm in the kitchen — A big blow fly [1] buzzed round and round in a circle bumping against the ceiling — a curl of white steam came out of the spout of the black kettle and the lid kept up [2] a rattling jig [3] as the water bubbled — The kitchen clock ticked in the warm air slow and deliberate like the click of an old woman's knitting [4] needles and sometimes, for no reason at all, for [5] there wasn't any breeze outside the heavy venetians [6] swung out and back tapping against the windows. Alice was making water cress sandwiches [7]. She had a plate of butter on the table before her and a big loaf [8] called a "barracouta" [9] and the cresses tumbled together in the white cloth she had dried them in — But propped against the butter dish there was a dirty greasy little book — half unstiched with curled edges — And while she mashed [10] some butter soft for spreading she read — "To dream of four black beetles [11] dragging a hearse is bad. Signifies death of one you hold near or dear either father husband brother son or intended [12]. If the beetles crawl backwards as you watch them it means death by fire or from great height, such as flight of stairs, scaffolding etc. *Spiders.* To dream of spiders creeping over you is good. Signifies large sum of money in the near future. Should [13] party [14] be in family way [15] an easy confinement [16] may be expected but care should be taken in sixth month to avoid eating of probable present of shell fish."

---

1. généralement en un seul mot. On dit aussi : **bluebottle.** Allitération en b et l : **a big blowfly buzzed.**
2. to keep up a house, *entretenir ;* to keep up a friendship ; I must keep up my swahili, *entretenir, ne pas perdre.*
3. **jig :** çf. le français *gigue.*
4. **to knit, I knit, knit,** est également régulier. Le k ne se prononce pas.
5. **for** (préposition) : *pour ;* for (conj.) = **because.**
6. ou : **Venetian blinds.**
7. orthographe fantaisiste.
8. **loaf,** loaves.
9. ce mot a trois orthographes en anglais : **Barracuda,** -coota, -couta.

Il faisait bon dans la cuisine. Une grosse mouche à viande bourdonnait, prise d'un tournoiement perpétuel, se cognant au plafond, une volute de vapeur blanche s'échappait du bec de la bouilloire noire, dont le couvercle dansait au rythme d'une gigue endiablée tandis que bouillonnait l'eau. La pendule de cuisine lançait dans l'air tiède un tic-tac lent et mesuré, comme le cliquetis des aiguilles à tricoter d'une vieille femme et par moments, sans raison aucune, puisqu'il n'y avait pas, dehors, la moindre brise, les lourds stores vénitiens se soulevaient et se rabattaient en tapant contre les fenêtres. Alice confectionnait des san'wiches au cresson. Elle avait une assiette de beurre devant elle sur la table, une de ces grosses miches de pain qu'on appelle « barracuda » et les branches de cresson toutes en vrac dans le linge blanc qui avait servi à les sécher. En plus, appuyé contre le beurrier, il y avait un petit livre graisseux, crasseux, à demi décousu, passablement écorné, et tout en écrasant du beurre pour le ramollir et l'étaler, elle lisait — « Rêver de quatre cafards traînant un corbillard est mauvais. Signifie la mort de quelqu'un de proche ou de cher, père, mari, frère, fils ou promis. Si les cafards rampent à reculons pendant que vous les observez, cela veut dire mort par le feu ou par chute d'une grande hauteur, volée d'escalier, échafaudage, etc. *Araignées*. Rêver d'araignées qui vous grimpent dessus est bon. Signifie grosse somme d'argent dans un avenir proche. Si la personne se trouve dans une situation intéressante, on peut espérer un accouchement facile, mais il faudrait, dans le sixième mois, prendre soin d'éviter de goûter aux coquillages qui seront probablement offerts. »

---

10. concision de l'anglais : **she mashed the butter soft**, *elle ramollissait le beurre à force de l'écraser* ; ▲ **to mash**, broyer, écraser ; mâcher, **to chew**.

11. blackbeetle : *cafard, cancrelat.* **Beetle** est le terme générique : *coléoptère.*

12. langage populaire : **my intended** : *mon futur (ma future).*

13. tournure assez littéraire : **should** en tête de phrase = if... **Should the occasion arise,** *le cas échéant.*

14. langage juridique employé abusivement.

15. langage populaire, **she is in the family way.**

16. confinement : *emprisonnement* et *accouchement.*

"How Many Thousand Birds I see". Oh Life[1], there was Miss Beryl — Alice dropped the knife[2] and stuffed her Dream Book under the butter dish but she hadn't time to hide it quite for Beryl ran into the kitchen and up to the table and the first thing her eye lighted on[3] — although she didn't say anything were the grey edges sticking out from the plate. Alice saw Miss Beryl's scornful meaning little smile and the way she raised her eyebrows and screwed up her eyes as though she couldn't quite make out[4] *what* that was under the plate — She decided to answer if Miss Beryl should ask her what it was — "Nothing as[5] belongs to you Miss" "No business of yours[6] Miss" but she knew Miss Beryl would not ask her —. Alice was a mild creature in reality but she always had the most marvellous retorts ready for the questions that she knew would never be put to her — The composing of them and the turning of them over and over in her brain comforted her just as much as if she'd really expressed them and kept her self respect alive in places where she had been that[7] chivvied[8] she'd been afraid to go to bed at night with a box of matches on the chair by her in case she bit the tops off in her sleep — as you might say. "Oh Alice," said Miss Beryl, "there's one extra to tea so heat a plate of yesterday's[9] scones[10] please and put on the new Victoria[11] sanwich as well as the coffee cake.

---

1. **Life,** pour ne pas dire **Lord** !
2. **knife, knives.** Le k ne se prononce pas.
3. **to light on :** *s'abattre sur, se poser ;* the urubu lighted on its prey *(sa proie)* ; his eyes lighted on her.
4. I can't make it out : *je n'y comprends rien ;* et aussi : to make out a light, *apercevoir, distinguer une lumière.*
5. **as :** l'anglais d'Alice est peu grammatical : that. Mais elle reste bien polie : elle n'oublie pas, à la fin de chaque réponse fulgurante, le **Miss.**
6. sur le modèle de **a friend of mine ; a book of yours.**
7. adj. démonstratif : **can you stay that long,** *aussi longtemps que ça ;* **nobody is that busy,** *personne n'est si occupé que ça...*
8. s'écrit parfois avec un seul v ; et parfois **chevy.**

162

« Combien de Milliers d'Oiseaux je vois... » Oh, mince, Miss Beryl arrivait. Alice lâcha le couteau et fourra sa Clef des Songes sous le beurrier, mais sans avoir le temps de la camoufler complètement, car Beryl se précipita dans la cuisine, accourut vers la table et la première chose que son œil accrocha — bien qu'elle ne soufflât mot —, ce furent ces cornes grises qui dépassaient de l'assiette. Alice vit le petit sourire entendu et méprisant de Miss Beryl et la façon dont elle leva les sourcils et plissa les yeux comme si elle ne parvenait pas à discerner exactement ce que c'était, ça, là, sous l'assiette. Elle décida de répondre, si Miss Beryl la questionnait là-dessus : « Rien qui vous appartienne, Miss », « Rien qui vous regarde, Miss », mais elle était sûre que Miss Beryl ne lui demanderait rien. Alice était en réalité une inoffensive créature, mais elle se munissait constamment des plus formidables répliques à des questions dont elle savait qu'elles ne lui seraient jamais posées. Leur composition, leur infini ressassement dans sa cervelle, la soulageaient autant que si elle les avait vraiment exprimées et maintenaient en vie sa dignité personnelle dans des places où on l'avait à ce point tarabustée qu'elle avait peur d'aller se coucher le soir en posant une boîte d'allumettes sur la chaise de chevet, des fois qu'elle en arracherait les bouts à coups de dents dans son sommeil — comme qui dirait. « Oh, Alice, dit Miss Beryl, il y a une personne de plus pour le thé, alors faites réchauffer une assiettée des brioches d'hier, s'il vous plaît, et donnez le nouveau roulé aux prunes rouges en même temps que le gâteau au café.

---

9. cas possessif pour des expressions de durée : **a moment's rest** ; de date : **last month's outing,** et de distance : **a several miles'walk.**
10. scone : *petit pain au lait,* souvent aux raisins, cuit au four.
11. victoria (plum) : variété de grosse prune rouge.

And don't forget to put little doyleys [1] under the plates will you — You did yesterday again you know and the tea looked *so* ugly and common. And Alice please don't put that dreadful old pink and green cosy [2] on the afternoon teapot again. That is only for the mornings and really I think it had better be kept for kitchen use — it's so shabby [3] and quite smelly — Put on the Chinese one out of the drawer in the dining room side board — You quite understand don't you. We'll have tea as soon as [4] it is ready —" Miss Beryl turned away — "That sing aloft on every tree" she sang as she left the kitchen very pleased with her firm handling of Alice.

Oh, Alice was wild [5]! She wasn't one to mind [6] being told [7], but there was something in the way Miss Beryl had of speaking to her that she couldn't stand [8]. It made her curl up inside as you might say [9] and she fair [10] trembled. But what Alice really hated Miss Beryl for was — she made her feel low [11] : she talked to Alice in a special voice as though she wasn't quite all there and she never lost [12] her temper — never, even when Alice dropped anything or forgot anything she seemed to have expected it to happen [13]... "If you please Mrs Burnell," said an imaginary Alice, as she went on, buttered the scones, "I'd rather not take my orders from Miss Beryl. I may be only a common servant girl as [14] doesn't know how [15] to play the guitar."

---

1. s'écrit aussi **doily**.
2. **tea-cosy** : *couvre-théière*.
3. *délabré* : **a shabby hat** ; **a ramshackle house**. Elle est blessante, Miss Beryl : elle accumule les adj. : **ugly, common, shabby, smelly** : on comprend la réaction d'Alice.
4. avec **as soon as,** pas de futur.
5. **a wild elephant** : *sauvage ;* **wild sea,** *furieuse ;* **wild with joy,** *fou de joie ;* **to be wild about sth,** *être furieux,* ou *passionné.*
6. **to mind** + gérondif (ici au passif) : *gêner, déranger.*
7. **to tell, I told, told,** dans le sens de *commander.*
8. **to stand,** dans le sens de *supporter.*
9. Alice aime bien cette expression.
10. **fair,** adverbe : emploi familier = *complètement.* Sou-

Et n'oubliez pas les petits garde-nappes sous les assiettes, voulez-vous. Vous aviez encore oublié de les mettre, hier, vous savez, et le thé avait un tel air de laideur et de banalité. Et Alice, s'il vous plaît, ce vieux couvre-théière rose et vert, affreux, ne le remettez pas l'après-midi. Ce n'est bon que pour le matin, et du reste je pense qu'on devrait le garder pour la cuisine — il est si miteux et en plus si malodorant. Donnez le chinois, que vous trouverez dans le tiroir du buffet de la salle à manger. Vous avez bien compris, n'est-ce pas. Nous prendrons le thé dès qu'il sera prêt. » Miss Beryl s'en alla. « Qui chantent au Ciel sur tous les arbres », fredonna-t-elle en quittant la cuisine, très satisfaite de sa manière ferme de traiter Alice.

Oh, Alice était hors d'elle ! Ça ne lui faisait rien d'être commandée, pas comme certaines, mais il y avait quelque chose dans la façon qu'avait Miss Beryl de lui adresser la parole qu'elle ne pouvait pas supporter. Ça la faisait se mettre en boule à l'intérieur, comme qui dirait, et elle tremblait carrément. Mais la vraie raison de la détestation d'Alice pour Miss Beryl... elle lui donnait le cafard. Elle adoptait pour lui parler une voix particulière, comme si elle n'était pas tout à fait là, et elle ne se mettait jamais en colère — au grand jamais, ni quand Alice oubliait ou laissait tomber quelque chose, Miss Beryl semblait s'y être attendue... « S'il vous plaît, Mrs Burnell, disait une Alice imaginaire, tout en continuant à beurrer les petits pains, j'aimerais mieux ne pas être aux ordres de Miss Beryl. Je suis peut-être qu'une vulgaire bonne qui sait pas jouer de la guitare... »

---

vent accompagné de **square**. **A blow fair and square on the chest**, *en plein sur la poitrine.*
11. to feel low = to be in low spirits : *se sentir déprimé, abattu.*
12. to lose ≠ to keep one's temper, *sang-froid.*
13. proposition infinitive.
14. as : faute « peuple » = **that** ou **who.**
15. I know how to swim, *je sais nager,* explétif en français.

This last thrust[1] pleased her so much that she quite recovered her temper. She carried her tray along the passage to the dining room "The only thing to do," she heard as she opened the door "is to cut the sleeves out entirely and just have a broad band of black velvet over the shoulders and round the arms instead." Mrs Burnell with her helder and younger[2] sisters leaned over the table in the act of[3] performing[4] a very severe operation upon a white satin dress spread out before them. Old Mrs Fairfield sat by the window in the sun with[5] a roll of pink knitting in her lap. "My dears" said Beryl, "here comes the tea *at last*" and she swept[6] a place clear for the tray. "But Doady"[7] she said to Mrs Trout, "I don't think I should dare to appear without any sleeves at all should I ?" "My dear" said Mrs Trout "all I can say is that there isn't one single[8] evening dress in Mess'[9] Readings last catalogue that has even a sign of a sleeve. Some of them have a rose on the shoulder and a piece of black velvet but some of them haven't even that — and they look perfectly charming ! What would look very pretty on the black velvet straps of your dress would be red poppies. I wonder if I can spare[10] a couple out of this hat —" She was wearing a big cream leghorn[11] hat trimmed with a wreath of poppies and daisies — and as she spoke she unpinned it and lait it on her knee and ran her hands over her dark silky hair.

---

1. to thrust, I thrust, thrust : *pousser avec force.* En escrime, *coup d'estoc ;* thrust and parry, *la botte et la parade ;* to make a thrust at sbd, *porter, pousser une botte.*
2. Mrs Burnell (Linda) n'a qu'une aînée et qu'une cadette : d'où le comparatif. **Beryl is the youngest,** *Beryl est la plus jeune* (des trois).
3. to catch sbd in the (very) act : *prendre qqn sur le fait ;* he was in the act of diving when he shouted, *juste au moment de plonger, il cria.*
4. to perform an operation on sbd : *opérer qqn ;* to perform a play, *jouer, représenter une pièce ;* to perform in a play, *jouer un rôle dans une pièce.*
5. le **with** sera explétif en français.
6. to sweep, I swept, swept.
7. **Doady** est un diminutif de Dora.

166

Cette dernière botte la ravit au point de lui rendre toute sa bonne humeur. Elle traversa le couloir avec son plateau et arriva dans la salle à manger. « La seule chose à faire, entendit-elle en ouvrant la porte, c'est de couper entièrement les manches et de les remplacer par une large bande de velours noir sur les épaules et autour des bras. » Mrs Burnell, sa sœur aînée et sa cadette, penchées le buste en avant sur la table, étaient sur le point de pratiquer une très grave opération sur une robe de satin blanc étalée devant elles. La vieille Mrs Fairfield était assise près de la fenêtre au soleil, un rouleau de tricot rose sur les genoux. « Mes chéries, annonça Beryl, voici enfin le thé », et elle dégagea prestement une place pour le plateau. « Mais Doady, fit-elle à Mrs Trout, je ne crois pas que j'oserais apparaître absolument sans manches, si ? » « Ma chère, reprit Mrs Trout, tout ce que je peux dire, c'est que pas une seule robe du soir dans le dernier catalogue de Messieurs Reading ne comporte même l'ébauche d'une manche. Certaines ont une rose sur l'épaule et une bande de velours noir, mais d'autres n'ont même pas ça — et sont tout à fait ravissantes ! Des coquelicots, voilà ce qui ferait très joli sur les bretelles de velours noir de ta robe. Voyons, je pourrais peut-être en soustraire deux à ce chapeau. » Elle portait un grand chapeau de paille d'Italie, couleur crème, orné d'une couronne de coquelicots et de pâquerettes — et tout en parlant, elle en détacha les épingles, le posa sur son genou et promena ses mains sur sa soyeuse chevelure brune.

---

8. single : *seul, unique.* Effet d'insistance, employé avec **one** : **not a single one,** *pas un seul ;* **every single day,** *chaque jour que Dieu fait ;* **every single man,** *chaque homme sans exception ;* **single cabin,** *cabine individuelle ;* **a single man, woman,** *un, une célibataire.*
9. la bonne abréviation, c'est Messrs ['mesəz].
10. to spare : *épargner, ménager ;* **to spare one's pains,** *ménager sa peine ;* également : *se passer de ;* **I can spare this book,** *je n'ai pas besoin de ce livre ;* aussi, *faire grâce de,* **spare us the details !**
11. Leghorn = Livourne. D'où **leghorn (hat) :** *chapeau de paille d'Italie.*

"Oh I think two poppies would look perfectly heavenly [1] —" said Beryl, "and just be the right finish but of course I won't hear of [2] you taking them out of that new hat, Doady — Not for worlds."

"It would be sheer murder," said Linda dipping a water cress sanwich into the salt cellar [3] — and smiling at her sister — "But I haven't the faintest feeling about this hat, or any other for the matter of that [4]," said Doady — and she looked mournfully [5] at the bright thing on her knees and heaved a profound sigh. The three sisters were very unlike [6] as they sat round the table — Mrs Trout, tall and pale with heavy eyelids that dropped over her grey eyes, and rare, slender hands and feet was quite a beauty. But Life bored her. She was sure that something very tragic was going to happen to her soon — She had felt it coming on [7] for [8] years — What it was she could not exactly say but she was "fated" [9] somehow. How often, when she had sat with Mother Linda and Beryl as she was sitting now her heart had said "How little they know" — or as it had then — "What a mockery this hat will be one day," and she had heaved just such a profound sigh... And each time before her children were born she had thought that the tragedy would be fulfilled then — her child would be born dead [10] or she saw the nurse going into [11] Richard her husband and saying "Your child lives *but*" — and here the nurse pointed one finger upwards like the illustration of Agnes in David Copperfield — "your wife is no more" [12] —

---

1. littéralement : *céleste.*
2. **to hear of** : *entendre parler de, avoir des nouvelles de.*
3. en un seul mot : *salière de table.* **Cellar,** *cave.*
4. **for that matter** est plus courant.
5. [mɔːn...] le u ne se prononce pas.
6. le préfixe privatif un- est surtout employé avec des mots d'origine saxonne : **unlucky,** *malchanceux ;* in-, avec des mots d'origine romane : **inexpensive,** *bon marché.*
7. **on** exprime le mouvement.
8. **for** exprime une durée. Serait à la forme progressive, mais avec **to feel** ce n'est guère possible.
9. ou **doomed.**
10. **stillborn child,** *enfant mort-né.*

168

« Oh, je crois que deux coquelicots auraient l'air parfaitement divin, renchérit Béryl, et apporteraient la finition rêvée, mais il n'est pas question, bien entendu, que tu les retires de ce chapeau neuf, Doady. Jamais de la vie. »

« Ce serait un massacre, purement et simplement », dit Linda en trempant un sandwich au cresson dans la salière — avec un sourire à l'adresse de sa sœur. « Mais je n'ai pas le moindre attachement pour ce chapeau, ni pour aucun autre, d'ailleurs », et ce disant Doady eut un regard mélancolique pour cette chose brillante sur ses genoux et poussa un profond soupir. Assises autour de la table, les trois sœurs était très dissemblables — Mrs Trout, grande, pâle, avec de lourdes paupières qui tombaient sur ses yeux gris, des mains et des pieds d'une surprenante finesse, était assez ravissante. Mais la Vie l'ennuyait. Elle avait la certitude qu'un événement très tragique allait bientôt lui arriver. Elle le sentait venir depuis des années. Incapable de dire exactement quoi, elle se sentait néanmoins « vouée au malheur » d'une façon ou d'une autre. Combien de fois, assise comme aujourd'hui en compagnie de Mère, Linda et Beryl, elle avait entendu parler son cœur, « si elles savaient » ou, comme à l'instant, « Ce chapeau, un jour, quel objet grotesque il sera » ; et de pousser alors le même soupir à fendre l'âme... Et chaque fois, avant la naissance de ses enfants, elle avait cru l'heure tragique arrivée, elle aurait un enfant mort-né, ou elle voyait l'infirmière se précipiter sur Richard, son époux, en disant, « Votre enfant vit, mais — l'infirmière pointait alors un doigt vers le haut à l'exemple d'Agnès dans *David Copperfield* —, votre femme n'est plus ».

---

11. to go into est généralement utilisé pour des choses : **to go into details ; to go into lengthy explanations...**
12. c'est ainsi — en levant solennellement un doigt vers le ciel — qu'Agnès, la future femme de David Copperfield, annonce à celui-ci la mort de la douce Dora, la femme-enfant.

But no, nothing particular had happened except that they had been boys and she had wanted girls, tender little caressing girls, not too strong with hair to curl and sweet little bodies to dress in white muslin threaded with pale blue — Ever since her marriage she had lived at Monkey Tree Cottage — Her husband left for town at eight o'clock every morning and did not return until half-past six at night. Minnie was a wonderful servant. She did everything there was to be done[1] in the house and looked after the little boys and even worked in the garden — So[2] Mrs Trout became a perfect martyr to[3] headaches[4]. Whole days she spent on the drawing room sofa with the blinds pulled down and a linen handkerchief steeped in eau de Cologne on her forehead[5]. And as she lay there she used to wonder why it was that she was so certain that life held something terrible for[6] her and to try[7] to[8] imagine what that terrible thing could be — until by and by[9] she made up perfect novels with herself for the heroine[10], all of them ending with some shocking catastrophe[11]. "Dora" (for in these novels she always thought of herself in the third person : it was more "touching" somehow) "Dora felt strangely happy that morning. She lay on the verandah looking out on the peaceful garden and she felt how sheltered and how blest[12] her life had been after all. Suddenly the gate opened : A working man, a perfect stranger to her pushed up the path and standing in front of her, he pulled off his cap, his rough face full of pity.

---

1. l'anglais utilise un infinitif passif ; le français, un infinitif actif : **what is to be done** ? *Que faire ?*
2. **so :** cette « conséquence » est inattendue, et présentée comme logique.
3. **a martyr to rheumatism :** to (ou : in) a cause. A prey to fear ; to fall a prey to temptation.
4. **ache :** *malaise sourd et persistant ;* **headache,** ear-ache, tooth-ache…
5. le h ne se prononce pas.
6. **held something in store for her.**
7. **to try** se relie à she used (to).

Mais non, rien de particulier ne s'était produit, à part le fait qu'elle avait eu des garçons et désiré des filles, de tendres petites filles caressantes, pas trop robustes, avec des chevelures à boucler et de gentils petits corps à vêtir de mousseline blanche passementée de bleu pâle. Depuis son mariage, elle avait toujours vécu à la Villa de l'Arbre à Singes. Son époux partait pour la ville à huit heures tous les matins et ne rentrait pas avant six heures et demie le soir. Minnie était la perle des bonnes. Elle faisait tout ce qu'il y avait à faire dans la maison, s'occupait des petits garçons et travaillait même au jardin. De sorte que Mrs Trout devint la proie de maux de tête martyrisants. Des journées entières elle passait sur le divan du salon, tous stores baissés, un mouchoir de lin, imbibé d'eau de Cologne, sur le front. Étendue là, elle avait pour habitude de s'interroger sur la raison de cette certitude que la vie lui réservait quelque chose de terrible, et d'essayer de s'en imaginer les possibles contours — tant et si bien qu'elle finit par échafauder de parfaits romans, dont elle était l'héroïne et qui tous finissaient sur une épouvantable catastrophe. « Dora » (car dans ses romans, elle parlait toujours d'elle-même à la troisième personne : c'était plus « touchant », d'une certaine manière), Dora se sentait étrangement heureuse, ce matin-là. Étendue sur la véranda, elle promenait ses regards sur le paisible jardin, consciente du caractère sans souci et protégé de sa vie, après tout. Tout à coup, le portail s'ouvrit : un ouvrier, parfaitement inconnu d'elle, monta l'allée à pas forcés, et planté devant elle, retira sa casquette, sa rude face baignée de compassion.

---

8. K.M. aurait pu écrire également : **try and imagine**.
9. by and by = **presently** : *dans un instant, tout à l'heure ;*
by the by (e) = **by the way**, *à propos.*
10. ['heroum] ; **hero, heroes**.
11. [kə'tæstrəfi] : racine grecque.
12. the blest : *les bienheureux ;* **the Blessed Virgin**, *la Sainte Vierge.*

'I've bad news [1] for you Mam' [2].....'Dead ?' cried Dora
clasping her hands. 'Both dead ?'.... Or since the
Burnells had come to live at Tarana... She woke at [3]
the middle of the night. The room was full of a strange
glare. "Richard ! Richard wake ! Tarana is on fire [4]"
—. At last all were taken out — they stood on the
blackened grass watching the flames [5] rage. Suddenly
— the cry went up, Where was Mrs Fairfield. God !
Where was she. "Mother !" cried Dora, dropping onto
her knees on the wet grass. "Mother." And then she
saw her Mother appear at an upper [6] window — Just
for a moment she seemed to faintly waver — There
came a sickening crash...

These dreams were so powerful that she would [7]
turn over buried [8] her face in the ribbon work cushion
and sobbed. But they were a profound secret — and
Doady's [9] melancholy [10] was always put down to [11] her
dreadful headaches... "Hand over the scissors [12] Beryl
and I'll snip them off now." "Doady ! You are to do [13]
nothing of the [14] kind," said Beryl handing her two
pairs of scissors to choose [15] from — The poppies were
snipped off. "I hope you will really like Tarana" she
said, sitting back in her chair and sipping her tea.
"Of course it is at its best [16] now but I can't help
feeling a little afraid that it will be very damp in the
winter. Don't you feel that, Mother ? The very fact
that the garden is so lovely is a bad sign in a way —
and then of course it is quite in the valley — isn't it
— I mean it is lower than any of the other houses."

---

1. **news** toujours sing. Here is the news, *voici les nouvelles.*
2. **mam'** : populaire pour Madam.
3. **at,** pour indiquer l'instant précis. **She woke at midnight.**
Plus souvent : in the middle of the night.
4. the house is **on fire ;** to be on holiday ; to be on duty,
de service ; to go on strike, *se mettre en grève.*
5. Δ différence orthographique : **flame,** *flamme.*
6. à un simple adj. français peut correspondre un comparatif
anglais, quand il y a une opposition entre deux éléments.
The upper forms, *les grandes classes ;* **the Lower House,** *la
Chambre Basse ;* **on the farther bank,** *sur l'autre rive.*
7. forme fréquentative.
8. ['berɪ]. **Burial,** *enterrement.*

172

« J'ai de mauvaises nouvelles pour vous, Madame... »
« Morts ? s'écria Dora en s'étreignant les mains. Morts, tous les deux ? »... Ou encore, depuis l'installation des Burnell à Tarana... Elle se réveillait au beau milieu de la nuit. Une étrange lumière éblouissante emplissait la chambre. « Richard ! Richard, réveille-toi ! Tarana est en feu. » A la fin, tout le monde fut dehors, debout sur l'herbe noircie, à regarder les flammes faire rage. Soudain, le cri monta : Où était Mrs Fairfield ? Seigneur ! Où était-elle ? « Mère ! » s'écria Dora, en tombant à genoux sur l'herbe humide. « Mère. » L'instant d'après, elle vit sa Mère apparaître à une fenêtre du haut. Une brève seconde elle sembla faiblement vaciller. Puis, un fracas à vous soulever le cœur...

Ces rêves avaient une telle puissance qu'elle se retournait, enfouissait son visage dans le coussin tressé de rubans et partait en sanglots. Mais ils constituaient un profond secret — et le vague à l'âme de Doady était toujours mis sur le compte de ses affreuses migraines... « Fais passer les ciseaux, Beryl, je vais les couper tout de suite. » « Doady ! Tu n'y penses pas ! » dit Beryl en lui tendant deux paires de ciseaux, au choix. Les coquelicots furent coupés. « J'espère que tu aimeras vraiment Tarana », dit-elle en se calant sur sa chaise et en sirotant son thé. « Bien sûr, c'est de toute beauté en ce moment, mais je ne peux m'empêcher d'éprouver quelque crainte que ce soit très humide en hiver. Pas toi, Mère ? La splendeur même du jardin, c'est en un sens mauvais signe — et puis, naturellement, c'est tout à fait dans la vallée — n'est-ce pas — je veux dire, c'est plus bas que n'importe laquelle des autres maisons. »

---

9. on trouve Doady, également, dans David Copperfield.
10. l'accent tonique est sur la première syllabe.
11. to put down sth to sbd (ou : sth) : *mettre qqch au compte de qqn, attribuer ;* I put down his nervous breakdown to overwork, *surmenage.*
12. ['sizəz].
13. to be to exprime une action future qui a été décidée : he is to go to Orsay on Tuesday. Exprime aussi un ordre, une nécessité : **you are to stay motionless,** *sans bouger.*
14. the a ici une valeur de démonstratif.
15. to choose, I chose, chosen.
16. to be at one's best : *être en train, en forme.* **That is O. Wilde at his best :** *c'est du meilleur O. Wilde.*

"I expect it will be flooded from the autumn to the spring" said Linda : "we shall have to set little frog traps Doady, little mouse traps in bowls of water baited with a spring [1] of watercress instead of a piece of cheese — And Stanley will have to row to [2] the office in an open boat. He'd love that. I can imagine the glow he would arrive in and the way he'd measure his chest twice [3] a [4] day to see how fast is was expanding." "Linda you are very silly — very" said Mrs Fairfield. "What can you expect from Linda," said Dora "she laughs at [5] everything. Everything. I often wonder if there will ever be anything that Linda will not laugh at." "Oh, I'm a heartless creature !" said Linda.

She got up and went over to her Mother. "Your cap is just a tiny wink [6] crooked, Mamma" said she, and she patted it straight [7] with her quick little hands and kissed her Mother. "A perfect little icicle" she said and kissed her again. "You mean you love to think you are" said Beryl, and she blew [8] into her thimble, popped it on and drew [9] the white satin dress towards her — and in the silence that followed she had a strange feeling — she felt her anger like a little serpent dart out of her bosom and strike [10] at Linda. "Why do you always pretend to be so indifferent to everything," she said. "You pretend you don't care where you live, or if you see anybody or not, or what happens to the children or even what happens to you.

---

1. est-ce a sprig, *une brindille ?*
2. le mouvement est exprimé par to ; la manière, par le verbe : to row to the office ; to drive to the office ; to ride to the office ; to walk to the office ; to run, etc.
3. twice = two times ; thrice = three times.
4. once a year : *une fois par an.* Several times a day, *plusieurs fois par jour.* Article indéfini devant une unité (sens distributif). One shilling a pound, *la livre ;* 3 miles an hour, *à l'heure.*
5. to laugh at : *se moquer de.*
6. a wink : *un clin d'œil.* Par extension : *un tout petit peu.*

« Je m'attends à le voir inondé de l'automne au printemps, dit Linda ; il va nous falloir installer de petits pièges à grenouilles, Doady, de petites souricières dans des bols d'eau, appâtées avec du cresson au lieu d'un morceau de fromage. Et Stanley sera obligé d'aller au bureau à la rame dans une plate. Il adorerait ça. Je vois tout à fait le vermeil qui l'empourprerait à son arrivée et la façon dont il mesurerait sa poitrine deux fois par jour pour se faire une idée de la vitesse de son développement. » « Linda, tu es vraiment très sotte — très », dit Mrs Fairfield. « Qu'attendre de Linda, renchérit Dora, elle rit de tout. De tout. Je me demande souvent s'il y aura un jour une chose dont Linda ne se gaussera pas. » « Oh, je suis un être sans cœur ! » dit Linda.

Elle se leva et se dirigea vers sa Mère. « Ta coiffe est juste un tout petit rien de travers, Maman », dit-elle ; un léger tapotement des agiles petites mains, et la coiffe fut redressée ; la Mère reçut un baiser. « Un parfait petit glaçon », dit Linda avec un deuxième baiser. « Dis plutôt que tu adores penser ça de toi », lança Beryl ; elle souffla dans son dé à coudre, en coiffa son doigt, et attira à elle la robe de satin blanc et dans le silence qui suivit, elle eut une impression étrange, elle sentit sa colère, tel un petit serpent, s'élancer de sa poitrine comme une flèche et porter un coup à Linda. « Pourquoi prétends-tu toujours être si indifférente à tout, dit-elle. A t'entendre, tu te fiches de l'endroit où tu vis, de voir des gens ou pas, de ce qui arrive à tes enfants, ou même de ce qui t'arrive.

---

7. sur le modèle de **she rubbed it clean ; she painted it black.** Le verbe indique la manière et l'attribut, le résultat. Rien de tel en français.
8. to blow, I blew, blown.
9. to draw, I drew, drawn.
10. to strike, I struck, struck (stricken : adj.) **At** contient ici une forte nuance d'hostilité.

You can't be sincere and yet you keep it up[1] — you've kept it up[2] for years — In fact" — and she gave a little laugh of joy and relief[3] to be so rid of[4] the serpent — she felt positively delighted — "I can't even remember when it started now — Whether[5] it started *with* Stanley or before Stanley's time or after you'd had rheumatic[6] fever or when Isabel was born —" "Beryl" said Mrs Fairfield sharply. "That's quite enough, quite enough !" But Linda jumped up. Her cheeks were very white. "Don't stop her Mother" she cried, "she's got a[7] perfect[8] right to say whatever she likes. Why on earth shouldn't she." "She has *not*" said Mrs Fairfield. "She has no right *what*ever." Linda opened her eyes at her Mother. "What a way to contradict anybody," she said. "I'm ashamed of you — And how Doady must be enjoying herself. The very first time she comes to see us at our new house we sit hitting[9] one another[10] over the head —" The door handle rattled and turned. Kezia looked tragically in. "Isn't it *ever* going to be[11] tea time" — she asked — "No, never !" said Linda. "Your Mother doesn't care Kezia whether you ever set eyes upon her again. She doesn't care if you starve. You are all going to be sent to a Home for Waits and Strays[12] to-morrow." "Don't tease" said Mrs Fairfield. "She believes every word." And she said to Kezia, "I'm coming darling. Run upstairs to the bathroom and wash your face your hands *and* your knees."

---

1. you must keep it up : *il faut continuer tes efforts.* To keep up appearances, *garder, sauver les apparences.*

2. present perfect : *et ça continue...*

3. relief [iː] : *relief ;* mais aussi, *soulagement* (demi ▲).

4. to be rid of : *être débarrassé de.* To get rid of, *se débarrasser de* (to rid oneself of).

5. whether : *si... ou si.*

6. [ruˈmætik] ; mais [ˈruːmətizm]. Noter aussi la différence orthographique : **rheumatism**/*rhumatisme.*

7. she's got a right to : *elle a le droit de.*

8. perfect, perfectly, est souvent employé par ces dames (perfectly charming, perfectly heavenly, perfect martyr, perfect novels, perfect stranger, perfect icicle, perfect right...) ; à moins que ce ne soit une idiosyncrasie de K.M. ?

Ce n'est pas possible que tu sois sincère, mais tu continues, ça fait des années que tu maintiens ça. En fait (et elle émit un petit rire de joie et de soulagement d'être ainsi débarrassée du serpent ; elle éprouvait un absolu ravissement), je ne me rappelle même plus quand ça a commencé. Avec Stanley, ou avant l'arrivée de Stanley, ou à la suite de ta crise de rhumatisme articulaire aigu ou à la naissance d'Isabel. » « Beryl, interrompit sèchement Mrs Fairfield. Ça suffit comme ça, ça suffit ! » Mais Linda se leva d'un bond, les joues très blanches. « Ne lui coupe pas la parole, Mère, s'écria-t-elle ; elle a parfaitement le droit de dire ce qu'elle veut. Au nom de quoi l'en empêcher », « Non, dit Mrs Fairfield, elle n'a aucun droit de ce genre, aucun. » Linda écarquilla les yeux en direction de sa Mère. « Cette façon de contredire, fit-elle. Tu me fais honte. Et comme Doady doit se régaler. Pour sa toute première visite dans notre nouvelle demeure, nous sommes là, à nous flanquer mutuellement des coups sur la tête. » La poignée de la porte cliqueta et tourna. Kezia passa la tête, le regard tragique. « Ça ne va donc jamais être l'heure du thé ? » demanda-t-elle. « Non, jamais ! répondit Linda. Ta Mère, Kezia, se contrefiche que tu la revoies ou pas. Si tu crèves de faim, elle s'en fiche. Demain, vous allez tous être envoyés dans un Foyer pour Enfants Abandonnés. » « Ne taquine pas, dit Mrs Fairfield. Elle ajoute foi à chaque mot. » Et s'adressant à Kezia : « J'arrive, ma chérie. Monte vite à la salle de bains, te laver la figure et les mains, et aussi les genoux. »

---

9. **to hit, I hit, hit.**
10. **one another :** elles sont trois, quatre avec Mrs Fairfield. En règle générale, la réciprocité entre deux personnes seulement se marque par **each other** ; entre plusieurs personnes, par **one another**.
11. **l'expression to be going to** exprime un futur proche + nuance d'intention.
12. **Waifs and Strays :** m. à m. : *épaves et égarés = enfants abandonnés.*

On the way home with her children Mrs Trout began an entirely new "novel". It was night. Richard was out somewhere (he always was on these occasions). She was sitting in the drawing room by candlelight playing over [1] "Solveig's Song" when Stanley Burnell appeared — hatless — pale — at first he could not speak. "Stanley tell me what is it"... and she put her hands on his shoulders. "Linda has gone !" he said hoarsely. Even Mrs Trout's imagination could not question this flight. She had to accept it very quickly and pass on. "She never cared," said Stanley — "God knows I did all I could — but she wasn't happy I knew she wasn't happy."

"Mum" said Rags "which [2] would you rather be if you had to [3] a duck or a fowl — I'd rather be a fowl, much rather [4]."

The white duck did not look as if it had ever had a head when Alice placed it in front of Stanley Burnell that evening. It lay, in beautifully basted [5] resignation, on the blue dish ; its legs tied together with a piece of string and a wreath of little balls of stuffing round it. It was hard to say which of the two, Alice or the duck looked the better [6] basted. They were [7] both [8] such a rich colour and they both had the same air of gloss and stain — Alice a peony [9] red and the duck a Spanish mahogany [10]. Burnell ran his eye along the edge of the carving knife ; he prided himself [11] very much upon his carving ; upon making a first-class job of it —

---

1. **over** : exprime la répétition. **Say it over**, *répète-le*.
2. **which** : dans le cas d'une alternative. Implique un choix restreint (sinon, on emploie **what**). **Which** est ici pronom. **Which do you prefer** (personnes ou choses). **Which of these partitas will you play** ?
3. **to have to** : a le sens de **must**.
4. la chute est belle. Chacun suit ses pensées, et Mrs Trout ne peut évidemment rien comprendre à la question de son fils.
5. **to baste** [beist] : *arroser un rôti, une volaille, de jus de cuisson*.

178

Sur le chemin du retour avec ses enfants, Mrs Trout commença un « roman » entièrement nouveau. Il faisait nuit. Richard était dehors quelque part (comme toujours, dans ces occasions). Assise dans le salon, à la lueur des bougies, elle jouait la « Chanson de Solveig », lorsque survint Stanley Burnell, nu-tête, pâle, incapable de parler, tout d'abord. « Stanley, quoi donc, dis-moi quoi »... et elle posa les mains sur ses épaules. « Linda est partie ! » annonça-t-il d'une voix rauque. Même l'imagination de Mrs Trout ne pouvait mettre en doute cette fuite. Elle dut l'accepter très vite, sans s'attarder. « Elle a toujours été indifférente, dit Stanley, Dieu sait, j'ai fait tout ce que j'ai pu, mais elle n'était pas heureuse, je savais qu'elle n'était pas heureuse. »

« 'Man, demanda Rags, qu'est-ce que tu préférerais être, s'il le fallait, un canard ou une volaille ; moi, je préférerais être une volaille, de beaucoup. »

Le canard blanc n'avait pas l'air d'avoir jamais eu de tête lorsque Alice le plaça devant Stanley Burnell, ce soir-là. Il trônait, dans une résignation magnifiquement arrosée, sur le plat bleu, les pattes liées avec un brin de ficelle, entouré d'une couronne de boulettes de farce. Il était difficile de dire qui, d'Alice ou du canard, semblait avoir été le mieux arrosé pendant la cuisson. Ils avaient tous deux une si somptueuse couleur, laqués et teints, tous deux — rouge pivoine pour Alice, acajou d'Espagne pour le canard. Burnell parcourut du regard le tranchant du couteau à découper ; très fier de son habileté à découper, il s'enorgueillissait de faire là du travail de premier ordre.

---

6. lorsque le superlatif porte sur deux termes, l'anglais emploie le comparatif.
7. the sea and the sky were a grey colour : *avaient une couleur grise.*
8. there were both = both of them were...
9. s'écrit aussi **paeony** ['piːəni]. **As red as a peony,** *rouge comme une pivoine.*
10. les divers types d'acajou sont ainsi définis : **Spanish mahogany ;** Baywood m. (de Campêche, Mexique) ; Cuba m. ; Honduras m., etc.
11. to pride oneself on ; to be proud of = to take a pride in.

He hated seeing a woman carve[1] ; they were always too slow and they never seemed to care what the meat looked like after they'd done with it. Now he did, he really took it seriously — he really took a pride in cutting[2] delicate shaves[3] of beef, little slices of mutton[4] just the right thickness in his dividing a chicken or a duck with nice precision — so that it could appear a second time and still look a decent member of society. "Is this one of the home products" he asked, knowing perfectly well that it was. "Yes, dear, the butcher didn't come ; we have discovered that he only comes three times a week." But there wasn't any need to apologise[5] for it ; it was a superb bird — it wasn't meat at all, it was a kind of very superior jelly. "Father would say" said Burnell "that this was one of those. birds whose mother must have played[6] to it in infancy[7] upon the German[8] flute and the sweet strains[9] of the dulcet[10] instrument[11] acted with such effect upon the infant mind — Have some more Beryl. Beryl you and I are the only people in this house with a real feeling for[12] food — I am perfectly[13] willing[14] to state in a court of law, if the necessity arises that I love good food" — Tea was served in the drawing room after dinner and Beryl who for some[15] reason had been very charming to Stanley ever since[16] he came home suggested he and she should play a game of crib[17]. They sat down at a little table near one of the open windows.

---

1. un verbe de perception instinctive s'accompagne d'un infinitif incomplet.

2. to cut, I cut, cut.

3. terme culinaire, le plus souvent au pluriel, *copeaux* (de chocolat, par exemple).

4. beef : *bœuf* (viande cuite). *Bœuf vivant :* **ox (en).**

mutton : *mouton* (viande cuite). *Mouton (vivant)* : **sheep.**

La légendaire supériorité de la cuisine française est manifeste dans ce distinguo si flatteur.

5. to apologize (avec un z). He apologized to her for being late : *il s'excusa auprès d'elle de son retard.*

6. must have played : a dû jouer.

7. infancy, c'est *la petite enfance ;* ensuite : **childhood.**

8. German ou **transverse flute** : *traversière ;* **fipple flute** : *flûte à bec* ['flu:t].

180

Il détestait voir une femme découper ; elles étaient toujours trop lentes, et apparemment toujours indifférentes à l'aspect de la viande une fois le découpage terminé. Lui, non ; il prenait ça très à cœur, il mettait vraiment son orgueil à couper de délicats copeaux de bœuf, de petites tranches de mouton juste de la bonne épaisseur, à partager un poulet ou un canard avec une subtile précision, de sorte que si on le présentait une deuxième fois, il avait encore l'aspect d'un honnête citoyen. « C'est là un de nos produits maison ? » demanda-t-il, sachant parfaitement que oui. « Oui, mon cher, le boucher n'est pas venu ; nous avons découvert qu'il ne passe que trois fois par semaine. » Mais il n'y avait vraiment aucun besoin d'excuse ; c'était une superbe volaille, ce n'était même plus de la viande mais une sorte de gelée de qualité supérieure. « Père dirait qu'il appartient à la catégorie des volailles auxquelles leur mère a joué de la flûte traversière en leur enfance, et qu'on voyait là l'effet des doux accents de ce suave instrument sur l'esprit du nourrisson. Reprends-en, Beryl. Beryl, nous sommes les deux seuls, toi et moi, dans cette maison, à être vraiment sensibles à la nourriture. Je suis parfaitement disposé à venir déclarer devant un tribunal, en cas de besoin, que j'adore la bonne nourriture. » On servit le thé dans le salon, après dîner, et Beryl qui, allez savoir pourquoi, s'était montrée vraiment charmante envers Stanley depuis son retour à la maison, lui proposa de faire une partie de crapette, elle et lui. Ils prirent place à une petite table auprès d'une des fenêtres ouvertes.

---

9. strains : langage poétique : *accents.*
10. dulcet : littéraire (comme l'ensemble de la remarque). Il y a de l'humour dans l'air…
11. allitération en s : **sweet strains dulcet instrument.**
12. a feeling for nature ; *le sentiment de la nature :* a feeling for painting : *sensible à la peinture.*
13. if the necessity should arise = in case of necessity.
14. to arise, I arose, arisen.
15. indéfini : **for some reason** (or other).
16. since indique le point de départ d'une action.
17. crib : *les cartes* rejetées par chaque joueur et données au distributeur, dans le jeu de « **cribbage** ».

Mrs Fairfield had gone upstairs and Linda lay in a rocking chair her arms[1] above her head — rocking to and fro[2]. "You don't want[3] the light do you Linda" said Beryl and she moved the tall lamp to her side, so that she sat under its soft light. How remote they looked those two — from where Linda watched and rocked — The green table, the bright polished cards, Stanley's big hands and Beryl's tiny white ones, moving the tapping red and white pegs[4] along the little board[5] seemed all to be part of one united in some mysterious movement. Stanley himself resting at ease big and solid in his loose[6] fitting[7] dark suit, had a look of health and wellbeing[8] about him — and there was Beryl in the white and black muslin dress with her bright head bent under the lamp light. Round her throat she wore a black velvet ribbon — It changed her — altered the shape of her face and throat somehow — but it was very charming — Linda decided. The room smelled of[9] lilies — there were two big jars of white arums in the fireplace — "Fifteen two — fifteen four and a pair is six and a run of three is nine," said Stanley so deliberately[10] he might[11] have been counting sheep. "I've nothing but[12] two pairs" said Beryl, exaggerating[13] her woefulness[14], because she knew how he loved winning[15]. The cribbage pegs were like two little people going up the road together, turning round the sharp corner coming down the road again.

---

1. construction classique : **with her arms above.**
2. **fro** n'existe que dans cette expression : **to and fro.**
3. **to want :** *vouloir* et *avoir besoin de.*
4. le **cribbage** est un jeu de cartes, qui se joue à 2, 3 ou 4 joueurs, avec un jeu complet de cartes, une tablette avec des trous, et des chevilles pour compter.
5. assez exceptionnellement, le tableau est très coloré : **the green table ; Beryl's white hands, the white pegs, the white and black dress ; the dark suit ; the red pegs.**
6. ∆ différences orthographique et phonétique entre **loose** (s), et **to lose** (z).
7. **fitting coat :** *manteau ajusté.*
8. **wellbeing,** avec deux l ; mais **welfare,** avec un seul l (social welfare, public welfare).

Mrs Fairfield était montée, et Linda, allongée dans un fauteuil à bascule, se balançait, les bras au-dessus de la tête. « Tu n'as pas besoin de la lumière, Linda. Si ? » demanda Beryl en déplaçant la grande lampe de son côté, de façon à baigner dans sa douce lumière. Comme ils semblaient lointains, ces deux-là, de l'endroit où Linda observait et se balançait. La table verte, les cartes luisantes et polies, les fortes mains de Stanley, les toutes petites mains blanches de Beryl, actionnant avec un petit bruit sec les chevilles rouges et blanches sur la tablette, semblaient faire partie d'un tout, d'un même mouvement mystérieux. Autour de Stanley, bien à son aise, large et robuste, dans son ample costume sombre, flottait un air de santé et de bien-être ; puis il y avait Beryl, dans sa robe de mousseline blanc et noir, sa tête brillante penchée sous la lumière de la lampe. Elle portait autour du cou un ruban de velours noir. Il la changeait, modifiait la forme de son visage et de sa gorge, d'une certaine façon — mais c'était ravissant, décida Linda. La pièce sentait le lis, il y avait deux grandes jarres d'arums blancs devant la cheminée. « Quinze deux, quinze quatre et une paire, ça fait six et une tierce, ça fait neuf », annonça Stanley d'un ton aussi décidé que s'il comptait des moutons. « Je n'ai que deux paires », dit Beryl en exagérant son affliction, sachant combien il aimait gagner. Les petits bouts de bois avaient l'air de deux petits personnages qui montent la route ensemble, tournent l'angle aigu et redescendent la route.

---

9. to smell, I smelt, smelt ; peut être aussi régulier. It smells of Shalimar (ça sent le Shalimar).
10. ▲ Deliberately : *intentionnellement* ou *posément.*
11. sous-entendu : *that.*
12. but, dans le sens de *excepté.* **All but he :** *tous sauf lui.* **Who but he ?** *Qui, à part lui ?* **Last but one :** *avant-dernier.*
13. noter la différence orthographique : **exaggerate**/*exagérer.*
14. langage littéraire.
15. to win, I won, won.

They were pursuing each other. They did not so much want to get ahead[1] as to keep near enough to talk — to keep near — perhaps that was all. But no, there was one always[2] who was impatient and hopped away as the other came up and wouldn't listen perhaps one was frightened of the other or perhaps the white one was cruel and did not want to hear and would not even give him a chance to speak. In the bosom of her dress Beryl wore a bunch of black pansies, and once just as the little pegs were close side by side[3] — as she bent over — the pansies dropped out and covered them — "What a shame[4] to stop them," said she — as she picked up the pansies, "just when they had a moment to fly into each other's[5] arms !" "Goodbye my girl," laughed Stanley and away the red peg hopped — The drawing room was long and narrow with two windows and a glass door that gave on to the verandah. It had a cream paper with a pattern of gilt[6] roses, and above the white marble mantelpiece was[7] the big mirror in a gilt frame wherein[8] Beryl had seen her drowned reflection. A white polar bear skin lay in front of the fireplace and the furniture which had belonged to old Mrs Fairfield was dark and plain — A little piano stood against the wall with yellow pleated silk let into the carved back. Above it there hung an oil painting by[9] Beryl of a large cluster of surprised looking clematis — for each flower was the size of a small saucer[10] with a centre like an astonished eye fringed in black.

---

1. to go ahead : *aller de l'avant ;* **to get ahead :** *prendre de l'avance ;* **to go on ahead of :** *devancer ;* **to get on ahead of :** *dépasser.*
2. à la lecture, un Anglais accentuera ce **always**, mis en relief par sa place inhabituelle.
3. by the side of : *à côté de ;* **side by side :** *côte à côte.*
4. shame : *honte.* What a shame ! *Quel dommage !*
5. les pronoms réciproques (**each other, one another**) peuvent se mettre au cas possessif.
6. gilt est adj. et nom *(doré, dorure).* To gild : *dorer.*
7. sous-entendu : **there (was).**

Ils se poursuivaient, moins désireux de prendre de l'avance que de rester assez rapprochés pour pouvoir parler — rester proches — peut-être, simplement. Mais non, il y en avait toujours un d'impatient, qui décampait à l'approche de l'autre et refusait d'écouter ; peut-être l'un avait-il peur de l'autre ; peut-être le blanc, dans sa cruauté, ne voulait-il pas entendre, ni même donner à l'autre la possibilité de parler. Dans l'échancrure de sa robe, Beryl avait un bouquet de pensées noires ; à un moment donné, alors que les petites fiches se trouvaient côte à côte, Beryl se pencha, les pensées tombèrent, recouvrant les fiches. « Quel dommage de les arrêter, dit-elle en ramassant les pensées, juste au moment où ils allaient pouvoir voler dans les bras l'un de l'autre ! » « Au revoir, ma petite », dit Stanley en riant ; et hop, la cheville rouge déguerpit. Le salon était étroit et long, avec deux fenêtres et une porte vitrée qui donnait sur la véranda. Il avait un papier mural crème avec un motif de roses dorées ; au-dessus du manteau de la cheminée en marbre blanc, le grand miroir dans un cadre doré, où Beryl avait aperçu son image noyée. Devant le foyer, une peau d'ours polaire blanc ; le mobilier, qui avait appartenu à la vieille Mrs Fairfield, était sombre et quelconque. Contre le mur, un petit piano, avec un fond sculpté tapissé d'un panneau de soie jaune plissée. Au-dessus était accrochée une peinture à l'huile de Beryl représentant une grosse touffe de clématites à l'air surpris, chaque fleur, en effet, de la dimension d'une petite soucoupe, avait un cœur semblable à un œil étonné, frangé de noir.

---

8. wherein : les adverbes et conjonctions formés sur **where** sont assez littéraires. **Whereafter, whereby, wherewith, where of,** etc. Seul **whereas** *(alors que)* est d'usage courant.
9. a novel by Hemingway : a painting by Cellini.
10. saucer : ▲ familier : *soucoupe.*

But the room was not "finished" yet — Stanley meant [1]
to buy a Chesterfield [2] and two decent chairs and —
goodness [3] only knows [4] — Linda liked it best as it
was. Two big moths flew in through the window and
round and round [5] the circle of lamplight. "Fly away
sillies before it was too late. Fly out again" but no
— round and round they flew. And they seemed to
bring the silence of the moonlight in with them on
their tiny wings...

"I've two Kings" said Stanley "any good ?" "Quite
good" said Beryl. Linda stopped rocking and got
up. Stanley looked across. "Anything the matter [6],
darling ?" He felt her restlessness [7]. "No nothing I'm
going to find Mother." She went out of the room and
standing at the foot of the stairs she called "Mother —"
But Mrs Fairfield's voice came across the hall from
the verandah.

The moon that Lottie and Kezia had seen from the
storeman's wagon was nearly full — and the house,
the garden, old Mrs Fairfield and Linda — all were
bathed in a dazzling light — "I have been looking [8]
at the aloe" said Mrs Fairfield. "I believe it is going
to flower — this year. Wouldn't that be wonderfully
lucky ! Look at the top there ! All those buds — or is
it only an effect of light." As they stood on the steps
the high grassy bank on which the aloe rested — rose
up like a wave and the aloe [9] seemed to ride upon it
like a ship with the oars lifted

---

1. to mean, I meant, meant [ment] : *avoir l'intention de :*
I meant to write : *je voulais t'écrire ;* he means to go : *il a*
l'intention d'y aller. Destiner : He means this painting for
her : *il lui destine ce tableau. Signifier, vouloir dire :* What
do you mean ? *Que voulez-vous dire ?* What do you mean
by that ? *qu'entendez-vous par là ?*
2. style d'ameublement. *Un Chesterfield :* un canapé de
cuir capitonné.
3. goodness : *bonté.* My Goodness ! *Mon Dieu !* Goodness
(only) knows when he'll go : *Dieu seul sait...* For goodness'
sake : *pour l'amour de Dieu* (notons en passant que, dans
cette expression, **goodness**, contrairement à d'autres noms
terminés par deux s, ne prend pas de s au cas possessif).
4. sous-entendu : why.
5. exemple de l'importance et de la valeur des postpositions.
Le même verbe : **to fly,** employé avec quatre postpositions

Mais là pièce manquait encore de « finition ». Stanley avait l'intention d'acheter un canapé Chesterfield et deux bons fauteuils, et — Dieu seul sait pourquoi — Linda préférait le salon dans son état actuel. Deux grosses phalènes entrèrent par la fenêtre, voletant sans fin autour du halo de la lampe. « Disparaissez, imbéciles, avant qu'il soit trop tard. Allez, dehors », mais non, l'incessante ronde continuait. Et elles donnaient l'impression de faire entrer avec elles le silence du clair de lune sur leurs minuscules ailes...

« J'ai deux Rois, annonça Stanley, c'est bon ? » « Très bon », répondit Beryl. Linda arrêta son balancement et se leva. Stanley traversa la pièce du regard. « Quelque chose qui ne va pas, chérie ? » Il sentait sa nervosité. « Non, rien, je vais rejoindre Mère. » Elle quitta la pièce et, debout au pied de l'escalier, appela « Mère ». Mais la voix de Mrs Fairfield, traversant le couloir, arriva de la véranda.

La lune, que Lottie et Kezia avaient vue de la carriole du transporteur, était presque pleine — et la maison, le jardin, la vieille Mrs Fairfield, Linda, tout baignait dans une éblouissante clarté. « Je suis allée jeter un coup d'œil à l'aloès, dit Mrs Fairfield. Je crois qu'il va fleurir — cette année. Ce serait une chance magnifique, tu ne trouves pas ! Regarde le sommet, là ! Tous ces boutons... ou est-ce simplement un effet de lumière ? » Tandis qu'elles se tenaient sur les marches, le haut remblai herbeux sur lequel reposait l'aloès se souleva comme une vague, et l'aloès eut l'air de voguer dessus, tel un vaisseau toutes rames dressées

---

différentes : **to fly in, to fly away, to fly out, to fly round** (*entrer en volant, s'en aller, sortir, tourner, en volant*).
6. what's the matter ? *Qu'est-ce qu'il y a ?* **What's the matter with that cat ?** *Qu'est-ce qu'il a, ce chat ?* **Is there anything the matter ?** *Qqch ne va pas ?*
7. rest : *repos ;* **restless :** *sans repos ;* **restlessness :** formation du mot abstrait.
8. present perfect combiné avec la forme progressive. M. à m. : *j'ai été regardant.*
9. l'aloès est témoin de deux scènes : Linda et sa fille Kezia ; Linda et sa mère. Symétrie chargée de symbole.

— bright moonlight hung upon those lifted oars like water and on the green wave glittered the dew — "Do you feel too," said Linda and she spoke, like her mother with the "special" voice that women [1] use at night to [2] each other, as though they spoke in their sleep or from the bottom of a deep well — "don't you feel that it is coming towards us ?" And she dreamed that she and her mother were caught up on the cold water and into the ship [3] with the lifted oars and the budding mast. And now the oars fell, striking quickly and they rowed far away over the tops [4] of the garden trees over the paddocks and the dark bush beyond. She saw her mother, sitting quietly in the boat, "sunning" [5] herself in the moonlight as she expressed it. No, after all, it would be better if her Mother did not come, for she heard herself cry faster faster to those who were rowing. How much more natural this dream was than that [6] she should go back to the house where the children lay sleeping and where Stanley and Beryl sat playing cribbage — "I believe there are buds [7]," said she. "Let us go down into the garden Mother — I like that Aloe. I like it more than anything else here, and I'm sure I shall remember it long after I've forgotten all the other things." Whenever [8] she should make up her mind to stay no longer — She put her hand on her Mother's arm : and they walked [9] down the steps, round the island and on to the main "drive" that led to the front gates

---

1. **women** [wimin] : *les femmes* en général.
2. dans le sens de **towards** *(envers)*.
3. dans le rêve éveillé, les comparaisons disparaissent : l'aloès *est* un bateau, le talus *est* une vague (quelques instants plus tôt, il se soulevait comme une vague).
4. chaque arbre a un faîte : d'où le pluriel.
5. **to sun oneself :** *prendre le soleil, lézarder.* **To moon (about)** existe et signifie : *flâner, musarder.*
6. l'anglais a une plus grande souplesse de construction que le français : ce rêve est plus naturel que le fait qu'elle doit retourner à la maison…

— le clair de lune accrochait son éclat aux avirons levés, comme de l'eau, et sur la vague verte étincelait la rosée. « Est-ce que tu as l'impression, toi aussi », commença Linda, parlant comme sa mère de cette voix « spéciale » des femmes entre elles le soir, comme si elles parlaient dans leur sommeil ou du fin fond d'un puits — « ne sens-tu pas qu'il s'avance vers nous ? ». Et elle rêva qu'elles étaient, elle et sa mère, rattrapées sur l'eau froide et embarquées dans le vaisseau aux rames dressées et au mât chargé de bourgeons. Voici que s'abaissaient les avirons ; rapide, rapide, la cadence ; loin au-dessus des cimes des arbres du jardin, des enclos, des sombres taillis au-delà. Elle vit sa Mère, tranquillement assise dans le bateau, « s'ensoleillant » au clair de lune, selon son expression. Non, après tout, ce serait mieux si sa Mère ne venait pas, car elle s'entendit crier plus vite, plus vite, à ceux qui maniaient les avirons. Combien plus naturel semblait ce rêve que la pensée d'avoir à retourner à la maison où dormaient les enfants et où Stanley et Beryl étaient assis devant une partie de cartes. « Je crois qu'il y a des boutons, dit-elle. Descendons au jardin, Mère. J'aime cet Aloès. Je le préfère à tout le reste ici et je suis sûre que je m'en souviendrai longtemps après avoir oublié toutes les autres choses. » Quel que soit le moment où elle prendrait la décision de ne plus rester... Elle appuya la main sur le bras de sa Mère ; elles descendirent les marches, contournèrent l'îlot et prirent l'« allée » principale, qui conduisait à la grille d'entrée.

---

7. l'évocation de Linda n'ayant pas rencontré d'écho chez Mrs Fairfield, la jeune femme renoue le dialogue en répondant à sa mère à propos des bourgeons — dont, en fait, elle se moque.

8. whenever, on l'a vu, signifie *toutes les fois que ;* autre sens : *à n'importe quel moment que.* Ainsi, selon le contexte : **Come whenever you like** peut avoir deux sens.

9. là encore, le verbe **(to walk)** est mis en facteur commun, et les postpositions le modifient : **down, round, on to.**

— Looking at it from below she could see the long sharp thorns that edged the Aloe leaves, and at the sight of them her heart grew hard. She particularly liked the long sharp thorns. Nobody would dare to come near her ship or to follow after. "Not even my New Foundland [1] dog" thought she "whom I'm so fond of [2] in the day time." For she really was fond of him. She loved and admired and respected him tremendously [3] — and she understood him. *Oh*, better than anybody else in the world, she knew him through and through [4] — He was the soul [5] of truth and sincerity and for [6] all his practical [7] experience he was awfully simple, easily pleased and easily hurt — If only he didn't jump up at her so and bark so loudly and thump with his tail and watch her with such eager loving eyes ! He was too strong for her. She always *had* hated things that rushed at her even when she was a child [8] — There were times when [9] he was frightening — really frightening, when she just [10] hadn't screamed at the top of her voice — "you are killing me" — and when she had longed [11] to say the most coarse hateful things. "You know I'm very delicate. You know as well as I do that my heart is seriously affected and Doctor Dean has told you that I may [12] die any moment [13]— I've had three great lumps of children already." Yes, yes it was true — and thinking of it, she snatched her hand away from her Mother's arm for all her love and respect and admiration [14] she hated him.

---

1. en un seul mot : **Newfoundland,** *Terre-Neuve* : littéralement : *terre nouvellement trouvée.*
2. to be fond of = to like, to love.
3. cet adverbe est fort : *à faire trembler ;* dans la langue familière : *énormément ;* a **tremendous success,** *un succès fou.*
4. [θru:] I know Paris **through** and **through,** *comme ma poche.*
5. [soul] *âme.* To have a soul for music, *avoir la fibre musicale ;* he is the soul of kindliness, *il est la gentillesse même.*
6. for : dans le sens de **in spite of,** *en dépit de ;* **for all you may say,** *quoi que tu en dises ;* **for all her wealth,** *malgré sa fortune.* Dans ce sens, il est suivi de **all.**

190

Regardant l'Aloès d'en bas, elle vit les longues épines effilées qui en bordaient les feuilles ; à cette vue, son cœur durcit. Ces longues épines pointues, elle les aimait particulièrement. Personne n'oserait s'approcher de son vaisseau, ni le suivre. « Même pas mon Terre-Neuve, songea-t-elle, dont je raffole tant dans la journée. » Car elle avait vraiment de l'affection pour lui. Elle l'aimait, l'admirait et le respectait énormément — et elle le comprenait. Oh, mieux que quiconque au monde, elle le connaissait comme si elle l'avait fait. Il était la vérité et la sincérité personnifiées et en dépit de toute son expérience, il était simple comme tout, content de peu, blessé de peu. Si seulement il arrêtait de lui bondir après comme ça, d'aboyer fort, d'envoyer de grands coups de queue et de la dévorer de ses yeux aimants et passionnés ! Il était trop fort pour elle. Elle avait toujours détesté les choses qui se précipitaient sur elle, depuis son enfance. A certains moments, il était terrifiant — vraiment terrifiant ; dans ces cas-là, elle était à deux doigts de hurler de toutes ses forces, « tu me tues » — et l'envie la prenait de dire les choses les plus grossières et les plus odieuses. « Tu sais que je suis très fragile. Tu sais aussi bien que moi que j'ai le cœur sérieusement atteint ; le Docteur Dean te l'a bien dit, je risque de mourir à tout instant. J'ai déjà eu trois gros lourdauds d'enfants. » Oui, oui, c'était vrai — toute à cette pensée, elle retira brusquement sa main du bras de sa Mère ; en dépit de tout son amour, respect et admiration, elle le haïssait.

---

7. notons la différence dans le radical : **practical,** *pratique.*
8. on se rappelle la remarque de Kezia (adressée au transporteur). Cette phobie est donc de famille.
9. *il y avait des moments où,* **there were times when.**
10. on a déjà vu **just** dans cette acception : **she just had not screamed = she had almost screamed.**
11. to long for : *désirer fortement.* **I've longed for it too long,** *il y a trop longtemps que je le désire.*
12. may : exprime une possibilité, *il se peut que...*
13. come and see me any time : *à n'importe quel moment.*
14. les trois termes sont séparés par **and ;** ils répondent aux trois verbes : **loved and admired and respected,** de la face positive de l'analyse intérieure.

It had never been so[1] plain[2] to her as[3] it was at this moment — There were all her "feelings" about Stanley one just as true as the other — sharp defined — She could have done them up in little packets — and there was this other — just as separate as the rest, this hatred and yet just as real. She wished she had done them up[4] in little packets and given them to Stanley — especially the last one — she would like to watch him while he opened that... And how tender he always was after times like that, how submissive — how thoughtful. He would do anything for her he longed to[5] serve her. Linda heard herself saying in a weak voice, "Stanley would you light a candle" and she heard his joyful eager answer "My darling of course I shall" and through he went giving a leap out of bed and drawing the moon out of the sky for her — She hugged her folded arms[6] and began to laugh silently. Oh dear Oh dear how absurd it all was ! It really was funny — simply funny, and the idea of her hating Stanley (she could see his astonishment if she had cried out or given him the packet) was funniest of all. Yes it was perfectly true what[7] Beryl had said that afternoon. She didn't care for anything — but it wasn't a pose — Beryl was wrong there — She laughed because she couldn't *help* laughing. —

And why this mania[8] to keep alive ? For it really was mania ! What am I guarding[9] myself so preciously for she thought mocking and silently laughing ?

---

1. **so...as :** en raison de la négation (**never**). Dans une phrase affirmative : **as...as**.
2. **plain,** adj., est parfois difficile à cerner. Partant de *plat* (plain ground) → *évident, clair,* as plain as daylight ; → *simple,* plain living, the plain truth ; → *sans beauté,* a plain Jane, *une fille sans attrait, quelconque.*
3. **sharp,** pour sharply.
4. **to do up :** *emballer, empaqueter ; accommoder les restes ;* I'm done up, *je n'en peux plus, je suis fourbu.*
5. on a vu : to long for sth, I long to go to Egypt : *j'ai fortement envie d'aller en Egypte.*

Ça lui sautait aux yeux en cette minute comme jamais. Il y avait tous ses « sentiments » envers Stanley, tout aussi sincères les uns que les autres — nettement définis. Elle aurait pu les empaqueter séparément, — et il y avait cet autre, tout aussi indépendant que le reste, cette haine, et cependant tout aussi réel. Elle aurait aimé en faire de petits colis, les donner à Stanley, surtout le dernier. Quand il l'ouvrirait, celui-là, elle apprécierait d'être présente... Et quelle tendresse il manifestait, toujours, après des scènes de ce genre, quelle soumission, quelle prévenance. Il était prêt à faire n'importe quoi pour elle, il mourait d'envie de la servir. Linda s'entendit demander d'une voix faible, « Stanley, voudrais-tu allumer une bougie », et elle entendit son ardente et joyeuse réponse : « Mais oui, bien sûr, ma chérie » ; aussitôt dit que fait, le voilà hors du lit d'un bond, en train de décrocher la lune du ciel pour elle. Elle serra contre elle ses bras croisés et se mit à rire sans bruit. Oh, la la, la la, quelle absurdité dans tout ça ! Il y avait vraiment de quoi rire — franchement, et l'idée qu'elle haïssait Stanley (elle voyait d'ici son ébahissement si elle avait hurlé ou si elle lui avait donné le paquet) était la plus drôle de toutes. Oui, c'était parfaitement vrai, ce que Beryl avait dit cet après-midi. Elle se fichait de tout ; mais ce n'était pas une attitude — là, Beryl avait tort. Elle riait parce que, sincèrement, elle ne pouvait pas s'empêcher de rire.

Et cette manie de rester en vie, alors ? Ah oui, vraiment, une manie ! Qu'est-ce que j'ai, à me préserver si précieusement ? songea-t-elle, narquoise, et riant sans bruit.

---

6. with folded arms : *les bras croisés ;* **cross-legged,** *jambes croisées.*
7. what = that which, *ce qui, ce que.*
8. ['meɪmɪə], le mot arrive tout droit du grec et du latin.
9. to guard oneself : signifie aussi *se tenir sur ses gardes.*

I shall go on[1] having children[2] and Stanley will go on making money and the children and the houses will grow bigger and bigger, with larger and larger gardens — and whole fleets of aloe trees in them — for me[3] to choose from.

Why this mania to keep alive indeed ? In the bottom of her heart she knew that now she was not being perfectly sincere. She had a reason but she couldn't express it, no not even to herself. She had been walking with[4] her head bent looking at nothing — now she looked up and about her. Her mother and she were standing by the red and white camellia trees. Beautiful were the rich dark leaves spangled with light and the round flowers that perched among the leaves like red and white birds[5]. Linda pulled a piece of verbena and crumbled it and held up the cup of her hand to her Mother — "Delicious" said Mrs Fairfield bending over to smell — "Are you cold, child are you trembling ? Yes, your hands are cold. We had better go back to the house" — "What have you been thinking of" said Linda — "Tell me" — But Mrs Fairfield said "I haven't really been thinking of anything at all[6]. I wondered as we passed the orchard what the fruit trees were like, whether we should be able to make much jam this autumn — There are splendid black currant and gooseberry bushes in the vegetable garden. I noticed them to-day. I should like to see those pantry shelves thoroughly well stocked with our own jam —"

---

1. la postposition **on** s'emploie, comme ici, pour exprimer une continuation : "if music be the food of love, play on" : *"si la musique est bien la nourriture de l'amour, continuez à jouer"* (Twelfth Night) ; le contact, l'adhérence : **to put a coat on** ; **to try a hat on** ; un mouvement en avant ; une mise en marche : **to switch on the light** ; **to put the kettle on**, *mettre l'eau à chauffer*.
2. ... **she's expecting one**, *elle en attend un*.
3. proposition infinitive.
4. ce **with** sera explétif en français. **He's standing with his hands in his pockets ; he's sleeping with his eyes open ; he's walking with his head bent.**

Je continuerai à avoir des enfants, Stanley continuera à gagner de l'argent, les enfants et les maisons deviendront de plus en plus grands, avec des jardins de plus en plus spacieux — avec des flottilles entières d'aloès — parmi lesquels je ferai mon choix.

Oui, pourquoi, cette manie de rester en vie ? Au fond de son cœur, elle avait conscience de n'être plus parfaitement sincère, à présent. Elle avait une raison, qu'elle était cependant incapable d'exprimer, même en son for. Elle avait marché tête baissée, sans rien regarder — maintenant, elle levait les yeux, et regardait autour d'elle. Sa mère et elle se trouvaient près des camélias blancs et rouges. Superbes, leurs sombres feuilles charnues pailletées de lumière, et leurs fleurs rondes, perchées parmi les feuilles comme des oiseaux rouges et blancs. Linda arracha un brin de verveine, le froissa et tendit à sa Mère sa main en coupe — « Délicieux », dit Mrs Fairfield en se penchant pour sentir. « Tu as froid, mon enfant, tu trembles ? Oui, tes mains sont froides. Nous ferions mieux de rentrer » — « À quoi viens-tu de penser ? demanda Linda. Dis-moi. » Mais Mrs Fairfield répondit : « En fait, je ne pensais à rien du tout. Je me suis demandé, en passant à côté du verger, comment étaient les fruitiers, et si nous pourrions faire beaucoup de confiture cet automne. Il y a de magnifiques cassis et groseilliers, dans le potager. Je les ai remarqués aujourd'hui. Ça me ferait plaisir, de voir ces étagères de l'office entièrement garnies de nos propres confitures. »

---

5. l'image est jolie. Le **beautiful** en tête de phrase traduit bien la légère exaltation qui saisit Linda.
6. Mrs Fairfield s'obstine dans le terre à terre.

A letter from Beryl Fairfield to her friend Nan Fry.

My darling Nan,

Don't think me a piggy-wig[1] because I haven't written before : I haven't had a moment dear and even now I feel so exhausted that I can hardly hold a pen — Well, the dreadful deed is done[2]. We have actually[3] left the giddy whirl of town (!) and I can't see how we shall ever go back again, for my brother-in-law[4] has bought this house "look stock and barrel"[5] to use his own words. In a way it's an awful relief for he's been threatening to take a place in the country ever since I've lived[6] with them and I must say the house and garden are awfully nice — a million times better than that dreadful cubby hole[7] in town — But buried — my dear — buried isn't the word ! We have got neighbours but they're only farmers — big louts of boys who always seem to be milking[8] and two dreadful females[9] with protruding teeth who came over when we were moving and brought us some scones and said they were sure they'd be very willing to help. My sister, who lives a mile away says she doesn't really know a soul here, so I'm sure we never never[10] shall and I'm certain no body[11] will ever come out from town to see us because though there is a bus it's an awful old rattling thing with black leather sides that any decent person would rather die than ride in for six miles ! Such is life !

---

1. parler enfantin : **the piggy-wiggies,** *les petits cochons ;* wig, *perruque.*
2. allitération en d. **That's my good deed for the day,** *c'est ma BA quotidienne ;* **bold in word and deed,** *audacieux en paroles et en actes ;* **the deed is done.**
3. ▲ **actually :** *bel et bien, en réalité ;* actuellement, at present, now(adays).
4. **brother-in-law :** sister-in-law, *beau-frère, belle-sœur.*
5. expression toute faite : *tout sans exception, tout le toutim.* Les trois termes appartiennent à la serrurerie : *serrure, boîte de bois* (enfermant une serrure), *barillet* (de serrure).
6. l'action a son point de départ dans le passé, mais se poursuit dans le présent (d'où : present perfect).
7. en un seul mot : **cubbyhole,** *cachette, toute petite, pièce, placard.* Le mot n'est pas forcément péjoratif (ici, oui).

Une lettre de Beryl Fairfield à son amie, Nan Fry.

Ma très chère Nan,

Ne me prends pas pour une petite truie parce que je n'ai pas écrit plus tôt. Je n'ai pas eu une minute, ma chère, et aujourd'hui encore, je me sens si épuisée que j'ai du mal à tenir une plume. Ça y est, l'affolante action est accomplie. Nous avons bel et bien laissé le vertigineux tourbillon de la ville (!) ; quant à y revenir jamais, je ne vois pas comment, vu que mon beau-frère a fait l'acquisition de cette maison « avec tout son fourbi et son saint-frusquin », pour reprendre ses expressions. D'un côté, c'est un formidable soulagement, car depuis que je vis avec eux je l'entends constamment menacer de prendre une demeure à la campagne, et je dois reconnaître que le jardin et la maison sont rudement jolis — mille et mille fois mieux que cet horrible cagibi en ville. Mais c'est l'enterrement, ma chère, et encore, le mot est faible ! Nous avons bien des voisins, mais ce ne sont que des fermiers — de gros butors qui ont toujours l'air d'être en train de traire, et deux horribles bonnes femmes avec des dents qui avancent : elles sont venues, le jour de notre déménagement, nous apporter des petits pains et nous dire qu'elles étaient, sûr, toutes disposées à aider. Ma sœur, qui habite à un mille d'ici, avoue ne pas connaître âme qui vive, alors, pour nous, c'est à tout jamais exclu, j'en suis certaine ; sûre aussi que jamais personne ne quittera la ville pour venir nous voir, parce qu'il y a certes un bus mais c'est une horrible vieille guimbarde ferraillante aux flancs tapissés de cuir noir, et toute personne qui se respecte préférerait mourir plutôt que de rouler là-dedans pendant six milles ! Ainsi va la vie !

---

8. to milk the venom from a snake, *capter le venin d'un serpent.*
9. female est soit péjoratif, soit condescendant, mais un peu moins négatif que le français : *femelle ;* **a young female** : *une jeune personne* (dit-il, en frisant sa moustache...).
10. ainsi placé, **never** donne plus de vigueur au verbe (sous-entendu : **know**) ; **You never can tell,** *on ne sait jamais...*
11. nobody, en un seul mot.

It's a sad ending for poor little B. I'll get to be[1] a most frightful frump[2] in a year or two and come and see you in a mackintosh[3] with a sailor hat tied on with a white china silk motor veil[4] ! Stanley says that now we're settled, for after the most ghastly fortnight of my life we really are settled, he is going to bring out a couple of men from the club each week for tennis — on Saturday afternoons — In fact two are promised us as a *great treat* today — But my dear if you could see Stanley's men from the club, rather fattish[5] — the type who look frightfully indecent[6] without waistcoats — always with toes that turn in rather — so conspicuous too, when you're walking about a tennis court in white shoes and pulling up their trousers, every minute — don't you know and whacking at imaginary things with their racquets[7]. I used to[8] play with them at the Club Court last summer — and I'm sure you'll know the type when I tell you that after I'd been there about three times they *all* called me Miss Beryl ! It's a weary world. Of course Mother simply loves this place, but then when I am[9] Mother's age I suppose I shall be quite content[10] to sit in the sun and shell peas[11] into a basin but I'm not not not. What Linda really thinks about the whole affair, per usual[12] I haven't the slightest idea. She is as mysterious as ever.

---

1. to get to do sth : *finir par, arriver à faire qqch ;* **they got to be friends,** *ils ont fini par devenir amis ;* **he got to know his lesson,** *il a fini par savoir sa leçon.*
2. **frump :** *femme mal attifée, en retard sur la mode, fagotée.*
3. ou : **macintosh,** du nom de son inventeur, Charles Mackintosh.
4. c'est le célèbre **dust-veil,** *le pare-poussière,* de l'automobile des années folles.
5. le suffixe -ish est souvent péjoratif (pas toujours : **girlish ; Turkish**).
6. préfixe privatif **in-** avec des noms d'origine romane ; **un-** avec des noms d'origine saxonne **unbearable.** Mais ceci n'est pas une règle absolue.

C'est une triste fin pour la pauvre petite B. D'ici un an ou deux, je serai devenue une affreuse rombière et je viendrai te voir en imperméable avec un canotier attaché par une voilette d'automobile en soie de Chine blanche ! Stanley annonce, maintenant que nous sommes installés, oui vraiment installés, après la quinzaine la plus abominable de ma vie, qu'il va amener deux joueurs du club chaque semaine, pour faire du tennis, le samedi après-midi. En fait, deux nous sont promis comme une grande aubaine pour aujourd'hui. Mais, ma chère, si tu voyais ces types du club, plutôt grassouillets — des monstres d'indécence, privés de leurs gilets — les pieds plutôt tournés en dedans, toujours — c'est si voyant, en plus, quand on marche sur un terrain de tennis en chaussures blanches ; et sans cesse à remonter leurs pantalons, tu sais bien, et à assener de grands coups de raquette en direction de choses imaginaires. Je jouais avec eux au club, l'été dernier, et je suis sûre que tu verras le genre si je te dis qu'au bout de trois fois, pas plus, ils étaient tous à m'appeler Miss Beryl ! C'est un monde pénible. Mère adore cet endroit, comme de juste ; mais quand j'aurai son âge je ne demanderai probablement pas mieux que de rester assise au soleil à écosser des pois dans une jatte ; mais pour le moment, non, non et non. Ce que Linda pense vraiment de tout ça, comme d'habitude je n'en ai pas la moindre idée. Elle est aussi mystérieuse que jamais.

---

7. plus souvent : **racket**.
8. passé révolu.
9. la circonstancielle de temps ne se met pas au futur.
10. **content** : *satisfait ;* **glad** : *content.*
11. **sugar pea** : *mange-tout ;* **(green) pea**, *petit pois ;* **split pea**, *pois cassé ;* **sweet-pea**, *pois de senteur.*
12. vieillot et populaire : **as, per usual** = as usual.

My dear you know that white satin dress of mine[1]. I've taken the sleeves out entirely put straps of black velvet across the shoulders and two big red poppies off my dear sister's chapeau[2]. It's a great success though *when* I shall wear it I do not know...

Beryl sat writing this letter at a little table in front of the window in her room. In a way of course it was all perfectly true but in another way it was all the greatest rubbish and she didn't mean a word of it. No, that wasn't right — She felt all those things but she didn't really feel them like that — The Beryl that wrote that letter might have been leaning over her shoulder and guiding her hand — so separate was she : and yet in a way, perhaps she was more real than the other, the real Beryl. She had been getting stronger and stronger for a long while. There had been a time when the real Beryl had just really made use[3] of the false one to get her out of awkward[4] positions — to glide her over hateful moments — to help her to bear the stupid ugly sometimes beastly things that happened — She had as it were[5] called to the unreal Beryl, and seen her coming, and seen her going away again, quite definitely[6] and simply — But that was long ago. The unreal Beryl was greedy and jealous of the real one — Gradually she took more and stayed longer —. Gradually she came more quickly and now the real Beryl was hardly certain sometimes if she were[7] there or not —

---

1. **of** = **among**. Construction idiomatique : **that hat of yours ; this book of theirs.**
2. petit snobisme épistolaire (**hat**).
3. **for use in case of fire** : *à employer en cas d'incendie ;* **for use in schools,** *à l'usage des écoles ;* **instructions for use,** *mode d'emploi.*
4. [ˈɔːkwəd] a le sens de **clumsy,** *maladroit ;* **the awkward age,** *l'âge ingrat ;* de **embarrassing,** *gênant ;* **an awkward silence,** *un silence gênant ;* de **ill at ease,** *embarrassé :* **he felt awkward ;** de **inconvenient,** *malcommode :* **an awkward pen.**

Ma chère, tu connais cette robe de satin blanc que j'ai ; j'en ai retiré les manches entièrement, mis des bretelles de velours noir aux épaules, et deux gros coquelicots rouges pris au chapeau de ma chère sœur. C'est une belle réussite ; sauf que j'ignore totalement quand je pourrai la mettre...

Beryl écrivait cette lettre assise à une petite table devant la fenêtre de sa chambre. En un sens, bien sûr, tout ça était parfaitement vrai, mais vu sous un autre angle, c'était un beau tas de sornettes, sans un traître mot de sérieux. Non, ce n'était pas ça. Toutes ces choses, elle les sentait en effet, mais pas vraiment comme ça. La Beryl de la lettre avait assez d'existence en dehors d'elle pour, penchée par-dessus son épaule, guider sa main ; et pourtant, d'une certaine façon elle était peut-être plus réelle que l'autre, la vraie Beryl. Il y avait belle lurette qu'elle croissait en force. Naguère, la vraie Beryl faisait simplement usage de la fausse pour se tirer de situations délicates, pour survoler en douceur des moments détestables — comme bras secourable pour supporter les événements stupides, déplaisants, voire répugnants. Elle faisait appel, pour ainsi dire, à l'irréelle Beryl, la voyait arriver, la voyait repartir, en toute netteté et simplicité. Mais ces temps étaient révolus. L'irréelle Beryl était avide et jalouse de la vraie. Insensiblement, elle prenait davantage, et restait plus longtemps — elle arrivait plus vite, et désormais la vraie Beryl ne décelait plus avec certitude sa présence ou son absence.

---

5. as it were : *pour ainsi dire.*
6. *d'une manière précise,* ou *assurément.*
7. subjonctif.

Days, weeks at a[1] time passed without her ever for a moment ceasing to act[2] a part, for that is what it really came to and then, quite suddenly, when the unreal self had forced her to do something she did not want to do at all she had come into her own[3] again and for the first time realised[4] what had been happening. Perhaps it was because she was not leading the life that she wanted to — She had not a chance to really express herself — she was always living below her power — and therefore she had no need of her real self — her real self only made her wretched.

In a way of course it was all perfectly true but in another it was all the greatest rubbish and she didn't believe a word of it. No, that wasn't right : she *felt* all those things but she didn't really feel them *like that*[5]. It was her other self, whose[6] slave or whose mistress she was which[7] ? who had written that letter. It not only bored — it rather disgusted her real self. "Flippant and silly" said her real self, yet she knew she'd send it and that she'd always write that kind of twaddle[8] to Nan Fry — In fact it was a very *mild* example[9] of the kind of letter she generally wrote. Beryl leaned her elbows on the table and read it through[10] again — the voice of the letter seemed to come up to her from the page — faint already like a voice heard over a telephone wire, high, gushing — with something bitter in the sound — Oh, she *detested* it today. "You've always got so much animation B" said Nan Fry —

---

1. article indéfini en anglais, défini en français, devant un nom de mesure : **10 miles an hour, 3 shillings a dozen ;** dans des locutions usuelles : **(two) at a time,** *(deux) à la fois ;* **at a standstill,** *à l'arrêt ;* **to have a right to,** *avoir le droit de ;* **to have a gift for,** *le don ;* **to have a mind to,** *l'intention ;* **to give a hand,** *prêter la main ;* **to set an example,** *donner l'exemple ;* **with a smile,** *avec le sourire.*
2. to act. ou **to play, a part :** *jouer un rôle.*
3. to come into one's own : *entrer en possession de son bien, recevoir sa récompense ;* **to be on one's own,** *être seul, libre.*
4. to realize (avec un z).

Des jours, des semaines s'écoulaient d'affilée, où elle ne cessait pas un instant de jouer un rôle (quoi d'autre, en définitive) ; et puis, très brusquement, quand l'irréelle l'avait forcée à faire quelque chose qu'elle ne voulait pas faire du tout, elle avait retrouvé sa voie, se rendant clairement compte pour la première fois de la situation. Due peut-être au fait qu'elle ne menait pas la vie qu'elle voulait. Elle n'avait pas l'occasion de s'exprimer vraiment — elle vivait constamment en deçà de son potentiel, et n'avait par conséquent aucun besoin de son moi réel — son moi réel la démoralisait.

Le responsable de cette lettre, c'était son autre moi — dont elle était quoi ? l'esclave ou la maîtresse ? Lettre assommante et même plutôt répugnante, aux yeux de son vrai moi. « Verbiage désinvolte », la jugeait celui-ci ; cependant elle savait qu'elle l'enverrait et qu'elle écrirait toujours ce genre de balivernes à Nan Fry. En fait, c'était là un spécimen très anodin du genre de lettre qu'elle écrivait généralement. Beryl appuya les coudes sur la table et relut la lettre — dont la voix semblait surgir de la page et monter jusqu'à elle, faible déjà, comme au téléphone, aiguë, débordante, avec un rien d'amer dans le ton. Oh, elle lui faisait aujourd'hui vraiment horreur. « Tu as toujours eu tant d'entrain, B., disait Nan Fry.

---

5. ces quatre lignes, mot pour mot identiques à celles de la page précédente, sont plutôt l'effet d'une négligence que d'une intention délibérée.
6. le relatif **whose** exprime un rapport de possession ou de parenté. Il est suivi immédiatement du nom, qui perd son article (the slave of whom).
7. **which** interroge sur un choix limité (ici deux possibilités : slave, ou mistress).
8. senseless, silly, trifling talk.
9. notons la différence orthographique : **example,** *exemple.*
10. **through :** *d'un bout à l'autre.*

"That's why men are so keen on[1] you" — and she had added, rather mournfully — (for men weren't keen on Nan — she was a solid kind of girl with fat hips and a high colour) "I can't understand how you keep it up, but it's your nature I suppose." What rot ! What nonsense ! But it wasn't her nature at all ! Good Heavens ! if she'd ever been her real self with Nan Fry Nannie would have jumped out of the window with surprise. My dear you know that white satin dress of mine — Ugh ! Beryl slammed her letter case to[2]. She jumped up and half consciously — half unconsciously she drifted over to the looking glass — There stood a slim[3] girl dressed in white — a short white serge[4] skirt — a white silk blouse and a white leather belt drawn in tight round her tiny waist — She had a heart shaped[5] face — wide at the brows and with a pointed chin — but not too pointed — Her eyes — her eyes were perhaps her best feature — such a strange uncommon colour too, greeny blue with little gold spots in them. She had fine black eyebrows and long black lashes[6] — so long that when they lay on her cheek they positively caught the light some one or other had told her — Her mouth was rather large — too large ? No, not really. Her underlip[7] protruded a little. She had a way of sucking it in that[8] somebody else had told her was awfully fascinating. Her nose was her least[9] satisfactory feature — Not that it was really ugly — but it wasn't half as fine as Linda's.

---

1. expression assez familière : **to be keen** on sth (sport, painting), on someone : *être emballé par.*
2. curieux emploi de cet adverbe : **to,** explétif ; He put on his hat wrong side to, *sens devant derrière ;* to come to (one's senses), *reprendre connaissance.*
3. *mince,* thin, **slim,** slender.
4. [sə:dʒ]
5. un trait d'union serait préférable : **heart-shaped.**
6. eyelashes : *cils ;* eyelids, *paupières ;* eyebrows, *sourcils.*
7. underlip, bottom lip, lower lip : *lèvre inférieure ;* upperlip, top lip, *lèvre supérieure.*

C'est pour ça que les hommes ont un béguin pour toi »
— et elle avait ajouté avec un brin de mélancolie (car les
hommes n'avaient pas de béguin pour Nan, genre de fille
solide, la hanche grasse, le teint coloré), « Je ne comprends
pas comment tu arrives à tenir le coup, mais c'est dans ta
nature, j'imagine ». Quelle blague ! Quelle absurdité ! Sa
nature, mais pas du tout ! Mon Dieu ! Si elle s'était montrée
sous son vrai jour avec Nan Fry, la pauvre Nannie aurait
sauté par la fenêtre de surprise. Ma chère, tu connais cette
robe de satin blanc que j'ai. Pfeu ! Berryl ferma son porte-
lettres sans ménagements. Elle se leva d'un bond et sans y
penser — tout en y pensant —, elle dériva nonchalamment
jusqu'au miroir. Elle y vit une jeune fille mince vêtue de
blanc — jupe courte de serge blanche, chemisier de soie
blanche, ceinture de cuir blanc très serrée autour de sa
taille de guêpe. Elle avait un visage en forme de cœur
— large aux sourcils et pointu au menton — mais pas trop
pointu. Ses yeux — probablement ce qu'elle avait de mieux,
les yeux — et d'une couleur si étrange, si singulière, bleu-
vert, avec de petites paillettes d'or. Elle avait de délicats
sourcils noirs et de longs cils noirs, si longs que, lorsqu'ils
reposaient sur sa joue, ils accrochaient la lumière, littéralement, on le lui avait affirmé, mais qui ? Sa bouche était un
peu grande — trop grande ? Non, pas vraiment. La lèvre
inférieure avançait légèrement, et elle avait une façon de
l'aspirer en la suçant qui, au dire d'une autre personne,
était fichtrement séduisante. Le nez, voilà ce qu'elle avait
de moins satisfaisant. Non qu'il fût franchement affreux,
mais pour le ciselé, celui de Linda était deux fois mieux.

---

8. that... le français est plus lourd : *dont quelqu'un lui
avait dit que...*
9. little, less, the least. Le superlatif d'infériorité est
identique pour les adj. longs et les adj. courts : **the least
satisfactory ; the least tall.**

Linda really had a perfect little nose. Hers spread
rather — not badly — and in all probability she
exaggerated the spreadness[1] of it just because it was
her nose and she was so awfully critical of herself.
She pinched it with her thumb and second finger[2]
and made a little face[3] — Lovely long hair. And such
a mass of it. It was the colour of fresh[4] fallen leaves
— brown and red, with a glint of yellow. Almost it
seemed to have a life of its own — it was so warm
and there was such a deep ripple in it. When she
plaited it in one thick plait it hung on her back just
like a long snake — she loved to feel the weight of it
drag her head back — she loved to feel it loose
covering her bare arms. It had been a fashion[5] among
the girls at Miss Beard's[6] to brush Beryl's hair. "Do
do[7] let me brush your hair darling Beryl," but nobody
brushed it as[8] beautifully as Nan Fry. Beryl would[9]
sit in front of the dressing table in her cubicle[10] —
wearing a white linen wrapper — and behind her
stood Nannie in a dark red woolen[11] gown[12] buttoned
up to her chin — Two candles gave a pointing,
flickering light — Her hair streamed over the chair
back — she shook[13] it out — she yielded it up to
Nannie's adoring hands. In the glass[14] Nannie's face
above the dark gown was like a round sleeping mask.
Slowly she brushed, with long caressing strokes[15]
— her hand and the brush were like one thing upon
the warm hair.

---

1. Ce **spreadness** sent le néologisme (et la dérision : les
réflexions de Beryl sont si profondes qu'on ne va pas se
laisser arrêter par une difficulté de vocabulaire ; on va
créer un mot ; et continuer…).
2. ou forefinger.
3. plus couramment : **to make faces** (pl.) **at sbd** : *faire des
grimaces (à qqn)*. Ici, Beryl fait une petite grimace, de
même que Kezia, au début du récit, faisait une grimace à
la fente de jupe de Mrs S. Josephs.
4. **fresh** = freshly, ici.
5. autre exemple de l'indéfini anglais = défini français : **it
had been a fashion,** *ç'avait été la mode.*
6. sous-entendu : **school. At St-Paul's** (sous-entendu :
cathedral).

Ah, ça, Linda avait un petit nez parfait. Le sien s'épatait un peu — rien de méchant — et il était à parier qu'elle s'en exagérait l'épatement simplement parce que c'était le sien et qu'elle était si redoutablement critique vis-à-vis d'elle-même. Elle le pinça entre le pouce et l'index, et fit une petite grimace. Magnifiques cheveux longs. Et quelle masse. Ils avaient la couleur des feuilles fraîchement tombées — bruns et roux, avec un reflet de jaune. Ils paraissaient presque doués d'une vie propre, tant ils étaient tièdes, et creusés d'une si profonde ondulation. Quand elle les tressait en un épaisse natte, ils lui tombaient dans le dos comme un long serpent ; elle adorait sentir leur poids lui tirer la tête en arrière, elle adorait les sentir défaits, couvrant ses bras nus. Brosser la chevelure de Beryl, cela avait fait fureur parmi les filles, à la pension de Miss Beard. « Je t'en prie, laisse-moi te brosser les cheveux, Beryl chérie », mais personne n'avait le somptueux savoir-faire de Nan Fry. Beryl prenait place devant la coiffeuse dans son alcôve — enveloppée dans un peignoir de lin blanc — et derrière elle se tenait Nannie en robe de laine rouge foncé boutonnée jusqu'au menton. Deux bougies concentraient une lumière dansante. Sa chevelure ruisselait par-dessus le dos de la chaise, elle la déployait, elle l'abandonnait aux mains adoratrices de Nannie. Dans la glace, le visage de Nannie au-dessus de la robe sombre avait une allure de masque de sommeil à face ronde. Lentement elle brossait, à longues caresses lissantes — sa main et la brosse ne faisaient qu'un sur la tiède chevelure.

---

7. forme emphatique.
8. la présence de la négation **nobody** aurait justifié **so** au lieu de **as : so beautifully as.**
9. forme fréquentative.
10. racine latine. Petites cellules dans un grand dortoir sans séparations : *alcôve de dortoir.*
11. woollen : il faut deux l.
12. probablement : **a night-gown,** *robe de chambre.*
13. to shake, I shook, shaken.
14. looking-glass. **Glass,** tout court : *verre.*
15. racine latine, racine saxonne : même sens.

She would say with a kind of moaning [1] passion, laying down the brush and looping the hair in her hands — "it's more beautiful than ever B. It really is lovelier [2] than last time" — and now she would brush again — she seemed to send herself to sleep [3] with the movement and the gentle sound — she had something of the look of a blind cat — as though it were she who was being stroked [4] and not Beryl — But nearly always these brushings came to an unpleasant ending. Nannie did something silly [5]. Quite suddenly she would snatch up Beryl's hair and bury her face in it and kiss it, or clasp her hands round Beryl's head and press Beryl's head back against her firm breast sobbing — "you are so beautiful. You don't know how beautiful you are beautiful beautiful." And at these moments Beryl had such a feeling of horror such a violent thrill [6] of physical dislike for Nan Fry — "That's enough — that's quite enough. Thank you. You've brushed it beautifully. Good night Nan." She didn't even try to suppress a contempt [7] and her disgust [8] — And the curious thing was that Nan Fry seemed rather to understand this — even to expect it, never protesting but stumbling away out of the cubicle — and perhaps whispering "*forgive me*" at the door — And the *more* curious thing was that Beryl let her brush her hair again — and let this happen again, — and again there was this "silly scene" between them always ending in the same way more or less, and never never referred to in the daytime.

---

1. *gémir ;* **to moan,** to groan, to wail.
2. théoriquement, l'adj. étant long, le comparatif devrait être : **more lovely.** Mais il n'y a pas de règle stricte.
3. structure ramassée permettant d'exprimer le rapport entre un moyen et un résultat. **Monet painted himself almost blind,** *M. devint presque aveugle à force de peindre ;* **the baby rocked itself asleep** (ou : **to sleep**), *le bébé s'est endormi à force de se balancer ;* **shake me awake,** *secoue-moi pour me réveiller.*
4. passif + forme progressive : m. à m. : *elle était étant caressée.*

Elle disait, avec une sorte de passion gémissante, en posant la brosse et bouclant la chevelure dans ses mains — « elle est plus belle que jamais, B... Vraiment, elle est plus ravissante que la dernière fois », puis elle reprenait son brossage, elle semblait se porter elle-même au sommeil par l'effet du mouvement et du doux bruissement, elle avait quelque chose d'un chat aveugle, comme si c'était elle la caressée, et non Beryl. Mais presque toujours ces séances de brossage connaissaient une fin déplaisante. Nannie faisait une idiotie. Sans crier gare, elle saisissait avidement la chevelure de Beryl, y enfouissait sa tête et la couvrait de baisers, ou bien elle étreignait de ses mains la tête de Beryl, la renversait en arrière et, la pressant contre sa ferme poitrine, sanglotait — « tu es si belle. Tu ne sais pas combien tu es belle, belle, belle ». Et en ces instants, Beryl éprouvait un tel sentiment d'horreur, un si violent frisson d'aversion physique pour Nan Fry. « Ça suffit, en voilà assez. Merci. Tu les as brossés merveilleusement. Bonne nuit, Nan. » Elle n'essayait même pas de réprimer son mépris et son dégoût. Et le curieux de l'affaire, c'est que Nan Fry paraissait plutôt bien comprendre cette réaction — l'attendre même ; sans jamais protester, elle se hâtait de quitter l'alcôve, avec force trébuchements, murmurant peut-être pardonne-moi, sur le pas de la porte. Et plus curieux encore, Beryl lui permettait de nouveau de la brosser, laissait l'incident se renouveler, se reproduire cette « scène idiote » entre elles, avec, peu ou prou, le même dénouement, auquel jamais, au grand jamais, il n'était fait allusion dans la journée.

---

5. rien entre **something** et son adj. ; en français : *de*. **Something clever**, *qqch d'intelligent* ; **nothing good**, *rien de bon*.

6. **a thriller**, *roman, film, policier à suspense*.

7. racine romane. **To contemn, to scorn, to disdain, to despise, to slight**, *mépriser. Méprisable* = **contemptible, despicable**.

8. deux exemples de l'emploi du préfixe **dis-** : **dislike, disgust** (en français : dé- : *dégoût* ; dés- : *désespoir* ; dis- : *disparaître*).

But she *did*[1] brush hair so beautifully. Was her hair less bright now ? No, not a bit[2] — "Yes, my dear, there's no denying[3] it, you really are a lovely little thing"[4]— At the words[5] her breast lifted, she took a long breath, smiling with delight, half closing her eyes as if she held a sweet sweet bouquet[6] up to her face — a fragrance that made her faint. But even as[7] she looked the smile faded from her lips and eyes — and oh God ! There she was, back again, playing the same old game — False, false as ever ! False as when she'd written to Nan Fry — False even when she was alone with herself now. What had that creature in the glass to do with her really and why on earth was she staring at her ? She dropped down by the side of her bed and buried her head in her arms. "Oh," she said "I'm so miserable[8], so frightfully miserable. I know I'm silly and spiteful and vain[9]. I'm always acting a part, I'm never my real self for a minute" — And plainly, plainly she saw her false self running up and down the stairs, laughing a special trilling laugh if they had visitors, standing under the lamp if a man came to dinner[10] so that he should see how the light shone[11] on her hair, pouting and pretending to be a little girl when she was asked[12] to play the guitar — Why[13] she even kept it up for Stanley's benefit !

---

1. forme emphatique (encore accentuée par l'italique).
2. not a bit (of it) ! = not at all !
3. l'expression **there's no** s'emploie avec le gérondif : There's no knowing what he'll do next. there's no denying the fact, *c'est un fait indéniable.*
4. employé avec adj. de pitié, de mépris, d'attendrissement, etc. = *personne, créature.* **Poor thing !** *(le ou la pauvre !) ;* **you silly thing !** *petit(e) sot(te) ! ;* **he's a dear old thing,** *c'est un gentil petit vieux ;* **Pursued by « brown little things »,** étaient Oscar Wilde et André Gide en Algérie...
5. the a ici valeur de démonstratif.
6. un **bouquet** (le t ne se prononce pas, à la française) est soigneusement composé ; de même : **a posy,** *petit bouquet.* Plus courant : **a bunch (of flowers).**
7. even as : *au moment même où ;* dans un anglais littéraire et soutenu. **Even as he had wished,** *précisément comme il l'avait souhaité.*

Mais franchement, sa façon de brosser les cheveux était merveilleuse. Étaient-ils moins brillants à présent ? Non, pas le moins du monde. « Oui, ma chère, c'est indéniable, tu es vraiment une petite beauté. » A ces mots, sa poitrine se souleva, elle prit une longue respiration, souriant de joie, fermant à demi les yeux comme si elle respirait un frais bouquet parfumé — une senteur qui la faisait pâmer. Cependant, à la seconde même où elle posait son regard, le sourire s'éteignit sur ses lèvres et dans ses yeux — et oh, Seigneur ! Elle se retrouvait de nouveau là, à jouer sempiternellement le même jeu. Fausse, toujours aussi fausse ! Fausse comme lorsqu'elle avait écrit à Nan Fry. Fausse même en tête à tête avec elle-même, sur l'instant. Cette créature dans le miroir, qu'avait-elle à voir avec elle vraiment, et pourquoi diable la regardait-elle fixement ? Elle se laissa tomber à côté de son lit et se cacha la tête dans ses bras. « Oh, dit-elle, je suis si malheureuse, si terriblement malheureuse. Je sais que je suis sotte, rosse, et vaniteuse. Je suis toujours en train de jouer un rôle, je ne suis jamais réellement moi-même une minute. » Et nettement, en toute netteté, elle vit son faux moi monter et descendre les escaliers en courant, rire d'un rire perlé très particulier quand il y avait de la visite, se tenir sous la lampe quand un homme venait dîner, afin qu'il puisse admirer l'effet de la lumière sur sa chevelure, faire la moue et jouer à la petite fille quand on lui demandait un air de guitare. Voyons, elle s'y complaisait, dans le rôle, même à l'intention de Stanley !

---

8. [ˈmiz(ə)rəbl] *malheureux. Misérable* = **wretched** (adj.) ; **pauper** (nom).
9. **vain** a le sens de *mensonger, infructueux* et *vaniteux.* He is a little vain of his good looks...
10. rappelons : **dinner**, *dîner.*
11. **to shine, I shone** [ʌ], **shone.**
12. le français *on* traduira ce passif.
13. interjection, marquant la surprise (**Why it's you !**) ; la protestation : **Why, you are not serious, are you ?** *voyons, vous n'êtes pas sérieux !* l'hésitation : **Why, I don't know,** *franchement, je ne sais pas ;* l'apodose : i.e/la principale concluante après une subordonnée conditionnelle (**If we can't go that way, why let's try another !**).

Only[1] last night when he was reading the paper
— she had stood beside[2] him and leaned against him
on purpose[3] and she had put her hand over his
pointing out something and said at the same time
— "Heavens ! Stanley how brown your hands are" —
only that[4] he should notice how white hers were !
How despicable[5] ! Her heart grew cold with rage !
"It's marvellous how you keep it up !" said she to her
false self ! but then it was only because she was so
miserable — so miserable ! If she'd been happy — if
she'd been living *her own life* all this false life would
simply cease to be — and now she saw the real
Beryl a radiant[6] shadow... a shadow... Faint and
unsubstantial shone the real self — what was there of
her except that radiance ? And for what tiny moments
she was really she. Beryl could almost remember
every one of them — she did not mean that she was
exactly happy then it was a "feeling" that overwhel-
med[7] her at certain times — certain nights when the
wind blew with a forlorn cry and she lay cold in her
bed wakeful and listening certain lovely evenings
when she passed down a road where there were
houses and big gardens and the sound of a piano
came from one of the houses — and then certain
Sunday nights in Church, when the glass flickered
and the pews were shadowy and the lines of the hymns
were almost too sweet and sad to bear.

---

1. only yesterday, *hier encore, pas plus tard qu'hier.*
2. **beside** (prép.), *à côté de ;* **beside** (adv.), *en outre.*
3. **on purpose,** *exprès, à dessein.*
4. **only that** + subj., *à seule fin que.*
5. l'accent est sur la première syllabe. **To despise.**
6. **radiant sun,** *soleil radieux ;* **radiant eyes,** *yeux rayon-*
nants ; **radiant with youth,** *brillant de jeunesse. Elle était*
radieuse, she was beaming (with joy, happiness).
7. **to overwhelm,** *ensevelir, submerger, accabler ;* **over-**
whelmed with joy, *au comble de la joie ;* **owerwhelmed**
with work, *débordé de travail.*

Tiens, pas plus tard qu'hier soir, quand il lisait le journal — c'est exprès qu'elle s'était tenue près de lui, exprès qu'elle s'était appuyée contre lui, posant sa main sur la sienne, en indiquant je ne sais quoi, et disant en même temps : « Juste ciel ! Stanley, comme tes mains sont brunes », à seule fin de l'amener à remarquer la blancheur des siennes ! Quel comportement méprisable ! Son cœur se glaçait de rage ! « C'est extraordinaire, de voir comme tu t'accroches ! » dit-elle à son faux moi ! Oui, mais elle était si malheureuse — si malheureuse, voilà pourquoi ! Heureuse, et vivant sa propre vie, toute cette fausse vie aurait purement et simplement cessé d'être — et à présent elle voyait la vraie Beryl, ombre radieuse... une ombre... Faible, insubstantiel, luisait le moi réel ; qu'existait-il d'elle hormis ce rayonnement ? Et en quels infimes instants était-elle vraiment elle-même ? Pour un peu, Beryl se rappelait chacun d'eux, non qu'elle fût alors exactement heureuse, c'était une « sensation » qui la submergeait à certains moments — certaines nuits quand soufflait le vent avec une plainte désolée et qu'elle avait froid, étendue sur son lit, insomniaque et l'oreille aux aguets ; certains soirs délicieux quand elle longeait une rue bordée de maisons, de grands jardins, et que d'une des maisons jaillissait le son d'un piano ; et aussi, certains dimanches soir à l'église, quand le vitrail tremblotait, que les bancs se noyaient dans l'ombre et que les harmonies des cantiques étaient presque insupportables de suavité et de tristesse.

And rare rare times, rarest of all, when it was not the voice of outside things that had moved her so — she remembered one of them, when she had sat up[1] one night with Linda. Linda was very ill — she had watched the pale dawn come in through the blinds and she had seen Linda — lying, propped[2] up high with pillows[3], her arms outside the quilt and the shadow of her hair dusky against the white[4] — and at all these times she had felt : Life is wonderful — life is rich and mysterious. But it is good too and I am rich and mysterious and good. Perhaps that is what she might have said — but she did not say those things — then she knew her false self was quite quite gone and she longèd to be always as she was just at that moment — to become *that* Beryl forever — "Shall I ? How can I ? and did I ever not have a false self ?" But just when she had got that far[5] she heard the sound of wheels coming up the drive and little steps running along the passage to her door and Kezia's voice calling "Aunt Beryl. Aunt Beryl !" She got up — Botheration[6] ! How she had crumpled her skirt. Kezia burst in. "Aunt Beryl — Mother says will you please come down because Father's home and lunch is ready —" "Very well Kezia." She went over to the dressing table and powdered her nose. Kezia crossed over too and unscrewed a little pot of cream and sniffed it. Under her arm Kezia carried a very dirty calico cat.

---

1. to sit up for sbd, *veiller en attendant le retour de qqn ;* **to sit up with,** *veiller un malade.*
2. **a prop,** *un étai.*
3. pillow fight, *bataille de polochons ;* **pillow book,** *livre de chevet.*
4. **the white :** adj. substantivé par l'article défini. **The unnameable in full pursuit of the uneatable** (définition de la chasse par O. Wilde), *l'innommable à la poursuite de l'immangeable...*
5. construction idiomatique : **that** + adj. : **that far,** that interesting. A rapprocher de that much : give me that much, *donne-m'en cette quantité-là ;* I read that much, *j'en suis là de ma lecture.*
6. interjection familière et vieillotte : *zut !*

214

Et enfin, rarement, très rarement, les instants les plus rares de tous, où son émotion ne venait pas de la voix des choses extérieures : par exemple, elle se rappelait, quand elle était restée au chevet de Linda une nuit — Linda était très malade — elle avait observé la pâle aurore entrer par les stores et elle avait vu Linda, couchée, bien calée sur des oreillers, les bras par-dessus l'édredon et l'ombre de ses cheveux sombres sur le blanc, et en chacun de ces instants, elle avait pensé : La vie est merveilleuse, la vie est riche et mystérieuse. Mais elle est bonne aussi, et je suis riche, et mystérieuse, et bonne. Voilà peut-être ce qu'elle aurait pu dire — mais ces choses-là, elle ne les disait pas — elle avait alors la certitude que son faux moi avait tout à fait disparu et elle avait l'ardent désir d'être toujours comme elle était à ce moment précis — de devenir cette Beryl-là à jamais. « Y parviendrai-je ? Et comment ? et ai-je jamais vécu sans un faux moi ? » Mais elle en était là de ses réflexions quand elle entendit le crissement de roues dans l'allée, des petits pas courir le long du corridor jusqu'à sa porte, et la voix de Kezia appeler « Tante Beryl ! Tante Beryl ! ». Elle se leva. Flûte ! Comme elle avait chiffonné sa jupe. Kezia entra en trombe. « Tante Beryl — Mère dit veux-tu s'il te plaît descendre parce que Père est rentré et le déjeuner est prêt. » « Très bien, Kezia. » Elle alla jusqu'à sa coiffeuse et se poudra le nez. Kezia la suivit, dévissa un petit pot de crème et le renifla. Sous son bras, Kezia transportait un chat de calicot très sale.

When Aunt Beryl had run out of the room she sat[1] the cat up on the dressing table and stuck the top of the cream jar over one of its ears. *Now* look at yourself said she sternly. The calico cat was so appalled[2] at the effect that it toppled backwards and bumped and bounced on the floor and the top of the cream jar flew through the air and rolled like a penny in a round on the linoleum and did not break. But for Kezia it had broken the moment[3] it flew through the air and she picked it up, hot all over, put it on the dressing table and walked away, *far* too quickly — and airily.

---

1. cet emploi transitif de **to sit** est possible, comme en français : ce n'est pas le chat qui s'assoit, c'est Kezia qui l'assoit.
2. [ə'pɔːl] redoublement de la consonne finale : **appalling, appalled,** parce que l'accent tonique est sur la dernière syllabe, de même : to **admit, admitting, admitted.**
3. the moment I saw him = as soon as.

Une fois Tante Beryl sortie de la chambre en courant, elle assit le chat sur la coiffeuse et lui colla le couvercle du pot de crème sur une oreille. Alors, maintenant, regarde-toi, dit-elle d'un ton sévère. Le chat de calicot fut si consterné du résultat qu'il tomba à la renverse, se cogna et rebondit par terre ; le couvercle du pot de crème vola en l'air, roula en rond sur le linoléum comme une piécette et ne se brisa pas. Mais Kezia le crut brisé à la seconde où il vola en l'air ; elle le ramassa, dans tous ses états, le posa sur la coiffeuse et fila, d'un pas beaucoup trop rapide, et dégagé.

Révisions

Le chiffre placé après chaque phrase en anglais renvoie à la page du livre où se trouve l'expression.

1. The moment you enter the house (16).
2. A pitched battle (16).
3. To take pride in (sth) (18).
4. Go and sit by Z. (18).
5. Which will you have to begin with ? (18).
6. M. caught hold of one of her hands (20).
7. There they are (24).
8. K. had been born in that room (30).
9. She might escape from it in time (32).
10. All hung with bright beads (36).
11. He never wore a collar (38).
12. Further and further (40).
13. As they drew near (42).
14. Nobody paid any attention to him (46).
15. Can we see the house from here ? (46).
16. A bird fallen out of a nest (50).
17. Can I trust you to carry the lamp ? (50).
18. On fire (52).
19. You won't change your mind (52).
20. Hold on a jiffy (54).
21. The worst is over already (54).
22. She did not go to sleep (58).
23. If you've got a temperature (58).
24. From now on (62).
25. It grew bigger and bigger (66).
26. L. raised herself on one elbow (68).
27. As hard as nails (70).
28. About my own age (70).
29. Bent at the knees (70).
30. As far as I can make out (72).
31. Don't worry (72).
32. You're far too energetic (72).
33. Every soul on board (72).
34. Pat was not to be found (74).
35. Report has it that... (78).
36. We can manage on that (88).
37. They could not think of a thing to say (96).
38. Where ever have I put it ? (98).

1. A l'instant même où vous pénétrez dans la maison.
2. Une bataille rangée.
3. Tirer gloire de (qqch).
4. Va t'asseoir près de Z.
5. Qu'est-ce que tu préfères pour commencer ?
6. M. lui attrapa une main.
7. Les voilà.
8. K. était née dans cette pièce.
9. Elle pourrait lui échapper à temps.
10. Tout orné de perles brillantes.
11. Il ne portait jamais de col.
12. De plus en plus loin.
13. Tandis qu'ils approchaient.
14. Personne ne faisait attention à lui.
15. Est-ce qu'on voit la maison d'ici ?
16. Un oiseau tombé du nid.
17. Est-ce que je peux te confier la lampe ?
18. En feu.
19. Tu ne changeras pas d'avis.
20. Attends une (petite) seconde.
21. Le pire est déjà passé.
22. Elle ne s'endormit pas.
23. Si tu as de la température.
24. Dorénavant.
25. Il devint de plus en plus gros.
26. L. se souleva sur un coude.
27. Dur comme fer.
28. A peu près de mon âge.
29. Les genoux fléchis.
30. Pour autant que je sache.
31. Ne t'en fais pas.
32. Tu es bien trop énergique.
33. Chaque personne à bord.
34. Pat était introuvable.
35. Selon la rumeur.
36. On peut se débrouiller avec ça.
37. Ils ne trouvaient rien à dire.
38. Où diable l'ai-je mis ?

39. For all their patience (**98**).
40. He went bankrupt (**104**).
41. For the time being (**104**).
42. You smell of cold water (**112**).
43. Go and ask the servant girl for a match-box (**118**).
44. The very thing I'm looking for (**118**).
45. Arm in arm (**132**).
46. She never lost her temper (**164**).
47. Not for worlds (**168**).
48. She heaved a profound sigh (**168**).
49. I can't help (thinking) (**172**).
50. She's got a right to say whatever she likes (**176**).
51. What a shame to stop them ! (**184**).
52. He was the soul of sincerity (**190**).
53. For all her love... she hated him (**190**).
54. There's no denying it (**210**).
55. Why on earth ? (**210**).

39. Malgré toute leur patience.
40. Il fit faillite.
41. Pour le moment.
42. Tu sens l'eau froide.
43. Va demander une boîte d'allumettes à la bonne.
44. Exactement ce que je cherche.
45. Bras dessus, bras dessous.
46. Elle ne se mettait jamais en colère.
47. Pas pour un empire.
48. Elle poussa un profond soupir.
49. Je ne peux m'empêcher de (penser).
50. Elle a le droit de dire ce qu'elle veut.
51. Quel dommage de les arrêter !
52. Il était la sincérité même.
53. En dépit de tout son amour... elle le haïssait.
54. C'est indéniable.
55. Pourquoi diable ?

ENREGISTREMENT SONORE

• Vous trouverez dans les pages suivantes le texte des extraits enregistrés sur la cassette accompagnant ce volume.

• Chaque extrait est suivi d'un certain nombre de questions, destinées à tester votre compréhension.

• Les réponses à ces questions apparaissent en bas de page.

→ Vous tirerez le meilleur profit de cette dernière partie en utilisant la cassette de la façon suivante.

1) *Essayez de répondre* aux questions sans vous référer au texte écrit.

2) *Vérifiez votre compréhension* de l'extrait et des questions de la cassette à l'aide du livre.

3) *Refaites* l'exercice jusqu'à ce que vous ne soyez plus tributaire du texte écrit.

Extrait nº 1, p. 16-18 :

The Samuel Josephs were not a family. They were a swarm. The moment you entered the house they cropped up and jumped out at you from under the tables, through the stair rails, behind the doors, behind the coats in the passage. Impossible to count them : impossible to distinguish between them. Even in the family groups that Mrs Samuel Josephs caused to be taken twice yearly — herself and Samuel in the middle — Samuel with parchment roll clenched on knee and she with the youngest girl on hers — you never could be sure how many children really were there. You counted them and then you saw another head or another small boy in a white sailor suit perched on the arm of a basket chair. All the girls were fat, with black hair tied up in red ribbons and eyes like buttons. The little ones had scarlet faces but the big ones were white with blackheads and dawning moustaches. The boys had the same jetty hair, the same button eyes but they were further adorned with ink black finger nails. (The girls bite theirs, so the black didn't show.) And every single one of them started a pitched battle as soon as possible after birth with every single other.

When Mrs Samuel Josephs was not turning up their clothes or down their clothes (as the sex might be) and beating them with a hair brush she called this pitched battle « airing their lungs. » She seemed to take a pride in it and to bask in it from far away like a fat General watching through field glasses his troops in violent action...

- **Questions**
  1. *What are the Samuel Josephs compared to ? And why ?*
  2. *How many are they ?*
  3. *Who stands in the middle of the family photographs ?*
  4. *Give a description of the girls.*
  5. *What about their complexions ?*
  6. *Why don't the girls have « ink black nails », like their brothers ?*

7. *What does the Mother use to beat them ?*
8. *How is the Mother seen by the author ?*
9. *Is she sad to have boisterous and quarelling children ?*

• **Corrigé**

1. They are compared to a swarm. Because they are very numerous, and when you enter their house they come out at you from everywhere.
2. Impossible to count them.
3. The Father (Samuel) and Mother.
4. The girls are fat, with black hair tied up in red ribbons and eyes like buttons.
5. The little girls have scarlet faces and the big ones are white.
6. Because they bite their nails.
7. She uses a hair brush.
8. The Mother is seen as a fat General watching his troops in violent action.
9. Not at all. She seems to take a pride in it and to bask in it...

Extrait n° 2, p. 36-38 :

It was the first time that Lottie and Kezia had ever been out so late. Everything looked different — the painted wooden houses much smaller than they did by day, the trees and the gardens far bigger and wilder. Bright stars speckled the sky and the moon hung over the harbour dabbling the waves with gold. They could see the light house shining from Quarantine Island, the green lights fore and aft on the old black coal hulks —

« There comes the Picton boat », said the storeman, pointing with his whip to a little steamer all hung with bright beads.

But when they reached the top of the hill and began to go down the other side, the harbour disappeared and although they were still in the town they were quite lost. Other carts rattled past. Everybody knew the storeman.

« Night, Fred ! »

« Night-O ! » he shouted.

Kezia liked very much to hear him. Whenever a cart appeared in the distance she looked up and waited for his voice. In fact she liked him altogether ; he was an old friend ; she and the Grandmother had often been to his place to buy grapes. The storeman lived alone in a cottage with a glasshouse that he had built himself leaning against it. All the glasshouse was spanned and arched over with one beautiful vine. He took her brown basket from her, lined it with three large leaves and then he felt in his belt for a little horn knife, reached up and snipped off a big blue cluster and laid it on the leaves as tenderly as you might put a doll to bed. He was a very big man. He wore brown velvet trousers and he had a long brown beard, but he never wore a collar — not even on Sundays. The back of his neck was dark red.

• Questions

1. Are the little girls used to be out late ?

2. Several details brighten up the nightly scene. Try and pick them out.

3. How do the trees and the gardens appear to the girls ?

4. Is the road they follow a flat one ?

5. What is the storeman's name ?

6. What are Kezia's feelings towards Fred ?

7. Has Fred a family ?

8. Where does he live ?

9. What does he sell occasionally ?

10. Does he put the grapes straight into the basket ?

11. What does he cut the grapes with ?

12. What do you think of the comparison between the laying of the grapes in the basket and the putting to bed of a doll ?

13. Give a description of the storeman.

• Corrigé

1. No, it's the first time they've been out so late.

2. Bright stars ; the moon ; the gold on the waves ;

the lighthouse shining ; the green lights on the coal hulks.
3. They appear far bigger and wilder than they do by day.
4. No, it is not. It goes along the harbour and then up the hill.
5. He is called Fred.
6. She likes him, he is an old friend.
7. No, he hasn't. He lives alone.
8. In a cottage with a glasshouse leaning against it.
9. Grapes.
10. No, he doesn't. He first lines the basket with three large leaves.
11. With a little horn knife.
12. The comparison is unexpected and all the more adequate as it is seen through the girl's eyes.
13. He is a very big man with a long brown beard and a dark red nape, wearing brown velvet trousers, and always without a collar.

Extrait n° 3, p. 50-52-54 :

"You are to have some supper before you go to bed" said the Grandmother putting down Lottie to open the dining room door — "Be very quiet," she warned — "poor little mother has got such a headache."

Linda Burnell lay before a crakling fire in a long cane chair her feet on a hassock a plaid rug over her knees — Burnell and Beryl sat at a table in the middle of the room eating a dish of fried chops and drinking tea out of a brown china teapot — Over the back of her Mother's chair leaned Isabel — She had a white comb in her fingers and in a gentle absorbed way she was combing back the curls from her Mother's forehead — Outside the pool of lamp and firelight the room stretched dark and bare to the hollow windows — "Are those the children —" Mrs Burnell did not even open her eyes — her voice was tired and trembling — "Have either of them been maimed for life." "No dear — perfectly safe and sound."

"Put down that lamp Kezia," said Aunt Beryl "or

we shall have the house on fire before we're out of the packing cases. More tea — Stan ?" "Well you might just give me five-eighths of a cup," said Burnell, leaning across the table — "Have another chop Beryl — Tip top meat isn't it. First rate First rate. Not too lean — not too fat —" He turned to his wife — "Sure you won't change your mind — Linda darling ?" "Oh the very thought of it"... She raised one eyebrow in a way she had — The Grandmother brought the children two bowls of bread and milk and they sat up to the table, their faces flushed and sleepy behind the waving steam — "I had meat for my supper," said Isabel, still combing gently. "I had a whole chop for my supper — the bone an' all, an worcestershire sauce. Didn't I, Father —" "Oh, don't boast, Isabel," said Aunt Beryl. Isabel looked astounded — "I wasn't boasting was I mummy ? I never thought of boasting — I thought they'd like to know. I only meant to tell them —" "Very well. That's enough" said Burnell.

• Questions

1. How many persons are there in the dining-room ? Can you name them ?
2. How are they related to one another ?
3. Is Linda in good form ?
4. What are Burnell and Beryl doing ?
5. What is Isabel doing ?
6. There are three sources of light in the dining-room. Which are they ?
7. What will Kezia and Lottie have for their supper ?
8. What about Isabel's meal ?
9. Judging from the scene, how would you define Beryl's attitude to her nieces ?

• Corrigé

1. There are seven persons in the dining-room. The Grandmother, Lottie, Linda, Burnell, Beryl, Isabel and Kezia.
2. The Grandmother is Linda's and Beryl's mother. Linda and Burnell are husband and wife. Isabel, Kezia and Lottie are their three daughters.

229

3. No. Poor little Linda has a strong headache ; her voice is tired and trembling.
4. Burnell and Beryl are eating a dish of fried chops and drinking tea.
5. Isabel is combing back the curls from her Mother's forehead.
6. The crackling fire ; a lamp, probably on the table ; Kezia's lamp.
7. A bowl of bread and milk each.
8. She had a whole chop and worcestershire sauce.
9. Aunt Beryl seems to be a bit prickly.

Extrait n° 4, p. 56-58-60 :

They were trooped off to bed by the Grandmother — She went first with a candle — the stairs rang to their climbing feet. Isabel and Lottie lay in a room to themselves — Kezia curled in the Grandmother's big bed.

"Aren't there any sheets, my Grandma ?" "No, not to-night." "It's very tickly," said Kezia. "It's like Indians. Come to bed soon an be my indian brave." "What a silly you are," said the old woman tucking her in as she loved to be tucked. "Are you going to leave the candle." "No. Hush, go to sleep." "Well kin I have the door left open ?" She rolled herself into a round. But she did not go to sleep. From all over the house came the sound of steps — The house itself creaked and popped — Loud whispery voices rose and fell. Once she heard Aunt Beryl's — rush of high laughter. Once there came a loud trumpeting from Burnell blowing his nose. Outside the windows hundreds of black cats with yellow eyes sat in the sky watching her but she was not frightened —

Lottie was saying to Isabel — "I'm going to say my prayers in bed to-night —" "No you can't Lottie." Isabel was very firm. "God only excuses you saying your prayers in bed if you've got a temperature." So Lottie yielded —

"Gentle Jesus meek an mile
Look' pon little chile
Pity me simple Lizzie
Suffer me come to thee
Fain would I to thee be brought
Dearest Lor' forbd it not
In the Kingdom of thy grace
Make a little chile a place — Amen."

And then they lay down back to back their little behinds just touching and fell asleep.

• **Questions**

1. Who led the little troop upstairs ?
2. Do the three girls sleep in the same room ?
3. Why aren't there any sheets ?
4. How would you define the relations between the Grandmother and Kezia ?
5. Are you entitled to think that Kezia dreads darkness ?
6. Is the house still and silent after the girls have gone to bed ?
7. What noises does Kezia hear ?
8. How does Kezia fancy the stars ?
9. Why does Isabel forbid Lottie to say her prayers in bed ?
10. Judging from the scene, which of the three girls in the author's favourite ?

• **Corrigé**

1. The Grandmother led the troop ; she went first with a candle.
2. No, Isabel and Lottie have a room to themselves, and Kezia shares a room with her Grandma.
3. Because it's their first night in the new house and the unpacking of the cases is not over yet.
4. They get on extremely well together.
5. Yes. She wants her Grandma to leave the candle, or at any rate to leave the door open.
6. No, there are plenty of noises.

7. Sounds of steps ; the house creaked and popped ;
   loud whispering voices ; a rush of high laughter ;
   a loud trumpeting.
8. Kezia fancies the stars as hundreds of black cats
   with yellow eyes sitting in the sky.
9. Because Lottie is not ill, and "God only excuses
   you saying your prayers in bed if you've got a
   temperature".
10. Kezia is. She is lively, imaginative and affectiona-
    te.

Extrait n° 5, p. 64-66 :

Dawn came sharp and chill. The sleeping people
turned over and hunched the blankets higher — They
sighed and stirred but the brooding house all hung
about with shadows held the quiet in its lap a little
longer — A breeze blew over the tangled garden
dropping dew and dropping petals — shivered over
the drenched paddock grass lifted the sombre bush
and shook from it a wild and bitter scent. In the green
sky tiny stars floated a moment and then they were
gone, they were dissolved like bubbles. The cocks
shrilled from the neighbouring farms — the cattle
moved in their stalls — the horses grouped under the
trees lifted their heads and swished their tails — and
plainly to be heard in the early quiet was the sound
of the creek in the paddock running over the brown
stones — running in and out of the sandy hollows —
hiding under clumps of dark berry bushes — spilling
into a swamp full of yellow water flowers and cresses
— All the air smelled of water — The lawn was hung
with bright drops and spangles — And then quite
suddenly — at the first glint of sun — the birds began
to sing — Big cheeky birds, starlings and minors
whistled on the lawns ; the little birds, the goldfinches
and fantails and linnets twittered flitting from bough
to bough — and from tree to tree, hanging the garden
with bright chains of song — a lovely king fisher
perched on the paddock fence preening his rich
beauty —

• Questions

1. What did the sleepers do when dawn came ?
2. Did the house wake up immediately ?
3. Pick out details showing the importance of water in Mansfield's description of dawn.
4. Can you follow the course of the creek ?
5. Are any animals awakened by dawn ?
6. Will you find out the few touches of colour in the picture ?
7. What happens suddenly, at the first glint of sun ?
8. Have all the birds the same way of singing ?

• Corrigé

1. They turned over and hunched their blanckets higher and sighed and stirred.
2. No. The brooding house held the quiet in its lap a little longer.
3. The breeze drops dew ; the paddock grass is drenched ; the creek ; all the air smells of water ; the lawn is hung with drops.
4. The creek runs over stones... in and out sandy hollows... under bushes... into a swamp.
5. The cocks, the cattle, the horses.
6. The sombre bush ; the green sky ; the brown stones ; the dark bushes ; the yellow water flowers.
7. The birds begin to sing.
8. No, the cocks shrill, the big birds whistle, the little birds twitter.

Extrait n° 6, p. 68-70 :

Linda woke to see Burnell standing by the windows rattling the venetian blinds up to the very top —"Hullo" he said — "didn't wake you — did I ? Nothing much the matter with the weather this morning." He was enormously pleased — weather like this set a final seal upon his bargain — he felt somehow — that he had bought the sun too got it chucked in, dirt cheap, with the house and grounds — He dashed off to his bath and Linda turned over, raised herself on one elbow to see the room by daylight. It looked wonderfully lived in already, all the furniture had found a place — all the old "paraphernalia" as she expressed it — even to photographs on the mantelpiece and medicine bottles on a shelf over the washstand. But this room was much bigger than their other room had been — that was a blessing. Her clothes lay across a chair — her outdoor things — a purple cape and a round sable with a plume on it — were tossed on the box ottoman — Looking at them a silly thought brought a fleeting smile into her eyes — "perhaps I am going away again to-day" and for a moment she saw herself driving away from them all in a little buggy — driving away from every one of them and waving — Back came Stanley girt with a towel, glowing and slapping his thighs. He pitched the wet towel on top of her cape and hat and standing firm in the exact centre of a square of sunlight he began to do his exercises — deep breathing — bending — squatting like a frog and shooting out his legs. He was so saturated with health that everything he did delighted him, but this amazing vigour seemed to set him miles and worlds away from Linda — she lay on the white tumbled bed, and leaned towards him laughing as if from the sky —

- **Questions**

  1. *Who woke first in the couple's room ?*
  2. *What do you think of Burnell's question to Linda ?*
  3. *Why is Burnell enormously pleased ?*
  4. *What does Linda do when Burnell dashes off to his bath ?*
  5. *Does she seem to like the room ?*
  6. *How is she dressed when going out ?*
  7. *Are all her clothes in one and the same place ?*
  8. *Is the « silly thought » immediately rejected ?*
  9. *Where does Stanley pitch his wet towel ?*
  10. *Where does he settle to do his exercises ?*
  11. *How many exercises does he do ? Can you list them ?*
  12. *Express in a few words the contrast between Linda and Burnell.*
  13. *What, in your opinion, are Linda's feelings ?*

- **Corrigé**

1. Burnell did. He was already rattling the blinds up when Linda woke.
2. It is irrelevant and perfunctory. He had already made much noise in the room. Besides, he does not wait for the answer.
3. Because of the gorgeous weather. He appreciates it as a free gift on top of his bargain.
4. She turns over and raises herself on one elbow to see the room by daylight.
5. Yes, she does : it looks lived in ; everything has found a place ; it is a big room.
6. She wears a purple cape and a round sable with a plume on it.
7. No, her indoor clothes lie across a chair and her outdoor things on a box ottoman.
8. She indulges in it for a moment, seeing herself driving away and waving.
9. On top of Linda's cape and hat.
10. In the exact centre of a square of sunlight.
11. Four. He breathes deeply. He bends. He squats like a frog. He shoots out his legs.
12. Burnell is excessively buoyant, saturated with health, amazingly vigorous. Linda is rather languorous, motionless, and... very perceptive.
13. She rather enjoys looking at her boisterous husband, watching him smilingly, yet she feels he is miles away from her.

Extrait n° 7, pp. 84, 86, 88 :

Her Father had died the year that she married Burnell, the year of her sixteenth birthday. All her childhood had been passed in a long white house perched on a hill overlooking Wellington harbour — a house with a wild garden full of bushes and fruit-trees, long, thick grass and nasturtiums. Nasturtiums grew everywhere — there was no fighting them down. They even fell in a shower over the paling fence on to the road. Red, yellow, white, every possible colour ; they lighted the garden like swarms of butterflies. The

Fairfields were a large family of boys and girls with their beautiful mother and their gay, fascinating father (for it was only in his photograph that he looked stern) they were quite a "show" family and immensely admired. Mr Fairfield managed a small insurance business that could not have been very profitable, yet they lived plentifully. He had a good voice ; he liked to sing in public, he liked to dance and attend picnics — to put on his "bell topper" and walk out of Church if he disapproved of anything said in the sermon — and he had a passion for inventing highly unpracticable things, like collapsible umbrellas or folding lamps. He had one saying with which he met all difficulties. "Depend upon it, it will all come right after the Maori war." Linda, his second to youngest child, was his darling, his pet, his playfellow. She was a wild thing, always trembling on the verge of laughter, ready for anything and eager. When he put his arm round her and held her he felt her thrilling with life. He understood her so beautifully and gave her so much love for love that he became a kind of daily miracle to her and all her faith centred in him — People barely touched her ; she was regarded as a cold, heartless little creature, but she seemed to have an unlimited passion for that violent sweet thing called life — just being alive and able to run and climb and swim in the sea and lie in the grass. In the evenings she and her Father would sit on the verandah — she on his knees — and "plan". "When I am grown up we shall travel everywhere — we shall see the whole world — won't we Papa ?"

"We shall, my dear."

"One of your inventions will have been a great success — Bring you in a good round million yearly."

"We can manage on that."

"But one day we shall be rich and the next poor. One day we shall dine in a palace and the next we'll sit in a forest and toast mushrooms on a hatpin... We shall have a little boat — we shall explore the interior of China on a raft — you will look sweet in one of those huge umbrella hats that Chinamen wear in pictures. We won't leave a corner of anywhere unexplored — shall we ?"

"We shall look under the beds and in all the cupboards and behind every curtain."

"And we shan't go as father and daughter," she tugged at his "piccadilly weepers" and began kissing him. "We'll just go as a couple of boys together — Papa."

• Questions

1. How old was Linda when her father died ?
2. What happened to her in less than one year ?
3. Where did she spend her childhood ? Can you locate that town ?
4. What did she retain the most vivid memory of ?
5. How are Mr and Mrs Fairfield described ?
6. Is there any description of the boys and girls that make up the family ?
7. Do "collapsible umbrellas" and "folding lamps" appear to you as "unpracticable things" ?
8. From what you know of Burnell, is there any likeness between Linda's father and Linda's husband ?
9. How many children were born after Linda ?
10. What were her father's feelings towards her ?
11. How did other people see her ?
12. In the reported dialogue, who does all the talking ?
13. How would you characterize Mr Fairfield's contribution ?

• Corrigé

1. She was fifteen (her father died the year of her sixteenth birthday).
2. She lost her father and she married Burnell.
3. In a long white house perched on a hill overlooking Wellington harbour. It is in New Zealand (south of the North Island).
4. The red and yellow and white nasturtiums that grew everywhere in the garden.
5. Mrs Fairfield is described as beautiful, and Mr Fairfield as gay and fascinating.
6. None. They are just mentioned. We don't even know how many they were.

237

7. Not at all ! They probably were, at the time.
8. Yes, definitely. Both are gay, lively, buoyant and optimistic.
9. Two children were born after Linda : she is the "second to youngest child".
10. She was his darling, his pet, his playfellow.
11. She was regarded as a cold, heartless little creature.
12. Linda does.
13. It is rather monosyllabic, humorous (without Linda's knowledge). He is not really involved.

Extrait n° 8, pp. 122, 124, 126 :

On his way home from the office Stanley Burnell stopped the buggy at the "Bodega", got out and bought a large bottle of oysters. At the Chinaman's shop next door he bought a pineapple in the pink of condition and noticing a basket of fresh black cherries he told John to put him up a pound of those as well. The oysters and pineapple he stowed away in the box under the front seat — but the cherries he kept in his hand. Pat, the handy man, leapt off the box and tucked him up again in a brown rug. "Lift yer feet, Mr Burnell while I give her a fold under," said he. "Right, right — first rate !" said Stanley — "you can make straight for home now." "I believe this man is a first rate chap" thought he as Pat gave the grey mare a touch and the buggy sprang forward. He liked the look of him sitting up there in his neat dark brown coat and brown bowler — he liked the way Pat had tucked him in and he liked his eyes — there was nothing servile about him —, and if there was one thing he hated more than another in a servant it was servility — and he looked as though he were pleased with his job — happy and contented. The grey mare went very well. Burnell was impatient to be out of the town. He wanted to be home. Ah, it was splendid to live in the country — to get right out of this hole of a town once the office was closed and this long drive in the fresh warm air knowing all the time that his own house was at the other end with its garden and paddocks, its three tip top cows and enough fowls and ducks to keep them in eggs and poultry was splendid, too. As they left the town finally and bowled away up the quiet road his heart beat hard for joy — He rooted in the bag and began to eat the cherries, three or four at a time chucking the stones over the side of the buggy. They were delicious, so plump and cold without a spot or a bruise on them. Look at these two now — black one side and white the other — perfect — a perfect little pair of siamese twins — and he stuck them in his button hole — By Jove, he wouldn't mind giving that chap up there a handful, but no, better not ! Better wait until he had been with him a bit longer. He began to plan what he would do with his Saturday afternoons and Sundays. He wouldn't go to the Club for lunch on Saturday. No, cut away from the office as soon as possible and get them to give him a couple of slices of cold meat and half a lettuce when he got home. And then he'd get a few chaps out from town to play tennis in the afternoons. Not too many — three at most. Beryl was a good player too. He stretched out his right arm and slowly bent it, feeling the muscles. A bath, a good rub down, a cigar on the verandah after dinner. On Sunday morning they would go to church — children and all — which reminded him that he must hire a pew *in* the sun if possible — and well forward so as to be out of the draught from the door —

• **Questions**

1. What is Burnell bringing back home ?
2. What does he intend to do with the black cherries ?
3. Is the buggy driven by horses ?
4. What does Burnell think of Pat, the handyman ?
5. Would he like Pat if he were servile ?
6. Pick out details showing Burnell's happy and optimistic disposition.
7. What would entitle you to say he enjoys the thought of living in autarky ?
8. What about the cherries ?
9. Why does he think he'd better not give Pat cherries straightaway ?

10. *Where will he have lunch on Saturdays ?*
11. *What does he intend to do on Saturday after-noons ?*
12. *Whom will he play tennis with ?*
13. *In what part of the church will he hire his cosy pew ?*

• Corrigé

1. A large bottle of oysters and a pineapple.
2. He keeps the black cherries in his hand, intending to eat them on his way home.
3. No. It's driven by one grey mare.
4. He likes Pat and thinks he is a first rate chap.
5. He would strongly dislike him, servility being one thing he hated more than another in a servant.
6. The way Pat tucks him up is first rate. Pat himself is first rate. The mare goes well. It's splendid to live in the country. The cows are tip top. His heart beats hard for joy. The cherries are delicious, and so on.
7. His evocation of his own house with its garden, its three cows, its fowls and ducks providing enough eggs and poultry.
8. They are delicious, so plump and cold without a spot or a bruise on them.
9. Because Pat hasn't been long enough at his service and that might spoil him.
10. He won't have lunch at the Club, but at home (a couple of slices of cold meat and half a lettuce will do).
11. He will play tennis on Saturday afternoons.
12. With a few chaps from town and Beryl.
13. In the sun and well forward so as to be out of the draught from the door.

Extrait n° 9, pp. 154, 156, 158 :

Rags with cheeks as white as paper ran up to the little head and put out a finger as if he meant to touch it then drew back again and again put out a finger.

He was shivering all over. Even Lottie, frightened Lottie began to laugh and point at the duck and shout "Look Kezia look look look" — "Watch it" shouted Pat and he put down the white body and it began to waddle — with only a long spurt of blood where the head had been — it began to pad along dreadfully quiet towards the steep ledge that led to the stream — It was the crowning wonder. "Do you see that — do you see it ?" yelled Pip and he ran among the little girls pulling at their pinafores. — "It's like an engine — it's like a funny little darling engine —" squealed Isabel. — But Kezia suddenly rushed at Pat and flung her arms round his legs and butted her head as hard as she could against his knees ; "Put head back put head back" she screamed. — When he stooped to move her she would not let go or take her head away. — She held as hard as ever she could and sobbed "head back head back" — until it sounded like a loud, strange hiccough. "It's stopped it's tumbled over it's dead" — said Pip. Pat dragged Kezia up into his arms. Her sunbonnet had fallen back but she would not let him look at her face. No she pressed her face into a bone in his shoulder and put her arms round his neck —

The children stopped squealing as suddenly as they had begun — they stood round the dead duck. Rags was not frightened of the head any more. He knelt down and stroked it with his finger and said "I don't think perhaps the head is quite dead yet. It's warm Pip. Would it keep alive if I gave it something to drink —" But Pip got very cross and said — "Bah ! you baby —" He whistled to Snooker and went off — and when Isabel went up to Lottie, Lottie snatched away. "What are you always touching me for Is a bel."

"There now" said Pat to Kezia "there's the grand little girl". — She put up her hands and touched his ear. She felt something. — Slowly she raised her quivering face and looked — Pat wore little round gold earrings. How very funny. — She never knew men wore earrings. She was very much surprised ! She quite forgot about the duck. "Do they come off and on," she asked huskily ?

• Questions

1. *How many persons take part in this scene ?*
2. *What details show Rag's emotion ?*
3. *What happens when Pat puts down the white body ?*
4. *What does Kezia do suddenly ?*
5. *Why doesn't she want to let Pat look at her face ?*
6. *Whom is the death of the duck announced by ?*
7. *What does Rags think and hope ?*
8. *What does Kezia discover when she is in Pat's arms ?*
9. *Can you describe Pat's earrings ?*
10. *How does Kezia react ?*
11. *In your opinion, who among the children got the deepest shock ?*

• Corrigé

1. The three sisters (Isabel, Kezia and Lottie), their two cousins (Rags and Pip) and Pat, the handyman.
2. His cheeks are white as paper and he is shivering all over.
3. It began to waddle and to pad along towards the steep ledge that led to the stream.
4. She rushes at Pat, flings her arms round his legs, butts her head against his knees and screams.
5. Because she's been weeping and sobbing.
6. It is announced by Pip, who says : "It's stopped, it's tumbled over, it's dead".
7. Rags thinks perhaps the head is not quite dead yet and hopes it might keep alive if he gave it something to drink.
8. She discovers that Pat wears earrings.
9. Little round gold earrings.
10. She is very much surprised and quite interested (to the point of forgetting the duck).
11. It's Rags. Even worse than Kezia, because he did not recover easily from the shock (on his way back home, he puts a significant question to his mother : "Which would you rather be... a duck or a fowl ?").

242

The moon that Lottie and Kezia had seen from the storeman's wagon was nearly full — and the house, the garden, old Mrs Fairfield and Linda — all were bathed in a dazzling light — "I have been looking at the aloe" said Mrs Fairfield. "I believe it is going to flower — this year. Wouldn't that be wonderfully lucky ! Look at the top there ! All those buds — or is it only an effect of light." As they stood on the steps the high grassy bank on which the aloe rested — rose up like a wave and the aloe seemed to ride upon it like a ship with the oars lifted — bright moonlight hung upon those lifted oars like water and on the green wave glittered the dew. — "Do you feel too," said Linda and she spoke, like her mother with the "special" voice that women use at night to each other, as though they spoke in their sleep or from the bottom of a deep well — "don't you feel that it is coming towards us ?" And she dreamed that she and her mother were caught up on the cold water and into the ship with the lifted oars and the budding mast. And now the oars fell, striking quickly and they rowed far away over the tops of the garden trees over the paddocks and the dark bush beyond. She saw her mother, sitting quietly in the boat, "sunning" herself in the moonlight as she expressed it. No, after all, it would be better if her mother did not come, for she heard herself cry faster faster to those who were rowing. How much more natural this dream was than that she should go back to the house where the children lay sleeping and where Stanley and Beryl sat playing cribbage — "I believe there are buds," said she. "Let us go down into the garden Mother — I like that Aloe. I like it more than anything else here, and I'm sure I shall remember it long after I've forgotten all the other things."

• **Questions**

1. *How was the moon ? How was its light ?*
2. *Why does Mrs Fairfield consider the fact that the aloe is going to flower as lucky ?*
3. *Where does the scene take place ?*

4. *What is the aloe compared to ?*
5. *How is the "special"voice described ?*
6. *Where does Linda dream the ship is rowing ?*
7. *Why does she decide that it would be better if her mother did not come, after all ?*
8. *What do the children do meanwhile ?*
9. *What about Stanley and Beryl ?*
10. *Will mother and daughter go back to the house after the scene ?*

• **Corrigé**

1. It was nearly full. Its light was dazzling.
2. Because the aloe blossoms once every hundred years.
3. Outside, on the verandah steps.
4. A ship with the oars lifted.
5. As a voice used by women at night, as though they spoke in their sleep or from the bottom of a deep well.
6. Far away over the tops of the garden trees, over the paddocks and the dark bush beyond.
7. Because she yearns to row faster and faster and her mother might get frightened.
8. They lie sleeping.
9. They are playing cribbage.
10. No. Linda suggests that they go down into the garden and take a walk.

Extrait n° 11, pp. 206, 208, 210 :

— Lovely long hair. And such a mass of it. It was the colour of fresh fallen leaves — brown and red, with a glint of yellow. Almost it seemed to have a life of its own — it was so warm and there was such a deep ripple in it. When she plaited it in one thick plait it hung on her back just like a long snake — she loved to feel the weight of it drag her head back — she loved to feel it loose covering her bare arms. It had been a fashion among the girls at Miss Beard's to brush Beryl's hair. "Do do let me brush your hair darling Beryl," but nobody brushed it as beautifully as Nan Fry. Beryl would sit in front of the dressing table in her cubicle — wearing a white linen wrapper — and behind her stood Nannie in a dark red woolen gown buttoned up to her chin. — Two candles gave a pointing, flickering light. — Her hair streamed over the chair back — she shook it out — she yielded it up to Nannie's adoring hands. In the glass Nannie's face above the dark gown was like a round sleeping mask. Slowly she brushed, with long caressing strokes — her hand and the brush were like one thing upon the warm hair. She would say with a kind of moaning passion, laying down the brush and looping the hair in her hands — "it's more beautiful than ever B. It really is lovelier than last time" — and now she would brush again — she seemed to send herself to sleep with the movement and the gentle sound — she had something of the look of a blind cat — as though it were she who was being stroked and not Beryl. — But nearly always these brushings came to an unpleasant ending. Nannie did something silly. Quite suddenly she would snatch up Beryl's hair and bury her face in it and kiss it, or clasp her hands round Beryl's head and press Beryl's head back against her firm breast sobbing — "you are so beautiful. You don't know how beautiful you are beautiful beautiful." And at these moments Beryl had such a feeling of horror such a violent thrill of physical dislike for Nan Fry. — "That's enough — that's quite enough. Thank you. You've brushed it beautifully. Good night Nan." She didn't even try to suppress a contempt and her disgust. — And the curious thing was that Nan Fry seemed rather to understand this — even to expect it, never protesting but stumbling away out of the cubicle — and perhaps whispering *'forgive me'* at the door. — And the *more* curious thing was that Beryl let her brush her hair again — and let this happen again, — and again there was this "silly scene" between them always ending in the same way more or less, and never never referred to in the daytime. But she *did* brush hair so beautifully.

• **Questions**

1. What colour is Beryl's hair ?
2. What happens when she plaits it in a thick plait ?

3. *Why did Beryl like to have her hair brushed by Nan Fry ?*
4. *How are the two girls dressed during the brushing scene ?*
5. *Where and when does the scene take place ?*
6. *What is Nan's face compared to ?*
7. *What kind of an ending do the brushings usually have ?*
8. *What does Nannie do ?*
9. *What is Beryl's reaction ?*
10. *Is Nannie appalled by Beryl's reaction ?*
11. *Will the "silly scene" as described in the passage put an end to the brushings ?*
12. *Do the girls discuss over the "silly scene" in the daytime ?*

• **Corrigé**

1. It's the colour of fresh fallen leaves — brown and red, with a glint of yellow.
2. It hangs on her back and the weight of it drags her head back.
3. Because nobody brushed her hair so beautifully as Nan Fry.
4. Beryl wears a white linen wrapper and Nannie wears a dark woollen gown buttoned up to her chin.
5. The scene takes place in Beryl's cubicle (in Miss Beard's boarding school) in the evening (by candlelight).
6. To a round sleeping mask.
7. A sudden and unpleasant ending.
8. She buries her face in Beryl's hair and kisses it, or she clasps her hands round Beryl's head and presses Beryl's head back against her bosom.
9. Beryl has a feeling of horror, a violent thrill of physical disgust.
10. No, she seems rather to understand Beryl's reaction, even to expect it.
11. Not at all. The brushing scene, the "silly scene" and Beryl's rebuke happen over and over again.
12. No, it is never, never referred to in the daytime.

VOCABULAIRE ANGLAIS-FRANÇAIS

A

aconite, *aconit*, **32**
across, *à travers*, **12**
to adorn, *orner*, **16**
advertisement, *réclame*, **44**
ahead, *devant, en avant*, **184**
to air, *aérer*, **16**
to allow, *permettre*, **74**
almond, *amande*, **92**
aloft, *(d') en haut*, **110**
alone, *(tout) seul*, **38**
altogether, *entièrement*, **38**
always, *toujours*, **24**
amazing, *surprenant*, **70**
American cloth, *toile cirée*, **18**
among, *parmi*, **14**
anchor, *ancre*, **10**
anger, *colère*, **174**
to annoy, *ennuyer*, **76**
answer, *réponse*, **26**
ant, *fourmi*, **100**
apron, *tablier*, **42**
apt to, *enclin à*, **126**
arm, *bras*, **14**
arum lily, *arum*, **20**
to ask, *demander*, **18**
astounded, *stupéfait*, **52**
aunt, *tante*, **40**
awkward, *malaisé, gauche*, **200**

B

to baa, *bêler*, **74**
bag, *sac*, **10**
to bait, *appâter*, **174**
to bake, *(faire) cuire*, **138**
bandbox, *carton à chapeaux*, **10**
to bang, *claquer (porte)*, **20**
bank, *rive*, **40**
bankrupt, *failli*, **104**
bargain, *marché, affaire*, **68**
bark, *écorce*, **114**

to bark, *aboyer*, **190**
barn, *grange*, **108**
barrel, *tonneau*, **44**
basket chair, *chaise en osier*, **16**
to baste, *arroser (cuisson)*, **178**
batch, *fournée*, **144**
bathroom, *salle de bains*, **28**
battleship, *cuirassier*, **10**
to bawl, *brailler*, **44**
bead, *perle*, **28**
beetroot, *betterave*, **94**
behind, *derrière*, **12**
to believe, *croire*, **22**
bell, *cloche*, **38**
to belong, *appartenir*, **28**
belt, *ceinture*, **38**
bench, *banc*, **18**
to bend, *plier, pencher*, **26**
berry, *baie*, **66**
between, *entre*, **16**
beyond, *au-delà*, **30**
bib, *serviette de table*, **130**
birth, *naissance*, **16**
bit, *bout*, **24**
to bite, *mordre*, **14**
bitter, *amer*, **64**
blackbeetle, *cancrelat*, **160**
blackhead, *point noir*, **16**
blanket, *couverture*, **34**
blessing, *bénédiction*, **68**
blest, *bienheureux*, **170**
blind, *store*, **12**
to blink, *cligner*, **42**
blob, *grosse goutte, tache*, **18**
blowfly, *mouche à ver*, **160**
to boast, *se vanter*, **52**
bogey, *ennemi*, **32**
to boil, *bouillir*, **82**
booming, *mugissement*, **30**
to bother, *se donner de la peine*, **76**
bottom, *fond*, **32**
bottom, *derrière*, **54**
bough, *rameau*, **46**
to bound, *borner, limiter*, **30**

boundary, *limite, frontière,* 38
bowler, *chapeau melon,* 122
box, *buis,* 116
bracket lamp, *applique,* 32
braid, *natte,* 72
brain, *cerveau,* 162
brake, *frein,* 34
brass, *cuivre,* 10
breast, *poitrine,* 132
to breathe, *respirer,* 32
to brim (with), *déborder (de),* 28
broad, *large,* 30
brooch, *broche,* 78
to brood, *couver,* 64
broom, *balai,* 44
bruise, *bleu,* 124
brush, *brosse,* 44
bubble, *bulle,* 22
bucket, *seau,* 22
buggy, *boghei,* 10
to bulge, *bomber,* 80
bulk, *masse,* 48
bump, *bosse,* 146
to burst, *éclater,* 14
to buzz, *bourdonner,* 114

C

cabbage, *chou,* 116
camel, *chameau,* 42
can, *boîte de conserve,* 44
candle, *bougie,* 48
canister, *boîte métallique,* 44
canvas, *toile,* 54
cap, *bonnet, casquette,* 42
carefully, *soigneusement,* 14
carnation, *œillet,* 120
carpet, *tapis,* 56
cart, *charrette,* 36
to carve, *sculpter,* 106
to cast off, *se défaire de,* 10
to catch, *attraper,* 20
ceiling, *plafond,* 44
to chafe, *frotter, gratter,* 30
to chaff, *blaguer,* 54
chap, *type, gars,* 70
chatter, *bavardage,* 64
check, *carreau, damier,* 102
cheek, *joue,* 40

cheerful, *joyeux,* 32
chemist, *pharmacien,* 44
cherry, *cerise,* 122
chest, *poitrine,* 74
to chew, *mâcher,* 26
chilly, *glacé,* 64
china, *porcelaine,* 50
chink, *fente,* 28
chirrup, *gazouillis,* 12
to chivvy, *bousculer,* 162
choked, *rempli, bourré,* 28
chop, *côtelette,* 52
to clank, *ferrailler,* 48
to clasp, *étreindre,* 62
claw, *serre, griffe,* 120
clay, *argile, glaise,* 40
to clench, *serrer,* 16
clever, *intelligent,* 90
to climb, *grimper,* 86
clothes, *vêtements,* 16
clothes peg, *épingle à linge,* 138
clump, *touffe, massif,* 20
coal, *charbon,* 38
coat, *manteau,* 10
collapsible, *pliant,* 86
collar, *col,* 38
to comb, *peigner,* 46
complexion, *teint,* 90
concrete, *béton,* 20
confoundedly, *bigrement,* 132
contempt, *mépris,* 208
convenient, *commode,* 80
corkscrew, *tire-bouchon,* 100
corrugated, *ondulé,* 48
crack, *fêlure,* 20
to creak, *crisser,* 12
creek, *ruisseau,* 66
to creep, *ramper,* 28
cress, *cresson,* 66
crimson, *écarlate,* 44
crisp, *raide,* 70
crumb, *miette,* 80
crumpled, *froissé,* 42
to cry, *pleurer,* 14
cuff, *manchette,* 92
cupboard, *placard,* 76
curl, *boucle,* 52
curtain, *rideau,* 96
cushion, *coussin,* 10
custard, *crème anglaise,* 138

D

to dabble, *humecter,* 36
dairy, *laiterie,* 140
daisy, *pâquerette,* 66
damp, *humide,* 76
to dangle, *pendre (jambe),* 44
to dart, *s'élancer,* 14
dash, *ruée, élan,* 32
to dawn, *se faire jour,* 16
dazzling, *éblouissant,* 152
to deceive, *tromper,* 98
deed, *action,* 196
to deny, *nier,* 210
despairing, *désespéré,* 32
despicable, *méprisable,* 212
to destroy, *détruire,* 24
devilishly, *diaboliquement,* 82
dew, *rosée,* 64
dimple, *fossette,* 78
dish, *plat,* 50
doll, *poupée,* 38
doyley, *garde-nappe,* 164
draught, *courant d'air,* 126
drawers, *culotte,* 22
dray, *haquet, fardier,* 12
dreadful, *horrible,* 26
drenched, *trempé,* 64
to drift, *dériver,* 26
dripping, *graisse,* 18
drive, *allée,* 48
to droop, *s'affaisser,* 40
drop, *goutte,* 32
to drown, *noyer,* 136
dulcet, *doux, suave,* 180
dull, *terne, triste,* 20
dummy, *tétine,* 44
dumping, *décharge,* 150
dusk, *crépuscule,* 30
dust, *poussière,* 14
duty, *devoir,* 74

E

eager, *passionné,* 86
earring, *boucle d'oreille,* 158
ebony, *ébène,* 106
to edge, *border,* 28
to edge (up), *incliner, obliquer,* 34

elbow, *coude,* 54
empty, *vide,* 12
enamel, *émail,* 40
engagement, *fiançailles,* 82
enlargement, *agrandissement,* 104
to escape (from), *s'échapper (de),* 32
excitement, *excitation,* 10
exhausted, *épuisé (fatigue),* 196
expenses, *dépenses, frais,* 62
expensive, *coûteux,* 82

F

to fade, *disparaître,* 210
faintly, *faiblement,* 18
fairy, *fée,* 60
fan, *éventail,* 56
to fancy, *imaginer,* 32
fantail, *pigeon-paon,* 66
fat, *gras,* 12
fate, *destin,* 168
fearful, *effrayant,* 32
to feed, *nourrir,* 40
to feel, *sentir,* 30
felt, *feutre,* 158
fence, *palissade,* 48
fern, *fougère,* 30
to fetch, *aller chercher,* 4
fibber, *menteur,* 24
fieldglasses, *jumelles,* 18
fierce, *féroce,* 148
figure, *chiffre,* 62
flea, *puce,* 142
fleet, *flottille,* 194
fleeting, *fugace,* 68
to flicker, *vaciller,* 30
flight, *vol, fuite,* 178
to fling, *lancer, jeter,* 26
flippant, *désinvolte,* 202
flowery, *fleuri,* 14
fluff, *duvet,* 66
to flutter, *voleter,* 48
foam, *écume,* 102
fondly, *affectueusement,* 56
to forbid, *interdire,* 58
forehead, *front,* 52
to forget, *oublier,* 12

forlorn, *abandonné, triste,* **28**
fortnight, *quinzaine,* **198**
fowl, *volaille,* **114**
to fox, *berner,* **18**
foxglove, *digitale,* **150**
fragrance, *parfum,* **210**
frame, *cadre,* **104**
fray, *échauffourée,* **10**
freckle, *tache de rousseur,* **54**
to frighten, *effrayer,* **24**
frog, *grenouille,* **70**
to froth, *mousser,* **102**
to frown, *froncer les sourcils,*
  84
frozen, *gelé,* **112**
frump, *rombière,* **198**
to fulfill, *accomplir,* **168**
furniture, *mobilier,* **50**
further, *plus loin,* **16**

G

game, *jeu,* **20**
gang, *équipe,* **56**
gangway, *passerelle,* **72**
gap, *trou, vide,* **48**
gate, *barrière, portail,* **10**
to gather, *rassembler,* **42**
gilt, *doré, dorure,* **184**
ginger, *roux (gingembre),* **70**
girt, *ceint,* **68**
glance, *coup d'œil,* **72**
glasshouse, *serre,* **38**
to glide, *glisser,* **200**
glint, *éclair, reflet,* **66**
gloomy, *sombre, lugubre,* **110**
glove, *gant,* **40**
goldfinch, *chardonneret,* **66**
gooseberry, *groseille à maquereau,* **96**
greedy, *gourmand,* **200**
grey, *gris,* **22**
to grin, *grimacer,* **18**
gritty, *graveleux, grumeleux,*
  26
guilty, *coupable,* **64**
gull, *mouette,* **30**
gully, *ravin,* **30**

H

hair brush, *brosse à cheveux,*
  16
ham, *jambon,* **92**
handkerchief, *mouchoir,* **14**
handle, *poignée,* **44**
handyman, *homme à tout faire,*
  50
to hang, *pendre,* **14**
harbour, *port,* **36**
harvest, *moisson,* **128**
hassock, *coussin,* **50**
to hate, *haïr,* **18**
hay, *foin,* **128**
headache, *mal de tête,* **50**
health, *santé,* **70**
hearse, *corbillard,* **160**
to heave, *soulever (effort),* **46**
heavenly, *céleste,* **168**
heel, *talon,* **30**
hiccough, *hoquet,* **156**
hide-and-seek, *cache-
  cache,* **20**
hideous, *hideux,* **28**
hip, *hanche,* **204**
to hire, *louer, engager,* **56**
to hit, *frapper,* **176**
hoarse, *enroué,* **178**
hold, *prise,* **20**
hold-all(s), *fourre-tout,* **10**
hollow, *creux,* **50**
holy, *saint,* **56**
to hook, *crocheter,* **34**
to hop, *sautiller,* **22**
horn, *corne,* **40**
howl, *hurlement,* **14**
to hug, *serrer fortement,* **192**
huge, *énorme,* **38**
hulk, *ponton,* **36**
to hum, *fredonner,* **94**
to hunch, *arrondir, voûter,* **64**
to hurt, *blesser,* **84**
hush, *chut,* **58**
husky, *enroué,* **158**

I

ice, *glace,* **136**
icicle, *glaçon,* **174**
idle, *oisif,* **96**

ink, *encre,* 16
inquiring, *interrogateur,* 10
to intone, *entonner,* 126
iron, *fer,* 30
ivory, *ivoire,* 78

J

jam, *confiture,* 44
to jerk, *secouer,* 82
jet(ty), *(de) jais,* 16
joke, *plaisanterie,* 90
Jove, *Jupiter,* 56
jug, *cruche, broc,* 18
to jump, *sauter,* 16

K

keen (on), *emballé (de),* 204
to keep, *garder,* 28
kettle, *bouilloire,* 112
to kick, *donner des coups de pied,* 154
kid, *gosse,* 20
to kill, *tuer,* 110
kingdom, *royaume,* 58
to kiss, *embrasser,* 14
kitchen, *cuisine,* 26
kitten, *chaton,* 28
knee, *genou,* 16
to kneel, *s'agenouiller,* 50
knife, *couteau,* 38
to knit, *tricoter,* 160
knob, *bouton de porte,* 48
to knot, *nouer,* 46

L

lace, *dentelle,* 64
lace, *lacet,* 14
ladder, *échelle,* 28
ladle, *louche,* 44
lank, *efflanqué,* 140
lap, *giron,* 10
larder, *garde-manger,* 80

latch, *loquet,* 108
late, *tard,* 36
lavender, *lavande,* 14
to lavish, *prodiguer,* 74
lawn, *pelouse,* 10
lazy, *paresseux,* 84
to lead, *mener, conduire,* 128
lean, *maigre,* 52
to lean, *se pencher,* 10
to leap, *sauter,* 48
leather, *cuir,* 10
ledge, *rebord,* 156
lettuce, *laitue,* 124
lid, *couvercle,* 160
to lift, *lever,* 28
lilac, *lilas,* 14
to line, *doubler, tapisser,* 38
linnet, *linotte,* 66
lip, *lèvre,* 10
litter, *fouillis,* 28
load, *chargement,* 34
loaf, *miche de pain,* 160
to loaf, *flâner,* 126
to long for, *soupirer après,* 190
to loop, *former une boucle,* 48
loose, *relâché, détaché,* 30
to lounge, *se prélasser,* 44
lout, *lourdaud,* 196
luggage, *bagages,* 10
lump, *morceau,* 10
lung, *poumon,* 16

M

mad, *fou,* 22
mahogany, *acajou,* 178
to maim, *mutiler,* 52
to manage, *diriger,* 86
marble, *marbre,* 132
mare, *jument,* 122
masher, *broyeur,* 20
medicine, *médicament,* 32
meek, *doux,* 58
to mend, *réparer, repriser,* 90
menial, *subalterne,* 74
merry, *joyeux,* 20
middle, *milieu,* 16
mildly, *gentiment, doucement,* 26

to mind (sth), *faire attention (à)*, 84

minute, (adj.), *très petit*, 100

misty, *brumeux*, 30

to moan, *gémir*, 208

to mock (sbd), *se moquer de*, 82

molasses, *mélasse*, 44

money-box, *tire-lire*, 22

mongrel, *bâtard*, 142

moss, *mousse*, 116

moth, *phalène*, 116

mother-of-pearl, *nacre*, 72

mushroom, *champignon*, 88

muslin, *mousseline*, 134

mutter, *murmure*, 42

N

nail, *ongle*, 16

to nail, *clouer*, 56

naked, *nu*, 68

narrow, *étroit*, 28

nasturtium, *capucine*, 84

nearly, *presque*, 24

necessity, *chose nécessaire*, 10

neck, *cou*, 38

needle, *aiguille*, 28

neighbouring, *avoisinant*, 64

Newfoundland, *Terre-Neuve*, 190

to nibble, *grignoter*, 140

to nod, *faire un signe de tête*, 108

to notice, *remarquer*, 40

notch, *entaille*, 114

novel, *roman*, 170

nurse, *infirmier(ère)*, 146

nut, *noix*, 34

O

oar, *aviron*, 186

obedient, *obéissant*, 12

oddment, *article dépareillé*, 14

to ooze, *suinter*, 26

orchard, *verger*, 114

outhouse, *appentis*, 108

oven, *four*, 136

to overtake, *rattraper*, 32

to overwhelm, *submerger*, 212

owl, *hibou*, 64

oyster, *huître*, 92

P

to pack, *faire les valises*, 28

palm, *paume*, 30

pane, *vitre*, 30

pansy, *pensée*, 78

pantry, *garde-manger*, 78

parcel, *paquet*, 42

parchment, *parchemin*, 16

to pare, *éplucher, rogner*, 72

parrot, *perroquet*, 42

to part, *(se) séparer*, 70

passage, *couloir*, 16

to pat, *tapoter*, 174

patch, *pièce, morceau*, 10

path, *chemin*, 12

to pattern, *orner de motifs*, 28

patty, *petit pâté*, 92

pea, *pois*, 198

peony, *pivoine*, 178

pet, *(animal) favori*, 86

pew, *banc d'église*, 90

pigtail, *natte*, 54

pill, *pilule*, 28

pin, *épingle*, 20

pinafore, *tablier*, 26

to pinch, *pincer*, 18

pineapple, *ananas*, 122

pink, (adj.) *rose*, 14

pink, (s), *œillet*, 122

pipe, *tuyau, pipeau*, 46

pit, *creux*, 126

pitched battle, *bataille rangée*, 16

plain, *clair, simple*, 32

plait, *natte, tresse*, 206

platter, *plat*, 18

plump, *dodu*, 124

pocket, *poche*, 22

to point, *indiquer*, 46

to poison, *empoisonner*, 26

to poke, *fourrer, tisonner,* 28
to pop, *sauter, éclater,* 58
poppy, *coquelicot,* 96
to pouch, *enfler,* 66
to pour, *verser (liquide),* 20
to pout, *faire la moue,* 76
pram, *landau,* 74
to preen, *lisser (plumes),* 66
pressure, *pression,* 74
to pretend, *faire semblant,* 12
to prick up, *dresser l'oreille,* 38
prim, *impeccable,* 74
print, *empreinte,* 42
to prop, *étayer, soutenir,* 160
to protrude, *faire saillie,* 62
prostrate, *prostré,* 14
proudly, *fièrement,* 14
purple, *pourpre,* 28
purpose, *but,* 212
to push, *pousser,* 20

Q

quarantine, *quarantaine,* 36
to quaver, *trembloter,* 46
quite, *tout à fait,* 12
to quiver, *trembloter,* 48

R

radiant, *rayonnant,* 212
raft, *radeau,* 88
rail, *garde-fou,* 16
ram, *bélier,* 40
raspberry, *framboise,* 44
rate, *taux, tarif,* 52
to rattle, *ferrailler, crépiter,* 36
to rave, *délirer,* 80
to reach, *atteindre,* 36
rebuke, *reproche,* 56
reefer, *caban,* 10
relief, *soulagement,* 176
reluctant, *réticent,* 30
to remain, *rester,* 76
remote, *lointain,* 182
rescue, *rescousse,* 14
retort, *réplique,* 162

ribbon, *ruban,* 10
rid of, *débarrassé de,* 176
ring, *anneau, cercle,* 40
to ring, *sonner,* 22
to ripen, *mûrir,* 92
ripple, *ride,* 48
rissole, *croquette,* 140
to roar, *rugir,* 46
to roast, *rôtir,* 82
to rock, *(se) balancer,* 182
roll, *rouleau,* 16
to romp, *chahuter,* 80
rope, *corde,* 74
rot, *pourriture,* 56
rough, *rude,* 170
row, *ligne, rangée,* 24
to row, *ramer,* 188
to rub, *frotter,* 116
rubber, *caoutchouc,* 44
rubbish, *détritus,* 20
ruddy, *coloré (teint),* 134
to ruffle, *(s')ébouriffer,* 66
rug, *couverture,* 122
to rummage, *farfouiller,* 14
to rush, *se précipiter,* 26
rust, *rouille,* 92
to rustle, *bruisser,* 12

S

sable, *zibeline,* 68
safely, *en sécurité,* 12
sailor, *marin,* 16
salmon, *saumon,* 92
sanity, *santé mentale,* 90
scaffolding, *échafaudage,* 160
scallop, *feston,* 28
scarlet, *écarlate,* 16
scatter, *éparpillement,* 40
to scold, *gronder,* 152
scornfully, *avec mépris,* 22
scramble, *ruée, bousculade,* 40
to scream, *hurler,* 24
to scrunch, *grignoter,* 24
scullery, *souillarde,* 26
seal, *sceau,* 68
to search, *(re)chercher,* 14
seat, *siège,* 22
to seem, *sembler,* 18
to set up, *causer, susciter,* 14

severally, *séparément*, 30
shabby, *usé, élimé*, 164
shadow, *ombre*, 30
to shake, *secouer*, 20
shallow, *peu profond*, 40
shame, *honte*, 184
shape, *forme*, 30
shawl, *châle*, 34
sheet, *drap*, 58
shelf, *étagère*, 28
shell, *coquille*, 30
to shine, *briller*, 28
to shiver, *trembler*, 40
to shout, *crier*, 36
to show, *montrer*, 16
shy, *timide*, 46
sideboard, *buffet*, 20
sigh, *soupir*, 64
sight, *vue*, 10
silk, *soie*, 14
silly, *sot*, 26
sin, *péché*, 84
single, *seul, simple*, 16
to sip, *siroter*, 54
to skim, *écrémer, effleurer*, 30
slab, *gros morceau*, 82
slam, *claquement*, 74
to slave, *trimer*, 54
slender, *élancé*, 60
slim, *mince*, 204
to slip, *glisser*, 28
slipper, *pantoufle*, 54
sly, *sournois*, 30
to smell, *sentir*, 14
to smile, *sourire*, 12
smoky, *enfumé*, 44
to snap, *(faire) claquer*, 24
to snatch, *s'emparer*, 20
to sniff, *flairer, renifler*, 28
to snip, *couper (ciseaux)*, 38
to snuffle, *nasiller*, 30
snug, *douillet, confortable*, 130
soap, *savon*, 26
to sob, *sangloter*, 154
soft, *doux ; stupide*, 20
to sop, *tremper*, 72
soul, *âme*, 72
span, *empan*, 38
spangle, *paillette*, 66
to speed, *(se) hâter*, 26
spider, *araignée*, 106

to spin, *filer*, 100
to spit, *cracher*, 26
spittle, *crachat*, 22
to spoil, *gâcher*, 130
sponge, *éponge*, 62
spoon, *cuillère*, 18
spout, *bec (théière)*, 40
to sprawl, *s'étaler*, 62
sprig, *rameau*, 92
square, *carré*, 20
to squeal, *couiner*, 30
to stagger, *chanceler*, 50
to stain, *tacher*, 26
stalk, *tige*, 116
stall, *étable*, 64
to stammer, *bredouiller*, 96
to stamp, *piaffer*, 56
starch, *amidon*, 142
to stare, *regarder fixement*, 10
starling, *étourneau*, 66
to start, *commencer*, 16
to starve, *mourir de faim*, 176
stately, *majestueux*, 96
to steal, *dérober*, 30
to steam, *fumer (vapeur)*, 18
steep, *escarpé*, 40
stem, *tige*, 26
stern, *sévère*, 86
to stick, *coller*, 28
to stink, *puer*, 142
stodge, *aliment bourratif*, 72
stool, *tabouret*, 44
stout, *corpulent*, 90
stove, *fourneau*, 102
straggle, *enchevêtrement*, 20
strawberry, *fraise*, 18
to stretch, *étirer*, 30
to stride, *marcher à grands pas*, 154
to stroke, *caresser*, 66
to stud, *clouter*, 110
subdued, *soumis*, 12
submissive, *soumis*, 192
suit, *costume*, 16
sullen, *boudeur*, 110
to summon, *convoquer*, 20
to swallow, *avaler*, 24
swamp, *marécage*, 66
swarm, *essaim*, 16
to sweep, *balayer*, 30
to swing, *balancer*, 10

swollen, *gonflé*, **18**
sword, *épée*, **74**

T

tack, *broquette*, **110**
tail, *queue*, **54**
tame, *apprivoisé*, **66**
tangle, *fouillis*, **30**
tap, *robinet*, **26**
to tap, *frapper doucement*, **108**
tassel, *pompon*, **46**
tea-cosy, *couvre-théière*, **14**
to tease, *taquiner*, **176**
temper, *sang-froid*, **166**
tendril, *vrille*, **100**
thick, *épais*, **30**
thievish, (adj.), *voleur*, **30**
thigh, *cuisse*, **68**
thimble, *dé*, **98**
thorn, *épine*, **118**
though, *bien que*, **32**
thrill, *frisson, émotion*, **86**
throat, *gorge*, **78**
through, *à travers*, **26**
to thrust, *(pro)jeter*, **46**
thumb, *pouce*, **34**
thunder, *tonnerre*, **30**
tickly, *chatouilleux*, **58**
to tidy, *ranger*, **102**
to tie, *attacher*, **16**
tight, *serré*, **102**
tin, *fer-blanc*, **20**
tiny, *minuscule*, **22**
to tiptoe, *marcher sur la pointe des pieds*, **60**
tired, *fatigué*, **60**
toe, *orteil*, **198**
tombstone, *pierre tombale*, **40**
tongue, *langue*, **26**
tool, *outil*, **108**
tooth, *dent*, **22**
to toss, *lancer, jeter*, **68**
to totter, *chanceler*, **24**
towards, *vers*, **14**
towel, *serviette de toilette*, **68**
to tower, *dominer*, **34**
trap, *charrette anglaise*, **42**
tray, *plateau*, **20**
treasure, *trésor*, **28**

treat, *faveur*, **74**
tremendously, *énormément*, **190**
trickle, *filet d'eau*, **26**
trill, *trille*, **210**
to trim, *orner*, **76**
trousers, *pantalon*, **38**
true, *vrai*, **22**
trumpeting, *barrissement*, **58**
to trust, *faire confiance*, **50**
to tuck up, *retrousser, border*, **34**
to tug (at, on), *tirer sur*, **22**
to tumble, *culbuter*, **70**
turkey, *dinde*, **70**
twaddle, *niaiserie*, **202**
twice *(adv.)*, *deux fois*, **16**
twig, *brindille*, **140**
twins, *jumeaux*, **124**
to twinkle, *scintiller*, **14**
to twist, *tordre, enrouler*, **26**

U

ugly, *laid*, **164**
uncle, *oncle*, **40**
undone, *défait*, **14**
unload, *décharger*, **50**
unstitched, *décousu*, **160**
useless, *inutile*, **32**

V

to vanish, *disparaître*, **88**
vegetable, *légume*, **100**
veil, *voile*, **14**
velvet, *velours*, **38**
verbena, *verveine*, **194**
vine, *vigne*, **38**

W

to waddle, *se dandiner*, **14**
to wag, *agiter, remuer*, **40**
waifs and strays, *enfants abandonnés*, **176**
to wail, *gémir*, **14**
waist, *taille*, **94**
waistcoat, *gilet*, **54**
to wait, *attendre*, **26**

to walk, *marcher*, **26**
wall, *mur*, **28**
waltz, *valse*, **94**
to want, *vouloir*, **12**
to warm, *(se) chauffer*, **24**
to warn, *avertir*, **50**
to wash, *laver*, **22**
washstand, *lavabo*, **68**
to watch, *observer*, **12**
wave, *vague*, **36**
to wave, *agiter, faire signe*, **12**
to waver, *vaciller*, **172**
waxy, *cireux*, **60**
way, *voie*, **20**
weak, *faible*, **192**
web, *toile*, **100**
wedding, *mariage*, **60**
weed, *(mauvaise) herbe*, **152**
to weep, *pleurer*, **14**
well, *puits*, **62**
wellbeing, *bien-être*, **182**
to whack, *mélanger, donner des coups*, **142**
whale, *baleine*, **90**
to wheel, *tournoyer*, **30**
to wheeze, *respirer en sifflant*, **44**
while, (s), *temps*, **32**
whip, *fouet*, **36**
to whirl, *tourbillonner*, **20**
to whistle, *siffler*, **34**
wide, *large*, **30**

wild, *sauvage*, **30**
to win, *gagner*, **24**
window sill, *appui de fenêtre*, **26**
wing, *aile*, **60**
wink, *clin d'œil*, **174**
to wipe, *essuyer*, **106**
wise, *sage*, **126**
to wobble, *osciller*, **10**
woefulness, *tristesse, désolation*, **182**
wonder, *merveille*, **156**
wool, *laine*, **28**
word, *mot, parole*, **42**
worm, *ver*, **44**
to worry, *s'inquiéter*, **12**
to wrap, *envelopper*, **206**
wreath, *couronne*, **92**
wretched, *misérable*, **56**
to wring, *tordre, essorer*, **72**

Y

yard, *cour* , **20**
to yarn, *raconter des histoires*, **44**
yearly, *annuellement*, **16**
to yell, *hurler*, **26**
yellow, *jaune*, **24**
to yield, *céder*, **58**

Achevé d'imprimer en février 1991
sur les presses de Cox & Wyman Ltd
(Angleterre)

Dépôt légal : mai 1987
Imprimé en Angleterre